KB244249

실직, 새로운 출발

도모생애교육신서②

실직, 새로운 출발

엮은이 · 조성표
초판 1쇄 찍은날 · 2000년 3월 4일
초판 1쇄 펴낸날 · 2000년 3월 15일
펴낸이 · 김승태
편집 · écrits
표지디자인 · 김주연
영업 · 김석주
등록번호 · 제2-1349호(1992. 3. 31)
펴낸곳 · 예영커뮤니케이션
     110-616 서울 광화문우체국 사서함 1661
     (출판유통사업부) T. (02) 830-8566 F. (02) 830-8567
     (편집부) T. (02) 2264-7211 F. (02) 2264-7214
     E-mail : jeyoung@chollian.net

ISBN 89-8350-630-X　　(03330)

값 10,000원

■ 잘못 만들어진 책은 언제든지 교환해 드립니다.

도모생애교육신서 ②

실직, 새로운 출발

조성표 엮음

예영커뮤니케이션

차례

추천의 글

　우리 나라는 이제까지 종신고용제도를 표방해 왔기 때문에 웬만해서는 직장을 옮기는 일이 드물었다. 그런데 현재는 상황이 달라졌다. 경제 위기를 겪으면서 선진국과 같은 고용구조의 유연성이 요구됨에 따라 직장을 옮기는 일이 빈번해졌고, 향후 그 빈도가 더욱 증가할 것으로 보인다. 과거에는 직장을 그만두는 일을 사회에서 도태되는 것으로 여겼지만, 이제는 직장을 옮기는 일이 일반적인 현상이 되고 있다.

　이러한 상황 변화는 실직에 대한 우리의 태도에 변화를 요구한다. 이제 더 이상 실직은 비정상적인 현상이 아니다. 오히려 실직에 대하여 적극적으로 대처해서 실직을 나에게 유익한 기회로 전환해야 한다. 실직은 직장 생활을 하는 동안에는 제대로 관심을 가지지 못했던 나 자신과 가족을 돌아보는 기회가 될 수 있다. 또한 실직은 그 동안 시간이 없어서 소홀했던 자신을 재충전하고 재개발할 수 있는 기간이기도 하다. 그러므로 실직은 나에게 새로운 진로를 제시함으로써 자신을 재창조할 수 있는 전환의 기회를 준다.

　그 동안 우리는 실직에 대해서는 무조건 실업률 통계 수치만을 낮추고자 하는 소극적인 정책을 견지해 왔다. 또한 실직에 대한 대비책은 거시적인 정책을 제시하는 수준에 머물러 왔다. 그러나 실직했거나 실직의 위험에 처해 있는 각 개인이 이 상황을 어떻게 대처해야 하는지에 대한 정보나 제안은 부족했다.

『실직, 새로운 출발』은 이러한 면에서 과거의 다른 책들과는 달리 새로운 방향을 제시하고 있다. 이 책은 실직을 당했거나, 실직의 위험에 처해 있는 직장인 개인의 차원에서 이 문제에 접근하고 있다. 또한 실직을 어떻게 이해해야 하며, 실직한 경우에 가정에서의 가족 관계와 재정 관리, 정부의 도움과 자기 개발 방법, 새로운 직장 또는 사업을 찾는 방법, 그리고 영적인 충고에 이르기까지 실직을 적극적이고 긍정적으로 극복하는 방법을 실제적으로 제시하고 있다. 한마디로 이 책은 실직한 사람이 살아나가기 위한 종합적인 안내서인 셈이다.

그러므로 설사 실직을 당한 사람이라도 이 책에서 제시된 여러 가지 비결들을 익혀 실천에 옮긴다면 실직의 어려움을 능히 극복할 수 있으리라 확신한다. 또한 이 책은 직업과 가정, 자기 개발에 대한 바람직한 태도를 점검할 수 있도록 함으로써 현재 실직 중인 사람들뿐 아니라 직장에 근무하고 있는 사람들에게도 많은 도움을 제공한다.

이 책을 저술한 경북대학교 조성표 교수와 다른 열 분의 저자들은 자신의 학문 및 직업 분야뿐만 아니라 실직, 직장 생활, 기업 윤리 등 우리 사회의 중요한 문제들에 관심을 가지고 연구해 이와 같이 바람직한 해결책을 제시해 주었다는 면에서 높이 평가할 만하다. 아무쪼록 많은 사람들이 이 책을 만나서 적극적이고 긍정적인 직장 생활을 할 수 있게 됨으로써 우리 경제가 새로운 도약을 하는 데 밑거름이 될 수 있기를 바란다.

2000년 새해에,
송 자 (명지대학교 총장)

머리말

지난 3년 간은 우리에게 매우 혹독한 기간이었다. IMF에 구제 금융을 신청했던 1997년 11월 이후 멀쩡해 보이던 기업들이 속속 무너지고, 그로 인해 많은 가장들이 길바닥에 나앉게 되었다. 실직자들의 낙심하는 모습과 고개 숙인 아버지들을 보면서 마음이 몹시 착잡했다.

무엇인가 그분들에게 도움이 되어야겠는데, 우리가 도움을 줄 수 있는 일은 거의 없었다. 무력감이 우리를 괴롭혔고, 그분들의 얼굴을 보는 것조차 미안했다. 그러다가 몇몇 교수들이 이심전심으로 실직자 재취업 교육을 해보자며 나섰다. 그래서 1998년 5월 '전산회계 전문과정'이 탄생하게 되었다.

개강식을 앞두고 약간은 두려웠다. 실직자들의 풀 죽은 모습을 어떻게 볼까 하는 두려움 때문이었다. 5월 4일, 예상과는 달리 개강식에서 수강생들의 모습은 활기가 넘쳐 흘렀다. 강의 시간에 얼마나 열성적이고 다양한 질문이 쏟아져 나오는지 예정된 수업 시간을 넘기기 일쑤였다. 시작할 때는 소극적인 사람들도 나중에는 적극적으로 참여했다. 이 과정을 이수한 사람들은 당시 극심한 불황 중에서도 6개월 이내에 절반 가량이 새 직장을 찾았다. 특히 대기업체 임원 출신의 한 수강생은 육십에 가까운 나이에도 불구하고 전산회계교육, 무역과정, 심지어 홈페이지 작성과정까지 이수한 후 중소기업체 임원으로 새 직장을 구하게 되었다.

이 과정은 실직자들에게 직업적, 정신적, 영적으로 재충전의 기회가 되었다. 우리 모두가 깨달은 것은 실직의 기간이 자신의 경쟁력을 키울 수 있는 좋은 기회로 전환할 수 있다는 사실이다. 이때 중요한 것은 적극적인 능력과 의욕을 가지고 최근의 지식을 충전해 새로운 출발을 준비하는 긍정적인 태도였다.

그러던 중에 평소 친하게 지내던 예영커뮤니케이션의 김승태 사장이 실직 문제에 관심을 가지고 있는 것을 알게 되었다. 그래서 우선적으로 실직자를 위한 가장 실제적인 책, 실직자가 그 어려운 과정을 어떻게 극복할 수 있는지에 대한 구체적인 지침서를 만들어 보기로 하였다. 이에 개략적인 목차를 잡고 관련되는 분들에게 도움을 청하였다. 부탁받은 분들은 한결같이 쾌히 승낙했고, 실제적인 정보를 수집해야 하는 어려움을 겪으면서도 모두들 정성 어린 원고를 신속하게 보내 주었다. 사실 이전에 없었던 새로운 책을 만드는 것은 대단히 힘든 작업임에도 불구하고, 다른 어느 책보다 수월하게 원고가 수집되는 순탄한 진척을 보였다. 그만큼 이 책은 여러 분들의 정성과 열성으로 이루어진 결과이다.

이 책에서 1장은 실직에 대한 올바른 이해가 중요함을 기술했고, 2장은 실직으로 인한 가정의 깨어짐을 보면서 실직 극복의 첫 출발이 화목한 가정임을 역설하고 있다. 3장에시는 줄어든 재징으로 가정 살림을 꾸리는 법, 4장에서는 실직자에 대한 정부의 도움을 찾는 방법을 실제적으로 설명하고 있다. 5장에서는 실직의 기간을 재충전의 기회로 활용하는 방법, 6장과 7장에서는 새로운 직업을 찾는 방법과 새로운 사업을 시작하는 요령, 8장에서는 최근에 부상하고 있는 인터넷 비즈니스에 대하여 기술하고 있다.

9장에서는 금융상품에 대한 소개와 퇴직금의 투자 방법, 10장에서는 노동부에서 개설한 고용에 관한 종합정보망인 고용안정 정보망(Work - Net)을 이용할 수 있는 방법을 쉽게 설명하고 있다. 마지막 11장에서는 오랫동안 바람직한 직업관에 대하여 연구하며 많은 책을 써낸바 있는 직장사역연구소의 방선기 소장이 실직을 성경적인 관점에서 조망하고 조언하는 원고를 특별히 기고해 주었다.

본 책자는 실직자들이 실직이라는 어려움을 어떻게 지혜롭게 극복하고 새로운 출발의 기회로 전환할 수 있는지를 구체적이고 실제적으로 기술하고 있다. 물론 각자의 관심사에 따라 본 책자의 내용이 불충분할 수도 있다. 좀더 상세한 정보를 원하는 사람들을 위하여 각 장 끝부분에 도움되는 자료와 인터넷 사이트, 관련 기관에 대한 연락처를 수록하였다.

향후 우리 나라에서 실직이 이전보다는 상당히 빈번하게 나타날 것이다. 따라서 실직을 비정상적인 현상으로 생각하고 이를 비관하기보다는, 좀더 적극적으로 대처하여 새로운 출발을 위한 발판으로 활용해야 할 것이다. 이 책이 어려움에 처해 있는 많은 실직자들에게 새로운 도약을 준비하는 데 작으나마 도움이 될 수 있기를 기대한다.

새천년, 복현 동산에서
조성표(경북대 교수)

1 장

실직, 그 아픔과 성숙

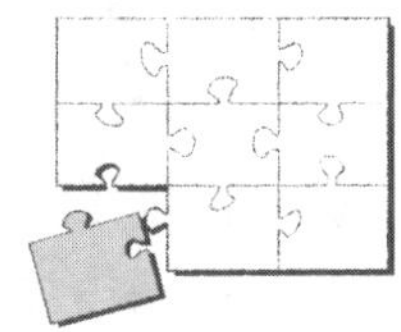

문계완

현재 경북대학교 경영학부 조교수이고, 경영
전략 및 조직 이론을 전공하고 있다. 조직 성
과의 하락과 회복 현상, 전략적 리더십 연구
에 관심이 많다.

"직장을 떠나야 하는 겁니까?" 18일 퇴출기업 명단에 오른 용산 H합섬 사무실. 10년 넘게 이 회사에서 근무해 온 이 씨(40)는 TV 발표를 보는 순간 자신의 눈과 귀를 의심했다. 앞이 캄캄해지면서 눈이 침침해져 손등으로 눈을 비볐다. 새벽부터 출근하느라 미처 떼지 못한 눈꼽을 떼어 냈다. 손가락으로 양쪽 귀를 후비면서 귀를 쫑긋 세웠다. TV 앞에 바짝 다가섰다. 아나운서의 입을 뚫어져라 쳐다보면서 방송 내용을 다시 들었다. 두 번, 세 번, 네 번 같은 내용의 말이 흘러 나왔다. (중략)

고함치고, 의자를 집어 던지고, 문을 박차고 뛰쳐나가는 동료들의 모습이 이제 눈에 띄지 않았다. 삶의 터전인 직장이 순식간에 아수라장으로 변하고 있었다. 평소 성실하고 의욕적이던 김 대리는 말없이 눈물만 흘리고 있었다. (중략)

"이제 실직자 대열에 끼게 되는 건가?" 순간 집에 있을 아내와 학교 간 아들 녀석의 얼굴이 눈앞에 아른거렸다. 식구들을 생각하니까 갑자기 눈이 아파 왔다. 눈앞이 뿌옇게 흐려졌다. '한창 일할 나이인데… 어떻게 먹고 사나?' 떨어지려는 눈물을 간신히 참아 냈다. 얼마 전 TV에서 봤던 서울역 앞 노숙자의 초라한 몰골도 떠올랐다. 남의 일로만 여겼는데 왜 자꾸 실직자들의 모습이 떠오르는지 이 씨는 까닭 없이 화가 치밀었다. (중략)

그는 도무지 이해할 수가 없었다. "당장 짐을 꾸려야 할지, 남아 있는 일을 처리해야 할지 모르겠습니다." "몸 바쳐 열심히 일했는데 도대체 우리가 무슨 잘못을 했습니까?" 이 씨는 혼란과 허탈감이 극에 달해 서서히 분노로 변해 가는 것을 느끼면서 망연자실한 표정을 지었다("어느 직장인의 하루", 《한국경제신문》, 1998. 6. 19).

위 기사는 한국 경제가 환난을 겪으면서 실직하게 되었던 한 샐러리맨의 고뇌를 그리고 있다. 한 치 앞을 내다보기 힘들 정도의 절망감과 위기 상황에 직면했던 1997년과 1998년의 모습이었으며, 아직도

그 상처의 흔적은 계속 남아 있다. 그러나 위기는 항상 비관적인 것만
은 아니다. 새옹지마라는 말과 같이 한때 실패의 위협으로 다가왔던
일들이 성공으로 이끄는 기회를 제공하기도 한다. 위기란 위협과 기
회라는 단어가 함께 이루어진 합성어이다. 즉 위협은 기회로 전환될
수 있다는 뜻이다.

이 장에서는 우리가 겪는 뼈아픈 고통을 지혜롭게 극복하기 위한
자세와 실제적인 전략을 제시하고자 한다. 실직의 고통과 아픔을 극
복하고 그 위협을 제거하기 위해 개인이 지녀야 할 심리적, 기술적 과
제를 소개한다. 아울러 이러한 아이디어를 현실화시키기 위한 방안도
모색해 보고자 한다.

실직의 아픔, 당해 본 사람만이 안다

인간은 무엇인가를 상실하면 마음이 허전해지며 무력감을 느끼게
된다. 특히 우리 인생의 많은 부분을 차지하는 직장을 잃게 되면, 이
로 인한 상실의 아픔은 더욱 크다. 본인의 과오나 실력 부족으로 인해
직장을 잃게 되면 나름대로 이해하고 받아들일 수 있다. 하지만 타의
에 의해서, 즉 회사의 경영상의 이유로 해고에 직면하면 상당한 무력
감을 느끼게 되고, 이로 인한 심리적 상처를 견뎌 내는 것은 정말 힘
든 일이다. 심지어 '나는 이 사회에서 무용지물인가?' 하는 정체성에
대한 위기 의식까지 가지게 된다.

특히 우리 나라의 경우 지난 1960년대부터 최근에 이르기까지 '압
축 고도 성장'의 견인차 노력을 감당하며, 청춘을 바치고 젊음을 불사
르던 많은 중년의 근로자들이 실직을 경험하고 있다. 세계 경제사에
서 유래를 찾아볼 수 없는 경이적인 경제 성장은, 생산 주체로서 참여

했던 사람들의 수많은 땀과 헌신으로 인해 가능했다고 할 수 있다. "우리도 한 번 잘살아 보세"라는 구호가 국민들의 마음속 깊이 울렸고, 지난 30여 년 간 산업 역군의 기치 아래 뒤돌아보지 아니하고 오직 한 곳을 향해 달려왔던 것이다.

1998년 여름 KBS에서 건국 50주년 기념으로 그 동안 굵직했던 역사적 사실들을 요약하여 재방영한 적이 있었다. 그중 인상적인 부분은 경부고속도로의 건설과 관계된 이야기였다. 건설 공사의 현장 감독을 담당했던 이명박 전 현대건설 사장은 당시의 근로자들이 그야말로 단순한 월급을 받고 생계를 위해 일한 것이 아니라 이 고속도로의 건설을 통해 국가를 다시 일으킨다는 일종의 사명감을 갖고 일했다고 회고하였다.

어느 누가 하루에 18시간을 단지 돈을 벌기 위해 위험한 건설 현장에서 그 정성을 쏟아 부어 일할 수 있겠는가. 이는 지난 역사를 통해 우리 나라가 극도로 가난하게 살아왔기 때문에 이 가난을 더 이상 우리의 후손들에게는 물려 줄 수 없다는 절박한 마음들이 모여 고속도로가 완공되고 우리의 경제가 구축되었다고 할 수 있다.

이렇듯 신명나게 열과 성을 다해 일해 왔는데, 이제는 사정이 어렵다고 하루아침에 정겨운 직장을 떠나야 하다니, 이를 어떻게 쉽사리 이해할 수 있겠는가. 가장으로서 가족의 생계를 꾸려 나가기 위해 열악한 조건하에서도 몸을 던져 열심히 일해 왔고, 그렇게도 자랑스럽게 여겼던 직장이었는데 청천벽력과 같이 어느 날 갑자기 밀려나게 됨을 경험하는 것은 정말로 가슴 아픈 일이 아닐 수 없다.

정들었던 직장을 잃게 됨으로 인해 겪게 되는 심리적 스트레스는 그 어느 누구도 대신할 수 없는 절대적 의미의 아픔을 개인과 가족에게 던져 주고 있다. 너무도 비정해 보이는 사회, 나의 아픔에 아랑곳없이 돌아가는 현실 속에서 느끼게 되는 괴리감, 그 와중에서도 주체할 수 없는 돈으로 인해 벌어지는 많은 부조리들은 상처받은 심령에 고통을 더한다고 할 수 있다.

이러한 심리적인 스트레스는 엎친 데 덮친 격으로 신체상의 생리적 불편으로 연결된다. 뼈 속 깊숙이 스며 오는 쓰라린 아픔은 신체상의 부조화를 일으켜서 병을 유발할 수 있는 것이다. 상처받은 자아와 이로 인해 겪게 되는 육체적인 불편은 결국 사회 속에서 고립감과 무력감을 느끼게 하고, 이로 인해 걷잡을 수 없는 많은 폐해를 양산하게 된다.

그중에서도 경제적 고난, 심리적 스트레스, 생리적 부조화라는 일련의 과정을 겪으면서 가지게 되는 가장 큰 손실은 자기 자신에 대한 실망과 확신의 결여로 귀착될 수 있다. 이것은 결국 지금까지 쌓아 왔던 일들이 한꺼번에 무너져 버릴 뿐 아니라, 현재 당면하고 있는 과제나 앞으로 감당해야 할 일들을 대할 때 조바심 나고 자신 없어 정상적으로 잘할 수 있는 일도 오히려 그르치는 자기 효능감 상실로 이어지게 된다.

실직은 또 다른 성숙의 기간

그렇지만 우리가 살고 있는 이 세상이 냉정하며 비정한 곳만은 아니다. 비가 억수같이 쏟아져 수재민이 생기며 그로 인한 피해가 막대하기도 하지만, 따스한 햇빛이 비치며 푸른 하늘과 맑은 공기를 맛볼 수 있는 곳이기도 하다. 인생의 내리막이 있으면 오르막이 있기 마련이다. 무엇을 잃는다는 것은 반대로 새것을 얻을 수 있는 기회가 될 수 있다.

실제로 많은 이들이 그 동안 생계에 쫓기고 특별한 용기가 없어 자신이 하고 싶었던 일을 하지 못한 채 지내오다가, 실직이란 계기를 통하여 새 출발하는 이들이 많다. 새로운 시도는 항상 많은 어려움을 동반하고 반드시 성공을 보장하는 것은 아니다. 어차피 우리가 택하는 일에는 위험 부담과 그에 따른 보상이 있기에 실패와 성공의 가능성이 동시에 존재한다. 하지만 자신이 하고 싶은 일을 하면서 일생을 보내는 만큼 의미 있는 일은 없기에 그 자체만으로도 이미 본질적인 보상이 주어진다고 할 수 있다. 성공하는 사람들의 공통점 중 하나는 자신이 하는 일을 즐기며 이에 대한 열정과 확신을 가지고 한다는 것이다. 한 개인이 자신의 개성에 따라 하고 싶어서 하는 일은 그 일을 즐기게 되며 자연히 몰두할 수 있는 여력이 많게 된다. 이러한 선택과 관계해 필자는 종종 학창 시절 배웠던 프로스트의 시 "가지 않은 길"을 자주 묵상하곤 한다. 여기서 잠시 그 시를 인용해 보기로 한다.

가지 않은 길

단풍나무 숲에 두 갈래 길이 있었다
한 몸으로 다 가 볼 수가 없어
서운한 심정에 멈추어 서서
덤불 속으로 접어든 한쪽 길을
망연자실 바라보다가
결국 다른 한 길을 택하였다
먼저 길에 못지않게 아름답고
어찌 보면 더 좋아 보였다
사람들이 밟은 흔적은 비슷했는데
풀은 더 무성하고 사람의 발길을 부르는 듯하였다
그날 아침 두 길은 아직

밟은 이 없고 낙엽에 덮여 있었다
먼저 길은 다른 날 가 보자 생각했다
같은 길로 연결되기에 한 번 가면
다시 돌아오기 어려우리라고 짐작하면서도
먼 훗날 어디에선가
나는 한숨쉬며 말하겠지요
"숲 속에 두 갈래 길이 있어
난 사람이 덜 다닌 길을 택했다. 그리고
이것이 내 인생 여정을 이렇게 바꾸었다"라고…
나는 곧 무너질 것들만 그리워했다

인생은 한 번밖에 살 수 없는 것인데 그 삶을 영위하면서 늘 자신이 가고 싶었던 길을 현실적 이유로 또는 소심한 마음으로 제쳐 두고 '서운한 심정에 멈추어 서서' 가지 못하는 우리에게 많은 시사점을 제공하고 있다.

우리 나라의 많은 젊은이들은 본인의 취미와 적성에 따른 직장 선택보다는 주위 환경과 권유에 의해 떠밀려 소위 인기 직장, 인기 학과로 많이 가게 된다. 그러다 보니 외적 모양은 그럴 듯하게 만족하나 내실 그 속마음은 언제나 무엇이 빠진 것 같은 공허함을 떨쳐 버릴 수 없다. 단지 외적인 안정감이라는 차원을 뛰어넘어 이 세상에 던져진 나의 나 됨에 대한 의미를 다시금 생각하고 새로이 그 자신을 완성시켜 나갈 수 있는 계기가 필요한데, 실직이라는 큰 경험이 바로 이러한 새 출발을 위한 귀중한 도약대가 될 수 있다.

미국 텍사스 주 달라스 시에서 빵과 수프를 판매하는 레스토랑 '라 메드린'의 사업을 시작한 패트릭의 경우를 보면 어려운 가운데서도 새로운 힘을 얻을 수 있다. 그는 1983년 프랑스에서 미국으로 이민 왔는데, 당시 특별한 기술도 없고 영어도 잘할 줄 모르며 사업 자금도 변변찮았다. 더욱이 제빵 기술이나 요리법에 대한 특별한 지식도 없었다.

본인의 말을 빌리자면 자신이 가진 유일한 재산은 주위 사람들의 충고를 잘 경청하는 것이라고 하였다. 특히 주목할 만한 점은 레스토랑에 들어오는 손님들은 빵이나 수프 등과 같은 음식뿐만 아니라 주인과 종업원의 가슴으로부터 나오는 그 무엇, 즉 친절을 원한다는 생각을 하며 이를 레스토랑 운영에 적용했다. 그리고 그는 1996년 미국 전역을 통해 사회적 책임을 다하는 올해의 창업가상을 받았다. 특별한 재산도 기술도 없는 이방인의 상태에서 주위의 조언을 잘 듣고 또 본인이 하고 싶은 좋은 생각을 실천할 수 있는 장을 마련하는 일에 충실하여 값진 성공을 이룩한 것이다.

현재 패트릭은 자신의 사업을 통해 얻은 이익을 지역 사회에 환원하는 여러 가지 프로그램을 창설하여 실천하고 있다. 매주 토요일 오전이면 집 없는 사람들이 사는 곳에 가서 빵과 수프를 나눠 주는 일을 자발적으로 하고 있으며, 음식 은행(Food bank)이란 제도를 만들어 가난한 사람들에게 음식을 제공하기 위한 활동을 하고 있다. 우리는 그의 경우를 통해 어려움을 겪어 본 사람만이 어려운 사람의 심정을 이해하고 그들을 도울 수 있는 실제적인 방안들을 모색한다는 성공적인 사례를 살펴볼 수 있다.

매화면에서 실직자 생활을 하면서

필자도 한동안 실직의 경험을 한 적이 있었고 그때의 긴장과 어려움, 그리고 그때만 가질 수 있었던 여유를 느껴 본 적이 있었다. 지금은 기독학술교육동역회로 이름을 바꾸었지만 1987년 당시 기독교대학설립동역회였던 이 단체에서 나는 대학원을 마치고 간사로 근무하게 되었다. 기독학문 연구회 모임의 인도, 뉴스레터 겸 관련 에세이를 게재하는 월간 《기독교 대학》의 발간, 행정적인 일의 수행 등이 내가 하는 주된 업무였다.

1988년에 결혼하고 아내와 함께 동역회 일을 계속하다가 기독교 세계관에 입각한 학문 연구의 실행을 위해 경영학 공부를 위한 유학을 마음먹게 되었다. 간사로서의 업무 시간을 줄이며 유학 준비를 하는 동안 아내가 교사 발령을 받아 경북 울진군 매화면으로 이사 가게 되었다. 약 6개월 정도 일주일의 반은 대구에 와서 근무하고 일주일의 반은 매화면에서 지내는 생활을 하다가 후임 간사가 정해져 유학 준비에 매진하고자 간사 일을 그만두었다. 그때부터 일년 반 동안 일종의 '자발적 실직'의 상태를 경험하게 되었다.

말이 유학 준비이지 그 동안 도시 생활 속에서 길들어져 있다가 공부한답시고 동해안 시골의 초라한 집에서 하루 일과를 정해 놓고 공부한다는 것은 그리 쉬운 일은 아니었다. 아내는 매화면에 있던 종합고등학교의 교사로 근무하고, 그때 갓 태어난 첫아이는 같은 교회에 다니시던 여 집사님에게 맡기고, 나는 단칸방에서 토플 공부를 하며 유학의 길을 준비하는 것은 그렇게 낭만적인 일은 아니었다. 사지가 멀쩡한 젊은 사람이 공부한답시고 아내에게 얹혀 살면서 허구한 날 집에 박혀 있는 것은 아닌가 하는 동네 사람들의 눈총도 느껴 보았다. 그래서 없는 살림이었지만, 도시락을 싸 가지고 아까운 차비를 들여가며 약 20분 정도 직행버스를 타고 울진의 시립도서관에 가서 공부하기도 하였다.

지금 회상해 보면 당시에 느낀 것을 두 가지로 요약해 볼 수 있다. 한 가지 생각은 '아! 지금 나에게는 내 마음대로 사용할 수 있는 하루

24시간이라는 시간이 있구나! 대신 나의 노력에 대한 보상은 당장 주어지는 것이 아니구나' 하는 지극히 평범한 것이었다. 그리고 나머지 생각은 지금까지 도회지였던 대구에서만 약 30년 정도 살아오다가 동해안의 시골 마을에 와서 살아 보니 맑은 공기, 푸른 하늘, 하얀 구름, 노변에 피어나는 아름다운 코스모스, 국화 등등을 보면서 '야! 이것이 이제까지 책 속에서만 느끼고 생각했던 하나님 창조의 진면목이구나' 하는 것이었다. 약간은 사치스러운 생각이었지만 '내가 이때가 아니면 나의 인생에서 이렇게 좋은 환경을 제공받고 살 수 있는 경험이 없겠구나' 하는 감동을 느껴 보기도 하였다.

그 뒤 미국에서 5년 6개월 동안 유학 생활을 하는 동안 경제적으로 아주 어려운 시기를 겪으면서도 하고 싶었던 일을 한다는 데 대하여 진정으로 감사하는 자세를 가질 수 있었다. 그래서인지 요즘도 간혹 지난 시절을 되돌아보면 나도 모르게 눈시울이 뜨거워지며 어려움 속에서도 도움을 주셨던 하나님에 대한 감사의 마음이 솟아오르곤 한다.

결국 당시의 어려운 경험이 오히려 새로운 길을 찾는데 더욱 귀한 밑거름으로 작용했다는 것을 깨닫는다. 이러한 이유로 이 글의 서두에 제시하였던 '새옹지마' (塞翁之馬)란 고사성어가 지니는 의미에 대해 깊이 동감하게 되고, 실직이 새로운 출발을 위한 귀한 첫걸음이 될 수 있다고 주장하는 것이다.

실직은 있어도 실업은 없다!

이제 새로운 출발을 함에 있어서 실직과 실업의 개념에 대하여 다시 생각해 보기로 하자. 실직이란 한 개인이 구체화된 작업 상황 속에서 담당 직무를 수행하고 그 대가로 보수를 받는 체계에서 이탈되는 현상이라고 할 수 있다. 한편 실업이란 한 개인이 자신의 소질을 따라 평생을 두고 할 수 있는 자신만의 전문적인 업무를 상실하는 현상이다. 두 가지 다 무엇인가를 잃어버린다는 점에서는 동일하지만, 실직은 일시적으로 자신이 근무하던 직장을 떠나는 것이고, 실업은 좀더 본질적으로 자신의 직업적 능력을 잃어버리게 되는 것이다.

굳이 이렇게 두 가지 개념을 분리하는 것은 우리가 실직은 당할 수 있어도 그것이 실업은 아니라는 점을 구별하기 위해서이다. 이러한 점에서 직장에서 해고되는 실직의 경우는 발생한다 하더라도 자신이 평생 할 수 있는 일, 천부적 재능을 살려 할 수 있는 일을 잃어버리는 실업은 본인이 그 의사를 포기하지 않는 한 발생하지 않는다.

우리가 실직을 당하면 직장으로부터의 금전적인 보상이 단절되고, 여기에서 가장 큰 불안감을 느끼게 된다. 그런데 우리 삶을 안정되게 해주는 것이 금전에 한정된 것인가를 질문해 볼 수 있다. 한 개인이 어떤 일을 달성하기 위한 동기 부여 측면에서, 이와 같은 즉각적이고 금전적인 보상이 상당한 효과를 발휘한다. 그러나 항상 그런 것은 아니다. 경우에 따라서는 오히려 어떠한 노동을 감당했을 때 금전적 보상보다 비금전적 보상이 이루어지고, 그 보상의 시기가 바로 직접적으로 연결되지 않을 수 있다는 것을 상정해 볼 수 있다.

예를 들어, 벤처기업 같은 경우에는 직원들이 창업 초기에는 금전적 보상이 거의 없이 희생적으로 일하다가 마침내 결실을 맺을 때 한꺼번에 큰 보상을 받는 경우가 허다하다. 범일 정보통신의 서주철 사장의 경우는 이러한 예를 아주 잘 보여 주고 있다(《조선일보》, 1999.9.17). 그는 1992년 5,000만 원의 자본금으로 회사를 시작해서 창업 7년 만에 투자금액의 1,000배나 넘는 600억 원을 벌었다.

서 사장은 경북 구미공고를 졸업하고 LG 전자에 취직했다가 중소기업으로 옮긴 뒤 그 기업이 부도 나는 바람에 실직하게 되었다. 그는 남들이 하지 않던 음성기술 분야의 연구를 거듭해 마침내 큰 성공을 이루게 되었다. 서 사장의 사례는 위험 부담과 그에 따른 보상의 개념에서 이해할 수 있다. 한 개인이 감당한 직무 수행에 대하여 즉각적으로 금전적으로 보상되는 것은 상대적으로 위험 부담이 적고 그에 상응하는 보상을 안정되게 받는다는 개념이고, 반대로 새로운 기술이나 마케팅을 위한 시도는 그만큼 위험 부담이 많고 대신 보상 또한 크다는 것을 의미한다. 서 사장의 경우는 큰 위험을 택했고 그에 따른 큰 보상을 받은 사례로 볼 수 있다. 따라서 일시적으로 실직의 상태는 경험할 수 있어도 실업은 아니라는 점을 분명하게 인식하는 것이 중요하다. 비록 정든 직장은 떠났지만, 새로운 일을 할 수 있는 잠재력이 아직 내 안에 남아 있는 것이다. 비가 오고 구름이 앞을 가리고 있지만, 태양은 언제나 다시 떠오른다. 오늘 비록 실패했을지라도 내일은 또 새롭게 출발할 수 있는 가능성이 우리 인생에게는 항상 주어져 있다.

새로운 현실, 산업 사회에서 지식정보 사회로

실직이 단기적으로는 고통이긴 하지만 이 아픔이 새로운 출발을 위한 귀중한 초석이 될 수 있다. 그런데 우리가 간과하지 말아야 할 것은 새로운 출발을 함에 있어 현실에 대한 명확한 상황 인식을 토대로 시작해야 한다는 것이다. 변화된 현실에 대한 객관적이고 정확한 인식 없이 과거에 사용하던 구식 병기를 가지고 삶의 전장에 나아가는 것은 또 다른 실패를 초래하는 길이기 때문이다.

이제 우리 사회는 산업 사회에서 지식정보 사회로 발전되고 있다. 이에 따라 사회의 구성원에게 새로운 자질이 요구되고 있다. 산업 사회는 안정된 기업 환경하에서 표준화된 제품을 대량 생산하는 사회이다. 따라서 산업 사회하에서는 주어진 과업을 효율적으로 수행하는 능력이 중요시 된다. 반면 지식정보 사회는 다양한 소비자의 욕구를 채울 수 있는 새로운 제품을 끊임없이 만들어야 성공할 수 있다. 따라서 기업 행위 전반에 걸쳐 소비자를 향한 새로운 접근법이 요구되고 있으며, 한 개인에게 있어서도 직무 수행에 대한 새로운 인식이 요구되고 있다. 다음 〈도표 1-1〉은 각 사회가 요구하는 조직과 인적 자원의 특성을 비교하고 있다.

도표 1-1 산업 사회와 지식정보 사회의 차이

	산업 사회	지식정보 사회
기업 환경	안정적인 상황 : 예측 가능한 변화	불확실한 상황 : 다양한 변화 및 급격한 변화 속도
조직 활동의 초점	표준화된 제품의 대량 생산, 불량률의 감소 - 효율성의 추구	다양한 제품으로 시장 환경의 변화에 대한 유연한 대응 - 효과성의 추구
조직 구조의 형태	피라미드 구조	네트워크 구조
인적 자원	조직 성과 향상을 위한 영구적 자산으로 취급	경쟁 우위를 확보하기 위한 소모성 자산
주목받는 개인의 능력	명령에 대한 순종 및 주이진 과업의 효율적 수행	창의적 잠재력의 실현과 프로젝트의 개발 및 완수
고용 기간	종신 고용, 평생직장	계약에 따른 기간 고용, 평생직업

　우리 나라가 경제 위기를 겪은 원인은 근본적으로 산업 사회에서 지식정보 사회로 이행하는 과정에서 이에 대한 적응을 제대로 하지

못한 데서 찾을 수 있다. 우리 나라 기업들은 현재 미국, 일본, 유럽 기업들에 비해서 첨단 기술 개발의 지식에 있어서 격차를 보이고 있고, 중국을 위시한 신흥 개발도상국 기업들에 비해서는 인건비 등 생산원가의 격차로 인해 양면 공격을 당하고 있다.

미국 시장에서 소비용품을 판매하는 대표적 할인업체인 월마트에서 1980년대 후반에는 '메이드 인 코리아'(Made in Korea) 제품이 진열장의 거의 대부분을 차지했었다. 그런데 1990년대 초반에 들어오면서부터 점점 한국 상품이 줄어들더니, 이제는 중국과 다른 개발도상국들의 상표가 붙은 제품들이 그 자리를 차지하고 있다. 우리 나라는 개발도상국 시절의 저가격 저품질의 제품에서 선진국과 같이 고가격 고품질의 제품으로의 전환에 실패한 것이다.

국가간의 경쟁이 심화되고 시장이 개방되면서 소비자들의 제품 선택 범위가 넓어짐에 따라 이제는 더 이상 기술을 모방해서는 경쟁에서 살아남기가 힘들게 된다. 새로운 기술의 개발과 함께 소비자들의 다양한 욕구를 충족시킬 수 있는 능력을 독자적으로 확보해야만 하는 상황이 전개된 것이다. 이러한 현실적인 요구는 자연히 조직 구성원들에게 있어서도 개인적 업무 수행에 새로운 자세를 요구하게 된다. 위의 도표에서 볼 수 있는 것처럼 지식정보 사회는 산업 사회와 비교하여 근본적으로 다양성의 확대, 거래 계약에 의한 근로 행위 및 개인의 창의력에 더욱 의존하는 사회로 규정 지을 수 있다.

이제 각 개인은 자기 능력의 시장 가치를 키우는 것이 중요하다. 산업 사회에서는 주어진 업무를 과오 없이 무난히 치러 내면 좋은 평가를 받았지만, 지식정보 사회에서는 기존의 업무를 답습하기보다는 남과 다른 창의력을 발휘하는 것이 중요하게 된다. 따라서 뭔가 새로운 것을 항상 만들어 내는 창의적인 사고가 업무 수행에 있어서 필수적인 요건으로 자리잡아 가고 있다.

창의적인 사고로 직무에 임하는 것은 자신이 하고 있는 일에 대한 긍지와 자존심, 나아가 그 일을 즐길 수 있을 때 가능하다. 창의성은 자유로운 가운데 발현되며, 자유로운 사고는 업무 수행에 있어 거리 끼거나 제한하는 것 또는 방해되는 것이 없을 때 가능한 일이다. 벤처 창업에 큰 성공을 하는 이들이나 기존의 대형 조직에서 성공하는 개인들을 살펴보면 창의적인 업무 수행 능력을 공통적으로 찾아볼 수 있다.

새로운 지식(Knowledge), 기술(Skill), 능력(Ability)

지금까지는 주로 실직과 관련하여 이를 극복하기 위한 정신력 강화를 중심으로 이야기를 전개해 왔다. 여기서는 이러한 정신적 자세를 바탕으로 좀더 구체적인 방안에 대해서 언급하고자 한다. 개인이 창업을 하거나 새로운 조직체 내에서 업무를 수행한다고 했을 때 기본적으로 요구되는 사항들은 지식정보 시대에 걸맞는 지식, 기술, 능력이다.

지식(Knowledge)이란 해당 업무 수행을 위해 직무 자체의 특성, 직무 수행자가 갖추어야 할 능력, 직무와 관련된 외부 환경 사항들에 대한 정보를 숙지하는 것을 의미한다. 기술(Skill)이란 직무 수행을 위해 필요한 구체적인 노하우를 말하고, 능력(Ability)이란 제품이나 용역의 제공을 위해서 이루어지는 각각의 과업들을 종합하여 완성할 수 있는 정도를 말한다.

예를 들어 제품의 마케팅을 담당하는 사람이라면, 판매하고자 하는 제품의 특성 및 용례, 제품과 관계된 혁신적인 요소, 미래 제품의 전개 방향, 해당 제품이 경쟁 제품에 대해 가지는 강점과 취약점 등을 아는 것이 지식이라고 할 수 있다. 직무 수행과 관계된 기술이란 고객의 욕구를 파악할 수 있는 기법, 상담을 통해 고객으로 하여금 제품을 구매하도록 설득할 수 있는 자질, 나아가 제품 구매 뒤 체계적인 A/S를 할 수 있는 기법들을 갖추는 것과 관계된다고 할 수 있다. 능력이란 이러한 마케팅 업무와 관계된 지식과 각각의 과업 수행을 위한 기술을 이용해 실제적인 업무의 완수, 즉 판매를 신장하는 정도를 말한다고 할 수 있다.

이상이 구체적인 업무의 수행과 관계된 요구 사항이라고 할 수 있다. 여기에 더하여 오늘날 특히 지식정보 시대의 변화에 적응하기 위한 방안으로 컴퓨터를 통한 의사소통 및 자료 정리와 분석을 할 수 있는 능력이 요구되기 때문에 이와 관계된 기본적인 사항들을 배우는 것이 필요하다.

여러분이 실직 상태에 처해 있다면, 다음과 같은 세 가지 사항을 명심하는 것이 필요하다. 첫째, 실직은 언제나 일어날 수 있는 것이며 더 나은 자기 발견을 위한 귀중한 체험의 시간이라는 인식을 가지고 새로운 정신 무장을 해야 한다. 둘째, 본인이 일생에 거쳐 꼭 해야만 한다고 여기는 직무를 선정하고 그 직무의 효과적 수행에 필요한 지식, 기술, 능력을 만들기 위한 실행 계획을 작성해야 한다. 셋째, 지식 정보 시대에 의사소통과 정보의 교환 및 관리를 위해서 필수적인 컴퓨터를 사용할 수 있는 능력을 쌓으려고 노력해야 한다.

이러한 세 가지 과정을 효과적으로 실천하기 위한 구체적인 방안을 마련하고자 아래에 이 작업을 위한 질문을 만들어 보았다. 독자는 이 글을 마지막으로 읽으면서 자기 자신에게 하는 약속으로 다음의 빈칸을 작성해 보도록 하자.

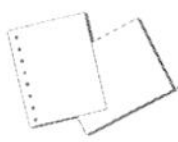

1. 실직에 대한 새로운 이해

① 실직으로 인해 내가 지금 겪고 있는 육체적, 정신적 고통은 어떤 것들인가?

② 이 고통을 치유하기 위한 처방은 어떤 것들이 있는가?

③ 실직을 극복하고 새롭게 출발할 수 있는 극복 방안은 무엇이 있는가?

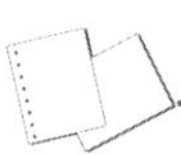

2. 하고자 하는 일의 발견과 이를 위한 모색

1) 내가 가장 열성적으로 감당하고 즐길 수 있는 일은 어떤 것들이 있는가?

   ①

   ②

   ③

2) 이들 각각의 일이 요구하는 세부 과업들은 어떤 것들이 있는가?

   ①

   ②

   ③

3) 각각의 일을 수행하고 완성하기 위해서 필요하다고 인정되는 개인적인
   요소들을 열거해 보자.

   ① 지식 :

   ② 기술 :

   ③ 능력 :

3. 컴퓨터 습득, 어학 훈련 등 새로운 지식을 습득하기 위한 구체적인 방안을 모
   색해 보자.

   ①

   ②

   ③

김인수, *Imitation to innovation*, Harvard Business School Press, 1997.

이 책은 압축 고도 성장을 이끌어 왔던 한국 경제를 그 형성의 원인적인 측면에서 분석하고 이를 모방에 기인한 것이라고 규정하고 있다. 이제부터는 새로운 지식을 창조하는 기술을 만들어야 한다고 주장하고 있다.

로버트 톰슨, 『실업 : 위기인가? 기회인가?』, IVP 역간, 1993.

이 책은 소책자로서 실직자가 경험하게 되는 심리적 갈등과 이를 어떻게 관리해서 귀중한 자기 발전의 기회로 삼을 것인가를 구체적으로 소개하고 있다.

부즈·앨런 & 해밀턴, 『한국 보고서』, 매일경제신문사, 1998.

본 보고서는 한국 경제가 처한 현실을 아주 과학적으로 분석하여 각 산업별로 보고한 책자이다. 아울러 앞으로 한국 경제가 나아갈 방향을 잘 지적하고 있는 것으로 실직을 경험하는 이들이 앞으로 어떠한 자세로 직업에 임해야 하는가를 제시하고 있다.

2장

실직의 극복은
화목한 가정에서부터

김춘경

현재 경북대학교 아동가족학과 조교수이고,
전공은 아동·가족 상담학이며, Adler의 개인
심리학적 심리치료와 교류 분석적 심리치료
입장에서 상담하고 있다. 또한 경북대학교 학
생생활연구소 연구부장으로 경북대 사이버
상담실을 운영하고 있다.

요즈음 우리는 전반적인 경제 침체로 많은 어려움을 겪고 있다. 특히 기업들의 구조조정으로 대량 실업 사태가 속출하고 있다. 이로 인해 가족의 생계를 책임지는 가장들이 직장 밖으로 내몰리고 있으며, 이들 중 일부는 노숙자로 전락하여 길거리를 방황하고 있어 보는 이들의 마음을 안타깝게 하고 있다.

이러한 실직 문제는 당사자는 물론 그가 속한 소중한 가정의 구성원들 모두에게 경제적, 정신적으로 고통을 주며 가족간의 갈등과 와해 등 여러 형태의 후유증을 낳고 있는데, 가장 크게 우려되는 것이 가정의 정신 건강 악화이다. 만일 실직 가정들을 그대로 방치한다면 많은 사람들이 정신질환의 문제로 시달릴 것이다. 이들의 정신 건강을 되찾기 위해서 소요되는 막대한 경비와 시간은 말할 것도 없고, 사회 전체에 번지게 될 정신병리화 현상은 매우 심각한 문제가 될 것이다.

그러므로 정부 차원에서의 실직자 개인의 취업 알선도 중요하지만, 그 가족 구성원들이 사랑과 신뢰 속에서 상호 심리적으로 돕고 의지하여 실직 위기를 현명하게 극복해서 실직자와 가족 모두가 정신 건강을 건전하게 유지할 수 있는 대책 마련이 매우 시급하다. 따라서 우리는 실직 문제를 실직자 개인의 관점뿐만 아니라 가정 전체의 문제로 파악해야 한다. 즉 실직한 당사자뿐만 아니라 실직자 가족 모두를 도울 수 있는 대책이 마련되어야 한다. 그리하여 온 가족이 힘을 합하여 실직이라는 위기를 극복하고자 할 때 가정은 본래의 기능을 회복하게 되고 나아가 가정이 더욱 건설적인 방향으로 발전할 수 있는 기회가 될 것이다.

그러면 먼저 실직 가정이 겪는 어려움에 대하여 살펴보고, 이어서 실직 가정의 어려움을 극복하기 위해 가족 구성원들이 어떻게 해야 할 것인가에 대하여 생각해 보자.

실직 가정이 겪는 네 가지 어려움

흔들리는 가정경제

가장의 실직에 따른 가장 큰 문제는 경제적 어려움일 것이다. 갑작스런 수입의 단절은 실직 당사자는 물론 가족 전체의 경제적 욕구를 충족시킬 수 없게 된다. 특히 실직이 장기화된다면 가족의 생존 자체의 어려움은 물론이고 정신적으로도 많은 문제의 원인이 될 수 있다.

악화되어 가는 가족 관계

가장이 실직하게 되면 가족 구성원들 모두가 심리적, 정신적으로 충격과 고통을 받게 된다. 망막한 현실과 불안한 미래로 가족들은 긴장하고 예민하게 되어 서로를 원망하고, 심할 경우 적대적인 관계가 되기도 한다. 그 결과 부부 갈등과 가족 불화, 가정 폭력이 증가하고, 가족간의 관계 악화로 부부의 별거나 이혼으로 가정이 파탄되기도 한다. 물론 실직 가정들 전부가 이와 같은 것은 아니다. 실직으로 파괴되는 가정들은 대부분 이미 오래 전부터 갈등이 내재되어 있다가 실직으로 인해 급격히 표출되는 경우가 많다.

부부 사이에 먹구름이 몰려온다

실직당한 가장은 실직 직후의 충격과 분노를 삭이고 새 출발을 위해 열심히 노력한다. 그러나 재취업의 실패가 계속되면 좌절감과 무력감이 증가되면서 외부 출입을 꺼리고 집안에만 있게 된다. 심기가 불편해진 남편이 자기 눈에 들지 않는 집안일을 일일이 간섭하고 잔소리를 하게 되면 그렇지 않아도 불안하고 힘든 아내는 엄청난 스트레스를 받게 된다. 이들 부부는 갈수록 매사에 예민하게 대립하여 작은 일에도 화를 내고 부딪치게 되어 그들간의 마찰 횟수가 점차 늘어나게 된다. 평소에 금실 좋았던 부부들도 실직으로 인해 갈등이 생기게 되고, 심한 경우 남편이 아내를 구타하는 데까지 발전할 수 있다.

부모와 자녀 사이도 예전 같지 않다

실직으로 인한 남편과 아내의 만성적이고 지속적인 스트레스는 감수성이 예민한 자녀들을 심리적으로 위축되게 한다. 또한 실직은 그들의 자녀에 대한 태도와 가정 교육에도 부정적인 영향을 주어 부모 자녀간의 관계를 악화시키기 쉽다. 일반적으로 실직 가장은 실직에서 비롯된 욕구 좌절을 자녀에게 전가하고 자신의 열등감 때문에 화풀이를 한다. 자녀를 독재적인 방법으로 훈육하거나 자녀의 일거수 일투족을 일일이 감시하고 자녀가 잘못하면 지체 없이 야단치거나 처벌을 한다.

그 결과 청소년기의 자녀들은 경제적 독립을 원하거나 빈곤과 갈등이 있는 가족들로부터 벗어나고자 가출을 시도하거나, 부모 자녀간의 관계 악화로 인해 비행청소년들이 되기도 한다. 그리고 부모가 자녀 양육의 부담을 감당하지 못해 급기야는 어린 자녀를 유기하는 극단적인 상황도 종종 발생한다.

가장의 역할 상실과 대인 관계의 위축

실직이란 회사의 일을 '인생의 전부' 로 알고 살아왔던 가장에게 인생의 상실과도 같은 엄청난 시련이다. 또한 가정에서 중요한 경제적 책임을 담당하여 막강한 지위를 부여받았던 가장에게는 실직이란 기존의 역할과 지위의 상실을 의미한다. 따라서 실직 가장은 자기 정체성의 상실을 뼈저리게 느끼게 되며, 갑자기 생긴 많은 시간들을 무료하게 보내야 하는 시간의 비효율적인 상실감도 체험하게 된다.

이와 같이 가장은 실직으로 가정 내에서 지위가 하락되고 역할이 변화될 뿐만 아니라, 직장을 중심으로 형성되어 온 대인 관계와 주위의 친인척 관계에서도 위축된다.

온 가족의 심리적, 정신적 갈등

실직자들에게 가난과 경제적 어려움보다 더한 두려움의 대상은 정신적 피폐함이다. 물질적인 어려움은 오히려 견딜 만하다고 한다. 그러나 좌절과 허무, 정신적인 황폐함과 기죽어 있는 아이들의 모습은 그들을 더욱 처절하게 만든다.

아버지의 눈물

실직 초기에 가장들은 새로운 일자리를 찾기 위해 적극적으로 구직 활동을 하지만 재취업의 실패가 반복됨에 따라 초조해지고 불안감이 가중되면서 자신감이 저하되고 연속적으로 좌절하게 된다. 그 결과 자신을 인생의 실패자 또는 재수 없는 사람이라고 비하하면서 크게 위축되어 자아 존중감이 약화되고, 자신을 가치 없는 존재로 생각하게 된다. 이들은 무력감, 의기 소침, 불안, 열등감, 우울증 등의 정신병리 현상을 함께 겪기노 하는데, 극단적인 경우에는 심한 우울증과 함께 비관 자살이나 가족 동반 자살 등을 하기도 한다.

한국보건사회연구원의 보고(1998. 10)에 의하면 실업자 중 36.7%가 불안감, 22.1%는 사회적 적대감 등 심각한 심리적 동요를 일으키고, 28.3%가 우울증을 겪고 있다고 한다. '실직한 아버지 모임'에서 실직자 100명을 조사한 결과 29%가 자살 충동을 느낀다고 조사되었다. 또한 정신과 의사들에 의하면 자살율이 이전보다 30% 정도 증가했다고 한다(《중앙일보》, 1998. 3. 27). 이와 같이 실직자들은 심리적으로 절망감, 열등감, 우울증, 자존감 상실, 예민함, 좌절감, 허탈감, 증오심, 자포자기, 무기력, 자살 충동 등으로 고통당하고 있을 뿐만 아니라 이로 인한 스트레스와 불안은 신체적 증상으로 나타난다.

이 밖에도 식사 습관, 성적 충동, 혈압 등의 급격한 변화와 피곤 증가, 수면 장애, 약물 남용 증가 등이 보고되고 있다. 또한 행동의 뚜렷한 변화도 보인다. 자주 과음하거나, 평소보다 말이 늘거나, 반대로 말수가 적어지거나, 친구나 친척과의 접촉을 멀리하고 사소한 일에 화를 내며 시비를 걸고, 물건을 집어 던지고 소리치면서 싸움을 벌이는 안타까운 모습을 보이고 있다.

이와 같이 실직이라는 커다란 충격 속에 더욱 지치고 외로워진 아버지의 눈물을 닦아 주고 감싸 줄 수 있는 곳은 우리의 소중한 가정뿐이다.

생활고에 시달리는 어머니

남편이 실직당하면 아내도 함께 좌절하기 마련이다. 축 처진 남편의 처지를 이해하고 안타까워하다가도 때로는 원망과 불평이 나온다. 만일 평소에 남편이 강압적으로 군림하는 타입이었다면 복수심이 먼저 생긴다고 한다. 어떤 부인은 남편이 평소에 고약하게 굴다가 갑자기 의기 소침해져 있는 모습을 보니, 먹고 살 걱정보다 우선 고소한 기분이 들더라고 고백했다. 이러한 극단적인 경우가 아니더라도 아내의 경우 실직한 남편과 하루 종일 함께 지낸다면 많은 불편함을 느낄 것이다.

그러나 우리의 정서로 볼 때, 아내는 아무리 힘들어도 자신의 고통을 참아야 할 것을 요구받고 있다. 더욱이 이들은 궁핍해진 가계를 꾸려 가야 하는 책임과 남편 대신 취업전선에 뛰어들어야 한다는 중압

감에 시달리고, 남편의 좌절감과 불안감을 위로하고 기를 살려 주어야 하고, 자녀들이 상처받지 않도록 돌봐야 하는 등 이중, 삼중의 고통을 감수하는 경우가 많다. 아내를 마치 만능 해결사인 슈퍼우먼처럼 여기고 실직 가정의 모든 부담을 떠맡게 해서는 안 된다. 가정이 힘들어질수록, 생활이 고달파질수록 가족 구성원 모두 함께 힘을 합하여 위기 상황을 현명하게 극복해 나가야 할 것이다.

상처받는 아이들

가정의 경제적 어려움은 자녀들에게도 많은 영향을 준다. 부모가 경제적 고통으로 스트레스를 받게 되면 자녀에게 소홀하기 쉽고 심화된 부부 갈등은 자녀에게 악영향을 주게 된다.

1930년대에 대공황을 겪었던 미국의 아동들은 장성한 뒤에도 다른 연령 집단에 비해 자존심과 자신감이 많이 결여되어 있었고 수능 성적도 부진했다고 한다. 우리 경우에도 실직 가정의 자녀 10명 가운데 1명 꼴로 진학 포기, 학업 성적 하락, 학교 결석, 음주, 청소년 비행 등 심각한 심리적, 정서적 불안정 상태를 겪고 있는 것으로 나타났다(《한국일보》, 1998. 11. 26).

가장의 실직으로 인해 아이들이 식사를 굶는 경우는 기본적인 생리적 욕구에 대한 불충족감과 이에 따른 심리적 박탈감으로 아이들은 너욱 낳은 불안과 스트레스를 받게 된다. 또한 신체적 성장 속도가 빠른 아이들이 배고픔의 고통을 참아 내기란 상당히 힘든 일이다. 특히 자신의 정체성과 존재 가치가 형성되는 시기에 결식 아동이라는 이유로 또래들에게 놀림받거나 왕따로 취급된다면 더욱 아픈 상처를 받게 된다. 그러나 아무리 배가 고파도 따뜻한 가정과 자신이 속한 집단 내에서 사랑과 인정을 받는 아이들은 용기를 갖고 담대하게 살아갈 수 있을 것이다. 이와 반대로 자의식이 형성되는 매우 예민한 시기에 가정에서 부모에게 버림받고 학교에서 또래 학생들에게 배척당하게 되면, 그들의 가슴은 멍이 들고 기성 세대와 사회에 대한 원망과 분노와 함께 성장하게 된다. 이와 같이 활짝 펴고 살아가야 할 자녀들이 왜곡되고 꿈과 용기마저 잃게 된다면 우리 사회의 미래는 결코 밝지 못할 것이다. 그러므로 실직으로 인해 자녀들이 겪고 있는 심리적, 정서적 상처는 일시적인 문제가 아니라 우리의 미래가 걸려 있는 문제이기 때문에 그들을 잘 보살펴야 한다.

위기를 극복하기 위한 가족들의 노력

어떤 화가가 세상에서 가장 아름다운 그림을 그리기 위해 여러 사람들에게 물었다. 먼저 그는 막 결혼을 앞둔 예비 신부에게 세상에서 가장 아름다운 것이 무엇이냐고 물었다. 그러자 신부는 수줍어하며 "사랑이지요. 사랑은 가난을 부유하게, 적은 것을 많게, 눈물도 달콤하게 만들지요. 사랑 없이는 아름다움도 없어요"라고 대답했다.

화가는 고개를 끄덕였다. 이번엔 목사에게 똑같은 질문을 던졌는데, 목사는 "믿음이지요. 하나님을 믿는 간절한 믿음이야말로 세상에서 가장 아름답습니다" 하고 말했다. 그는 목사의 말에도 수긍했다. 그러나 그보다 더 아름다운 무엇이 있을 것만 같았다. 때마침 지나가는 한 지친 병사에게 물었더니 병사는 "무엇보다 평화가 가장 아름답고, 전쟁이 가장 추하지요" 라고 답했다.

순간 화가는 사랑과 믿음과 평화를 한데 모으면 멋진 작품이 될 것 같았다. 그 방법을 생각하며 집으로 돌아온 그는 아이들의 눈 속에서 믿음을 발견했다. 또 아내의 눈에서는 사랑을 보았으며 사랑과 믿음으로 세워진 가정에 평화가 있음을 깨달았다. 얼마 뒤 화가는 세상에서 가장 멋진 작품을 완성했는데, 그것은 다름 아닌 '가정'이었다고 한다(『세상에서 가장 아름다운 그림』, 작자 미상).

가정은 힘들고 지친 몸과 마음을 쉴 수 있는 편안한 곳으로 즐거움과 기쁨을 같이하고, 슬픔과 비애를 함께 나누는 곳이 되어야 한다. 그런데 가장의 실직으로 인하여 소중한 우리의 가정이 흔들리고 있다. 실직에 따른 좌절감과 무력감으로 지치고, 심적인 어려움과 경제적 시련 속에 시달리는 이들에게 위로와 힘을 줄 수 있는 마지막 보루인 중요한 가정이 무너지고 있는 것은 가정 자체만의 문제가 아니라 심각한 사회 전체의 문제로 확산될 수 있다.

그러므로 가정을 중심으로 가족 구성원들 서로가 이해하고 격려하고 사랑함으로써 실직의 위기를 함께 극복해야 할 것이다. 흔들리는 가정을 바로잡고 지키기 위해서 가족 모두가 노력해야 할 사항들을 생각해 보자.

솔직하게 슬픔과 고통을 인정하자

인간의 감정은 선하지도 악하지도 않으며 내재된 정서 그 자체라고 한다. 우리들 대부분은 자신의 감정을 억제하여 혼자만의 비밀로 간직하려는 경향이 있다. 슬픔, 고통, 분노 등의 부정적인 감정은 억누르고 숨겨서 소멸되는 것이 아니라 내면에 그대로 쌓이게 된다. 그때그때 적절하게 표현되지 못한 채 누적된 해로운 감정의 덩어리는 언젠가는 엉뚱한 사건에서, 엉뚱한 대상에게 부적절한 방식으로 표출하게 되거나 그렇지 않으면 자기 내면에 심한 장애를 일으켜 병이 되기도 한다. 우리는 주어진 정서적인 충격을 있는 그대로 인정하고 꾸밈없이 솔직하게 그때그때 적절히 표현하고 함께 나누어야 한다.

혼자가 아니고 함께 있음을 느끼자

살다 보면 우리는 어떤 문제나 사건 때문에 충격을 받고 상처 입게
된다. 이러한 고통은 그 사건 자체보다는 상처받은 마음을 이해해 주
고 함께 공감해 줄 사람이 없다는 외로움 때문에 더욱 힘들어진다. 설
사 사랑하는 친구와 가족이 있어도 그들이 자신의 처지를 감싸 주고
이해해 줄 수 없다고 생각되면 서글퍼진다.

절망과 슬픔을 느끼는 사람은 공감해 주는 사람이 곁에 있다는 그
자체만으로도 의지가 되고 위로를 받게 된다. 실의에 차 있는 실직 가
장에게 주위의 가족들이 따뜻한 공감대를 형성시켜 준다면 소외감과
상실감이 감소되고, 자신의 존중감이 증진되면서 새롭게 일어설 수
있는 큰 힘과 위로를 받게 될 것이다.

난 슬픔에 잠겨 앉아 있었다. 그때 누군가 내 곁에 와서 신의 섭리에 대
해, 그리고 왜 이런 불행한 일이 일어났으며 무덤 너머엔 어떤 새로운 세
계가 있는가에 대해 설명하기 시작했다. 그는 계속해서 많은 얘기를 했다.
내가 듣기에도 진실이라고 여겨지는 내용이었다. 하지만 난 그가 그만 가
주기를 바랄 뿐 아무 감동도 받을 수 없었다. 마침내 그는 자리를 떴다.

그때 또 다른 사람이 와서 내 곁에 앉았다. 그는 그냥 한 시간이 넘도록
아무 말없이 내 곁에 앉아 있었다. 내가 뭔가를 말하면 그는 귀기울여 들
어주고, 간단히 대답하고, 조용히 내 손을 잡아 준 다음에 내 곁을 떠났다.
난 그에게서 큰 감동과 위안을 받았다. 난 그가 떠나는 것이 싫었다. (세 명
의 아들을 무덤에 묻고 나서, 『씨 뿌리는 사람의 씨앗』, 조셉 베일리).

상대의 모습을 있는 그대로 받아들이자

좌절된 사람들은 자기 부정적이고, 패배적인 사고의 악순환 속에서 벗어나지 못하고 마음을 닫고 있다. 그들의 마음을 열기 위해서는 그들을 있는 그대로 받아들여 주어야 한다. 그들이 있는 그대로 진심으로 받아들여진다고 느낄 때 그 동안 강하게 방어해 왔던 모습들이 점차 자유로워지게 된다. 따라서 그가 종전에 인정하지 않았던 중요한 감정들에 대해 점진적으로 자각하고 표현하기 시작하면서 자신의 문제를 좀더 객관적으로 보게 되고, 생산적이고 창조적인 방법으로 문제 해결을 위한 노력을 하고, 자신의 가능성을 최대한 실현하고자 노력하게 된다.

가정에서도 어려움에 처한 당사자는 주위의 가족들이 자신을 따뜻하게 수용하고 있다고 느낄 때 자신의 위기를 극복할 수 있는 능력이 자신에게 있음을 확신하고 문제 해결을 위하여 노력할 것이다.

작가이며 유명한 연사인 레오 버스카글리아가 한번은 자신이 심사를 맡았던 어떤 대회에 대해 말한 적이 있다. 그 대회의 목적은 남을 가장 잘 생각할 줄 아는 아이를 뽑는 일이었다. 레오 버스카글리아가 뽑은 우승자는 일곱 살의 아이였다. 그 아이의 옆집에는 최근에 아내를 잃은 나이 먹은 노인이 살고 있었다. 그 노인이 우는 것을 보고 어린 소년은 노인이 사는 집 마당으로 걸어갔다. 그리고는 노인의 무릎에 앉아 있었다. 엄마가 나중에 아이에게 이웃 집 노인께 무슨 위로의 말을 했느냐고 묻자 어린 소년은 말했다. "아무 것도 하지 않았어요. 다만 그 할아버지가 우는 걸 도와드렸어요."("남을 생각할 줄 아는 아이", 『마음을 열어 주는 101가지 이야기』)

서로 믿고, 서로 격려하자

실업에 따른 스트레스 요인에 대하여 가족 모두가 동일하게 대응하는 것이 아니다. 즉 실업이 가족에 미치는 결과는 가족의 특성에 따라서 달라질 수 있는데, 강한 결속력을 지닌 가족은 실업의 위기에 효과적으로 대응할 수 있다. 반대로 결속력이 약한 가족일수록 실업으로 인해 해체되는 가능성이 높다. 이와 같이 가족의 결속력과 가정의 안정성은 깊은 관계가 있다. 따라서 실직당한 가장을 주위의 가족들이 믿고 격려하여 그들이 강한 결속감을 보여 준다면 그는 어떤 난관이라도 극복할 수 있다는 자신감과 용기를 갖게 되어 현재의 고통을 극복할 수 있을 것이다.

상대가 바라보는 대로, 기대하는 대로 자신이 변해 가는 현상을 피그메이리언 효과라고 한다. 이 효과는 대인 관계를 맺는 모든 현장에서 매우 중요시 되고 있다. 부모가 자녀를 어떻게 생각하고 대해 주느냐에 따라 자녀의 태도가 달라지고 아내가 남편을, 남편이 아내를 어떻게 믿어 주느냐에 따라 그들의 태도가 달리 나타나게 된다. 상대를 희망적이고 긍정적으로 믿어 주고 격려해 주면, 그는 가족들을 실망시키지 않기 위해서 노력과 정성을 기울이게 되고 그 노력의 결과, 가족들이 바라는 대로 결실을 이루게 된다.

힘들고 어려울 때일수록, 좌절하여 희망찬 미래를 기대하기 어려울 때일수록 더욱 믿어 주고 격려하는 일이 필요하다.

미국 디트로이트에 가난하지만 매우 성실한 젊은이가 있었다. 그는 하루에 10시간씩 일하고 집으로 돌아와서는 낡은 창고에 틀어박혀 밤을 지새곤 했다. 집 뒤뜰의 낡은 창고를 개조한 작은 연구실에는 온갖 종류의 부품들과 기름 냄새로 꽉 차 있었다. 아버지는 그를 못마땅하게 여겨 몇

번이나 그 창고를 헐어 버리겠다고 소리를 지르곤 했고, 동네 사람들도 그를 비웃었다. 하지만 그는 실망하지 않았다. 자신을 믿어 주는 단 한 사람, 아내가 있었기 때문이다.

"당신은 꼭 성공할 거예요. 난 믿어요. 언젠가는 당신의 꿈을 이룰 거예요."

아내는 늦은 밤 연구에 몰두하고 있는 남편 곁에서 말없이 석유 램프로 불을 비춰 주었고, 추운 겨울밤에는 꽁꽁 얼어붙은 손을 호호 불어 가면서도 그의 일을 도우며 격려했다. 어느 날이었다. "우리가 해냈어. 여보, 우리가 드디어 자동차를 만들었다고."

낡은 창고에서 엔진 연구에 몰두하던 그 젊은 기사는 기쁨에 넘쳐 아내를 끌어안으며 소리쳤다. 그날 고요한 새벽, 거리에서 들리는 요란한 엔진 소리에 잠이 깬 마을 사람들은 모두들 창 밖을 내다보고는 놀라 입을 다물지 못했다. 안개가 채 걷히지 않은 새벽 거리를 그 젊은 기사가 아내와 함께 네 개의 바퀴가 달린 자동차를 타고 지나가고 있었던 것이다.

그 젊은이가 바로 헨리 포드였다. 힘든 시기에 큰 힘이 되어 준 아내의 고마움을 잊지 않던 그는 많은 세월이 흐른 뒤 "다시 태어난다면 무엇이 되고 싶으냐?"는 기자들의 질문에 이렇게 대답했다. "아내와 함께 있을 수만 있다면 무엇으로 태어나든 상관하지 않겠습니다"(《좋은 생각》, 1999년 3월호).

더 이상 자신을 비난하지 말자

상처받은 사람은 자신을 비난하면 할수록 더욱 상처를 입고 고통을 겪는다. 세상을 살아가노라면 힘든 일을 많이 겪게 되지만, 더욱 고달파지는 것은 자기 비난 때문이 아닐까. 특히 실직으로 인해 좌절하고 우울하게 되면, 이미 사회에서 인정받지 못하고 버림받은 무가치한 존재로 자신을 비하해서 가정에서조차 자신을 받아 주지 않을 것이라고 스스로 비난하는 실직자들이 많이 있다. 이러한 자기 비난은 사건으로 인해 오는 것이 아니고 자신의 잘못된 가치관과 비합리적인 사고로 인해 형성된다. 자기 비난은 자신에게만 나쁜 것이 아니고 타인과의 관계, 특히 가족 관계로 연장되어 자식과 아내를 학대하게 된다는 데 그 심각성이 있다.

정신 건강을 위해서는 자기 마음속에 내재되어 있는 자기 비난을 멈추는 일부터 시작해야 한다. 따라서 마음이 처절해지고 좌절감이 꽉 조여 올 때 부정적인 자기 비난을 빨리 멈추고 자신을 용서하고 떳떳한 기분으로 주위의 가족들과 화목하게 살아가자.

합리적으로 생각하자

약 1세기경에 에피테우스(Epictetus)는 "우리의 마음은 어떤 특정한 사건 그 자체 때문에 괴로운 것이 아니고, 그것에 대한 자신의 관점 때문에 괴로워진다"고 하였다. 매일 접하게 되는 많은 문제점들을 정면으로 해결하면서 살아가기는 불가능하고 실제로 매우 피곤할 것이다. 오히려 우리가 여유를 가지고 그 상황을 대처해 간다면 좀더 마음 편하게 살아갈 수 있을 것이다.

만일 콩을 골라 먹을 때 작은 콩부터 골라 먹는 사람과 아주 큰 콩만을 골라 먹는 사람이 있다면, 전자는 작은 콩밖에 못 먹었다고 한탄하고 후자는 큰 콩만 먹었다고 기뻐할 것이다. 이와 같이 동일한 상황에서도 자신의 삶의 태도에 따라 전혀 다른 감정을 경험하게 된다.

우리도 당장 바꿀 수 없는 상황을 탓하고 이것을 억지로 바꾸려고 애쓰지 말고, 차분하게 자신의 가치관과 신념이 혹시 부정적이거나 비합리적이 아닌가를 점검해 보자. 어떤 일을 할 때 마음가짐이 삐딱

하고 감정적이라면 상황을 잘못 해석할 가능성이 많고, 결국은 역기
능적인 행동을 하게 되어 좋지 않은 결과를 낼 것이다.

그러므로 본인의 비합리적인 사고방식과 역기능적인 정서와 행동
을 유발하는 요인을 곰곰이 되짚어 보고, 자기 부정적이고 패배적인
태도를 자기 향상적이고 긍정적인 모습으로 전환해 보자.

가정에서의 역할을 바꾸어 보자

가정의 경제적 부분은 남편이 책임져야 하고, 정서적 부분은 아내
가 담당해야 한다는 고정된 성 역할 개념이 대량 실업 시대에 부부간
역할 재조정과 실직에 대처하는 데 방해가 되고 있다. 가장은 경제적
부양자로만 가치 있는 것이 아니라 아버지로서, 남편으로서, 한 인간
으로서 가치 있음을 인식해야 한다. 실직 전에는 직장 일만 생각하고
모든 시간과 에너지를 일에만 바친 가장들이 막상 실직을 하게 되자
그 동안 일 때문에 소중한 가족과 가정을 포기하고 살아온 것에 대해
후회하는 경우가 많다.

실직 시대의 역할 전환은 가장에게만 주어진 것이 아니고, 아내들
에게도 인식 전환이 필요하다. 남편마저 실직을 하는데 가정에 있는
아내가 무엇을 할 수 있을까라는 소극적인 자세에서 벗어나야 한다.
뭔가 아내로서 새로운 역할을 맡겠다는 각오와 역할 분담이 시도되어
야 한다.

아내가 직장을 구하게 되면, 남편은 집에서 집안일을 맡아야 할 것
이다. 자녀들도 제각기 가사 분담을 해야 한다. 고정적인 역할 분담에
서 벗어나 위기 시대에 탄력적으로 적응하는 역할 개념의 전환과 함
께 가족 구성원 모두가 서로서로 위로하고 아껴 주고 지지하면서 현
재의 위기를 극복하기 위한 노력이 있어야 할 것이다.

위기를 더 좋은 기회로 삼자

통계적으로 가난한 나라 사람들의 행복지수가 높은 반면, 복지제도가 잘되어 있는 나라의 자살율이 매우 높다고 한다. 그 이유는 그곳에서는 사람들이 더 이상 도달한 '꿈'이 없기 때문이라고 한다. 이와 같이 가난과 고통은 꿈을 갖게 하는 삶의 촉진제라고 볼 수 있다. 어떤 실직자는 "이제는 바닥이다 싶으니 마음이 홀가분해지고, 올라갈 일만 남았으니 오기도 생기고 무엇보다 마음의 단련이 됐다"고 한다.

실직의 비극은 가난 그 자체가 아니고 희망이 상실된다는 것이다. 따라서 우리의 행복을 지키기 위해서 희망과 꿈을 다시 갖고 새 출발을 해야 할 것이다.

어떤 마을에 큰불이 나서 모든 가옥을 태워 버릴 기세로 번지고 있었습니다. 마을 사람들은 기적을 행하는 현자로 알려진 수도자가 사는 움막으로 달려갔습니다. 그리고 그에게 제발 불길을 잡아 달라고 애원했습니다. 하지만 수도자는 시큰둥할 뿐 놀라는 기색이 없었습니다.

애가 탄 마을 사람들이 수도자에게 통사정을 했습니다. "제발, 불 좀 꺼 달라고 하나님께 기도해 주세요." 수도자는 말없이 움막으로 들어가더니, 평소에 엮어 두었던 갈대 바구니 여러 개를 손에 들고 나와 그것을 마을 사람들에게 나누어 주었습니다.

사람들은 그의 이런 행동들이 무엇을 의미하는지 알 길이 없어 어리벙벙했을 뿐이었습니다. 이때 수도자가 입을 떼어 그들에게 말했습니다. "지금쯤 마을이 몽땅 타 없어졌을 거요. 각자 집을 돌아가서 이 바구니에 숯을 긁어 모으도록 하시오. 집에서 남은 것이라고는 그것밖에 없을 터인즉!"

그들은 화가 나서 소리쳤습니다. "당신은 지금 우리를 놀리는 거요?" 수도자가 차분한 목소리로 대꾸했습니다. "비극이란 거꾸로 뒤집힌 하나님의 축복인 거요." 수도자는 거침없이 말을 이어 나갔습니다.

"이미 겨울이 목전에 닥쳐왔으니, 인근의 수많은 마을은 숯이 절실히 필요할 거요. 그들에게 숯을 팔아서 돈을 넉넉히 벌어들이시오. 그 돈이면 훨씬 크고 멋진 집을 지을 수 있을 거외다." 사람들은 그제야 수도사가 시키는 대로 했습니다. 마을에 돌아오니, 정말로 집은 몽땅 타서 없어진 상태였습니다. 그들은 저마다 숯을 주워 모아서 인근 마을로 가져다 팔았습니다. 그리하여 숯을 판 돈으로 그들은 한결 크고 멋진 집을 지을 수 있었습니다(『그대 영혼에 그물을 드리울 때』, 고진하).

미국의 백만장자 카네기도 1930년대 미국에 불황이 닥쳤을 때 자살을 시도했다고 한다. 자살을 하려는 마지막 순간에 만난 다리 없는 한 노점상의 떳떳한 미소가 그의 나약한 생각을 바꿔 주었다. 그 노점상을 만난 뒤 더욱 적극적으로 살아온 결과 백만장자가 되었다는 카네기의 이야기는 실직으로 인해 너무 일찍 포기하는 우리에게 주는 메시지가 크다.

백만장자 데일 카네기는 경제 불황이 미국을 덮쳤을 때 뉴욕 맨해튼에서 살고 있었다. 그에게도 모든 상황이 나날이 악화되었다. 깊은 절망감에 빠진 데일 카네기는 차라리 이대로 인생을 끝내는 것이 낫다는 판단이 들었다. 더 이상 아무런 희망이 없었다.

어느 날 아침 그는 강물에 몸을 던지려고 집 밖으로 나왔다. 강 쪽으로 가기 위해 모퉁이를 돌아섰을 때 한 남자가 그를 소리쳐 불렀다. 뒤돌아보니 두 다리를 잃은 사람이 바퀴 달린 판자 위에 앉아 있었다. 가진 게 아무것도 없고, 보나마나 아주 불행한 처지에 놓인 사람이었다. 그럼에도 불구하고 그 남자는 미소를 짓고 있었다.

그는 카네기에게 말했다. "선생님, 연필 몇 자루만 사 주시겠습니까?" 카네기는 남자가 내미는 연필 자루들을 물끄러미 바라보다가 주머니에서 1달러짜리 한 장을 꺼내 주었다. 그리고는 돌아서서 강을 향해 걸어갔다. 남자가 카네기에게로 굴러 오면서 소리쳤다.

"선생님, 연필을 가져 가셔야죠." 카네기는 그에게 고개를 저어 보이며 말했다.

"그냥 두시오. 난 이제 연필이 필요 없는 사람이오." 하지만 그 남자는 포기하지 않고 두 블록이나 따라오면서 카네기에게 연필을 가져 가든지 아니면 돈을 도로 가져 가라고 말하는 것이었다. 더욱 놀라운 것은 그 동안 내내 그 남자는 얼굴에 미소를 잃지 않고 있었다. 마침내 연필 몇 자루를 받아든 카네기는 자신이 더 이상 자살을 원치 않는다는 사실을 깨달았다. 훗날 카네기는 말했다.

"난 내가 살아 있어야 할 아무런 이유를 발견할 수 없다고 생각했었다. 그런데 두 다리가 없으면서도 미소 지을 힘을 갖고 있는 그 남자를 보는 순간 생각이 달라졌다."

단순한 미소 하나가 한 인간에게 새로운 삶의 의지를 불어넣은 것이다(『씨 뿌리는 사람의 씨앗』, 브라이언 카바노프).

진실한 마음으로 대화하자

가족 관계가 돈독해지기 위해서는 가족들 사이의 진실한 대화가 필요하다. 대화란 서로간에 자신의 생각이나 의견, 또는 감정 등을 말이라는 매체를 통해 전달하는 수단이다. 그러나 "말 한마디로 천냥 빚을 갚는다"는 속담처럼 그 표현 방법은 매우 중요하다. 특히 가정에서 가족들간에 상처를 주지 않도록 서로 진실하게 조심해서 대화해야 할 것이다.

대화할 때 피해야 할 사항과 명심해야 할 사항을 잘 지켜 상처받은 마음에 더 깊은 상처를 주지 말고, 힘과 용기를 주는 사랑의 대화를 하자.

대화할 때 의사소통을 저해하는 표현들

- 상대방의 자존심을 깎아 내리는 표현 : 바보, 병신, 형편없는 등.
- 과거의 사실을 계속 들추어내는 대화.
- 극단적 표현 : '항상', '전혀'의 대화 방식.
- '당신은', '너 때문에' 등의 책임 전가 식의 표현.
- 일방적인 해결책을 제시하는 말투 : 명령, 요구, 지시, 경고, 위협, 설교, 충고, 설득.
- 심리적 좌절감을 불러일으키는 말투 : 비판, 우롱, 심리 분석, 진단, 비교.

대화할 때 주의해야 할 사항들

- 대화할 때 싸우려는 의도인지, 문제를 해결하려는 의도인지 분명히 하라.
- 상대방의 작은 변화라도 인정하고 칭찬해 주면 큰 변화가 생긴다.
- 잘못된 것을 고치려고 하기보다는 잘하는 것을 칭찬함으로써 좋은 행동을 증가시키도록 하라.
- 상대방을 변화시키려고 하지 말고 나를 변화시켜서 상대방을 변화시키도록 하라.

다음의 글은 웨스트민스터 대성당의 지하 묘지에 있는 한 영국 성공회 주교의 무덤 앞에 적혀 있는 글이다.

내가 젊고 자유로워서 상상력에 한계가 없을 때, 나는 세상을 변화시키겠다는 꿈을 가졌었다. 좀더 나이가 들고 지혜를 얻었을 때 나는 세상이 변하지 않으리라는 걸 알았다. 그래서 내 시야를 약간 좁혀 내가 살고 있는 나라를 변화시키겠다고 결심했다.

그러나 그것 역시 불가능한 일이었다. 황혼의 나이가 되었을 때 나는 마지막 시도로, 나와 가장 가까운 내 가족을 변화시키겠다고 마음을 정했다. 그러나 아무도 달라지지 않았다.

이제 죽음을 맞이하기 위해 누운 자리에서 나는 문득 깨닫는다. 만일 내가 내 자신을 먼저 변화시켰더라면, 그것을 보고 내 가족이 변화되었을 것을. 또한 그것에 용기를 얻어 내 나라를 더 좋은 곳으로 바꿀 수 있었을 것을. 그리고 누가 아는가, 세상까지도 변화되었을지!(『영혼을 위한 닭고기 수프1』, 작자 미상)

때로는 묵묵히 상대의 말을 들어주자

우리는 대화로 문제를 해결해야 된다고 생각하면서 많은 말을 한다. 그러나 그 내용은 비난, 불평, 책임 회피 등 문제를 해결하기보다는 오히려 방해하고 분란을 일으키는 수준의 대화가 대부분이다. 따라서 침묵하거나 경청하는 것이 효과적인 경우가 많다.

왜냐하면 침묵은 말은 비록 하지 않지만 상대방과의 대화에 적극적으로 참여하는 것으로 상대가 자신의 이야기에 대해서 직접 생각할 여유를 주고 통찰할 수 있는 기회를 제공하기 때문이다. 또한 상대방의 의견을 잘 들어줌으로써 그에게 자신의 생각과 감정이 존중받고, 이해되고, 수용되고 있다고 느끼게 할 수 있다.

이와 같이 가족들은 실직 가장의 의견을 묵묵히 들어주는 것만으로도 그와 대화할 수 있고, 그의 부정적인 감정을 삭여 줄 수 있게 된다. 또한 침묵의 대화는 그가 자신의 문제를 근본적이고 분명하게 조명하여 스스로 그 문제를 해결하도록 도와주는 데 더욱 효과적인 경우가 많다.

하루는 어떤 부인이 성 빈첸시오 신부를 찾아와 수심이 가득한 얼굴로 말했습니다. "신부님, 저는 더 이상 남편과 살지 못하겠어요. 그 사람의 신경질은 지나치다 싶을 정도를 넘어섰어요. 어떻게 하면 우리 가정이 다시 화목해질 수 있을까요?" 빈첸시오 신부는 잠시 생각에 잠겼다가 입을 열었습니다. "부인, 우리 수도원 앞뜰에는 작은 우물이 하나 있답니다. 수위에게 가서 그 우물물을 좀 얻어 가십시오. 그리고 남편이 집에 돌아오시면 그 물을 얼른 한 모금 입에 머금으십시오. 삼켜서는 안 됩니다. 그러면 놀라운 일이 일어날 거예요."

착한 부인은 신부의 말대로 수도원의 물을 얻어 가지고 집으로 돌아갔습니다. 그날 밤늦게 귀가한 남편은 여느 때처럼 부인에게 불평과 잔소리를 늘어놓기 시작했습니다. 전날 같았으면 부인도 마구 달려들었겠지만, 그녀는 빈첸시오 신부의 가르침대로 성수를 얼른 입 안 가득히 물었습니다. 그리고 물이 새지 않도록 입술을 꼭 깨물었습니다.

그러자 남편의 떠드는 소리가 점차 잠잠해졌습니다. 그날 밤 이들 부부는 더 이상 다투지 않고 무사히 밤을 보낼 수 있었습니다. 그날부터 부인은 남편이 신경질을 부릴 때마다 그 성수를 입 안 가득히 머금곤 했습니다. 그것을 여러 차례 반복하는 동안 남편의 행동은 눈에 띄게 변했습니다. 신경질도 줄어들었고, 오히려 부인에게 친절하게 대해 주었습니다.

부인은 남편의 달라진 태도에 무척이나 기뻐하며 신부를 찾아가서 감사의 인사를 드렸습니다. 그러자 빈첸시오 신부는 아주 부드러운 미소를 머금으며 이렇게 말했습니다. "부인, 기적을 일으킨 것은 수도원 앞뜰의 우물물이 아닙니다. 바로 당신의 침묵이죠. 당신의 침묵이 남편을 부드럽게 한 것뿐입니다."

인간의 삶은 이처럼 오묘하고 신비한 측면이 있습니다. 우리가 삶에서 만나는 고통과 장애는 말보다 침묵을 통해서 해결될 수 있음을 보여 주고 있습니다(『그대 영혼에 그물을 드리울 때』, 고진하).

내 감정, 내가 원하는 바를 표현하는 '나 전달법'을 사용하자

우리가 보통 하는 말은 비난이거나 막연한 말이기 쉽다. 비난이 아니면서 구체적이고 자신의 의견을 분명히 하기 위해서는 말하기 전에 꼭 말하고 싶은 것을 정리하는 것이 중요하다. 경우에 따라서는 종이에 정확히 기록해 보는 것도 좋다.

그 다음에 "나는 어째서 이러한 기분이다" 그리고 "내가 바라는 것은 무엇이다" 식의 형태로 내 감정과 내가 원하는 것을 말하는 '나 전달법'을 사용하는 것이 좋다.

이렇게 하기 위해서는 특별한 노력이 필요하지만, 결국 긴 시간 말다툼하는 것을 막을 수 있게 된다. '나 전달법'은 상대방의 반감이 아주 깊을 때, 상대방이 우리에게 마땅히 화를 내야 할 상황에서도 유용하다. 이 방법을 잘 익혀서 적절히 사용하면 매우 긍정적 결과를 가져올 수 있고 어떤 대화라도 짧은 시간 내에 호전시킬 수 있다.

구체적인 방법을 살펴보면 우선, 문제가 되는 상대방의 행동과 상황에 대해서 "당신이 __________ 할 때"의 문장으로 구체적으로 언급한다. 이때 평가, 판단, 비난은 하지 말고 객관적인 사실만을 말해야 한다. 그리고는 어떤 상황에 처했거나 행동을 할 때 겪게 되는 감정을 "나는 __________하게 느낀다"라고 구체적으로 언급하고 나서, 그렇게 느끼는 이유를 "왜냐하면 __________"이란 문장으로 말한다. 그리고 나서 상대방에게 무엇을 원하는지를 "나는 __________을 원한다", "나는 __________ 것을 좋아한다"라고 말한다.

'내 감정과 내가 원하는 것'을 말하는 일은 단순한 원리 같지만, 많은 연습이 필요하다. 우리가 운전 연습을 할 때나 수영을 처음 배울 때 설명을 듣고 난 뒤에 한두 번의 연습으로 잘할 수 없는 것처럼, 기존의 대화 방식을 벗어나서 새로운 대화 방법을 습득하려면 많은 시간과 노력이 필요하다.

사랑의 접촉을 많이 하자

인간은 본능적으로 접촉이 필요한 존재이다. 아기들의 경우 따뜻하고 애정 어린 접촉을 받지 못하면 소모증(marasmus, 척추가 오그라드는 병)에 걸려 죽게 된다고 한다. 어린이뿐만 아니라 우리들 대부분이 긍정적인 접촉을 필요로 한다.

긴장과 불안의 시기에 육체적, 정신적, 심리적인 충격과 긴장을 완화하고 마음의 평화와 안정감을 유지하기 위해서는 따뜻하고 애정 어린 사랑의 접촉이 더욱 필요하다. 정신과 의사이며 작가인 조나단 로빈슨은 상처받고 외면당한 가슴과 신체, 영혼을 치료하기 위해서는 '접촉 비타민' 처방이 매우 효과적이라고 한다. 접촉 방법에 따라 다양한 비타민을 섭취하게 되는데 10초 이상 지속적으로 포옹하면 비타민H(Hugs), 30초 이상 지속적으로 상대방을 마사지해 주면 비타민M(Massages), 상대방의 머리를 감싸 주거나 가볍게 쓸어 주면 비타민F(Feathering), 상대방의 신체 일부를 10초 이상 어루만져 주면 비타민C(Caressing)를 섭취하게 된다. 비타민의 복용 방법은 하루 3번, 잠잘 때 이외에 상대방을 따뜻하고 관심 있게 접촉해 줌으로써 섭취하게 되는데 규칙적으로 섭취해야 더욱 효과가 있다고 한다.

직장을 잃어도 사랑하는 아내의 위로를 받고, 자라나는 자녀들을 보면서 새로운 용기를 얻을 수 있는 가장은 행복한 사람이다. 실직의 충격을 위로해 줄 곳도, 실직의 위기를 이길 힘을 얻을 수 있는 곳도 가정이다. 가족들이 서로 이해하며, 사랑하고, 용기와 힘을 실어 주면서 위기 극복의 노력을 하게 되면 오늘의 위기가 바뀌어 오히려 축복의 내일이 보장될 것이다.

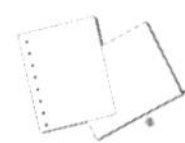

도움이 되는 자료

도움의 손길이 있는 곳

실직자 쉼터 : 서울시 노숙자 대책협의회(02-777-5217)와 한국사회복지관협회(02-719-8314)는 서울 시내 60여 개의 노숙자 쉼터 및 전국 3백여 종합 사회복지관들에서 노숙자들에게 일제히 숙식을 제공하고 취업과 귀향 안내를 한다.

실직자 자녀 돕기 : 13개 전국 대학사회복지관들의 모임인 파랑새보금자리운동본부(02-3147-0803)는 대학생들과 실직자 자녀가 결연을 맺고 겨울 캠프를 준비하는 활동을 펼치고 있다.

위기 가정 지원 : 한국건강가족실천운동본부(02-974-7799)와 생명의 전화(02-763-9191~3) 등 국내 20여 전문 상담 단체·학회가 나서서 '위기가정지원센터'를 시범 운영한다.

좋은 부모 되기 운동본부(02-434-0990) : 전국 15개 지부에서 실직자 정신 건강 상담, 부부 갈등, 청소년 상담 등의 활동을 펼치고 있다.

실직자 직업 창출 : 한국경영기술지도연구소(02-597-6111)는 실직자들에게 정부 제도의 안내, 사업 및 창업 지원 컨설팅 등을 한다.

서울기능장애인협회(02-637-6251) : 실직 장애인들에게 직업 훈련을 안내한다.

실직자 귀향 지원 : 울산 한국국제봉사기구(052-248-8089)는 산하 실직·노숙자 종합센터 및 중구자원봉사센터 등과 함께 실직자 귀향, 이주 안내 등을 펼치고 있다.

경북대 사이버 상담실 : http://sd.kyungpook.ac.kr
연세대 인간 행동 연구소 : http://www.netro.net/simjabong
청소년 세계, 청소년 종합 서비스 : http://www.youth21.com
광주광역시 청소년 종합 상담실 : http://www.kycc.or.kr
외국 사이트인 홈리스를 위한 공간 : http://www.shelter.org.uk
재미로 보는 심리 검사 : http://www.mindtest.com
아동 가족 상담실 : http://plaza.snu.ac.kr/~ri_bliv/childfamily/index.html
한경숙 청소년 상담실 : http://www.shinbiro.com/~consult/index.html
청소년 대화의 광장 : http://kyci.or.kr
여성의 전화 연합 : http://hotline.peacenet.or.kr/kindex.html
한국 성폭력 실태에 대해서 : http://aids.hallym.ac.kr/성폭력/성폭력.html
남성 정보실 : http://www.maninfo.com
어린이 세상 : http://www.childpia.com
마음샘, 소아ㆍ청소년 클리닉 : http://www.kidmind.co.kr
좋은 아버지가 되려는 사람들의 모임 : http://user.chollian.net/~fathers1/
함께 크는 우리 아이들 : http://www.gongdong.or.kr/
청소년 성교육 : http://www.shinbiro.com/~erie/youth/youth.htm

서울 지역 상담실
서울 여성의 전화 : 02-272-2161
한국 가정법률상담소 : 02-780-5688~9
아버지의 전화 : 02-208-0660
남성의 전화 : 02-652-0456

구로부녀복지관 : 02-802-0185~6

태화기독교사회복지관 : 02-3411-6470

서울시 가정상담소 : 02-215-7252

서초 여성회관 : 02-522-0291~2

한국사회복지관협회 : 02-717-4040

심리학봉사단 : 02-361-2437

성상담 YMCA 청소년 상담실 : 각 국번 + 0118

한국성폭력 상담소 : 02-529-4271~2

여성의 전화 : 02-263-6464

대한가족계획협회 : 02-634-2003, 02-855-0625

위기 상담 : 02-573-1888(24시간)

여자형사기동대 : 02-720-3194

사랑의 전화 : 02-715-8600(학원 폭력, 성 폭력)

내일신문 성 상담소 : 02-3141-6191(여성 협박 등 신고)

가출 서울YMCA 청소년 쉼터 : 02-737-8349, 02-747-7417

나눔의 집 : 02-605-2352

가출 청소년찾기본부 : 02-242-8297, 02-216-2472~4

청소년 사랑실천연합 : 02-3250-111(가출, 학원 폭력 부적응)

임신, 출산 애란원 : 02-393-4725, 02-392-9933(미혼모 보호 및 검정고시 준비)

성 폭력 상담소 : 02-263-4765, 02-529-4271~2(병원 안내, 법적 도움)

구세군 서울여자관 : 02-363-5722(미혼모)

가족협회 병원 : 02-855-0625(학생 임신)

YMCA : 02-248-5662(약물 오남용 상담, 교육, 예방)

위생병원 : 02-210-3615~6, 02-210-3653(금연 학교)

청소년 약물 상담소 : 02-383-0036(치료 기관 안내)

학교 보건원 신경정신과 : 02-3999-535, 02-3999-564

무료 병원 도티병원 : 02-385-1477, 02-355-3422(저소득자)

전진상 복지관 : 02-802-9311(도시 빈민 의료사업)

요셉의원 : 02-634-1760(알코올, 재활)

태화기독교 상담소(유료) : 02-451-0246(약물, 정신 건강)

국립정신병원(유료) : 02-204-0365, 02-204-0114(발달 장애, 정서 불안)

성지중고등학교 : 02-694-7795(중도 탈락자 교육)

청소년 상담 기관 한국청소년상담원 : 02-732-3000, 02-2231-2000

흥사단 상담실 : 02-734-0187

청소년사랑실천시민연합 : 02-3250-111

서울시 청소년사업관 : 02-793-2000, 02-795-2000(사회교육 훈련 상담)

보라매 청소년회관 : 02-834-7233(비행 예방, 놀이마당 운영)

서울시립아동상담소 : 02-813-7741, 02-814-0020(자녀 지도, 아동 학대, 수용
　　시설 문의)

신나는 전화 : 02-336-6233

어린이 걱정 상담실 : 02-543-1500

새싹의 전화 : 02-473-0815

서울청소년지도육성회 : 02-267-2112

한국청소년연맹 청소년상담실 : 02-841-9901~2

한국가정법률상담소 : 02-782-3427

대한법률구조공단(무료) : 02-3461-0299(귀국 자녀 적응 지도, 유학 상담)

청소년보호위원회 : 02-765-1617

국제교육진흥원 : 02-747-3035

밀알복지회 : 02-527-3210~1

한국복지재단 : 02-777-9121(불우 아동 결연, 미아 신고)

청소년폭력예방재단 : 02-587-7965~6(폭력 상담, 조직 폭력 예방)

아동학대예방협회 : 02-776-5660

학교폭력예방시민모임 : 02-701-0098

아동 시립아동상담소 : 02-813-7741(비행, 가출, 보호)

시립동부아동상담소 : 02-248-4567~9(비행, 입소 상담)

원광아동상담소 : 02-561-2082, 02-561-2495(놀이 치료 - 유료)

자광아동가정상담원 : 02-981-8364(놀이 치료 - 유료)

한국장애아동가족지원연구소 : 02-245-0057(자폐아 정서 장애)

인간발달복지연구소 : 02-583-7017(자폐아 학습 장애)

전국 도/시 상담실

〔서울〕

　서울시 청소년 상담실 : 02-267-2914

　남부근로청소년회관 상담실, 서울시 영등포구 영등포동 : 02-677-9500

　목동청소년회관 상담실, 서울시 양천구 목동 : 02-646-6818

　문래청소년회관 상담실, 서울시 영등포구 문래동 : 02-676-6114

　서울시립 동부아동상담소, 서울시 동대문구 장안2동 : 02-248-4567

　서울시립 아동상담소, 서울시 동작구 대방동 : 02-816-0264

〔부산〕

　청소년 쉼터, 부산시 수영구 남천1동 : 051-621-0042

　함지골청소년수련원 상담실, 부산시 영도구 동삼1동 : 051-403-0145

　아동청소년회관 상담실, 부산시 서구 아미동 : 051-242-2000

　양정청소년회관 상담실, 부산시 진구 양정2동 : 051-868-0950

〔대전〕

　대전광역시 중구 문화동 : 042-257-2000

〔경기도〕

　광명시 청소년 상담실, 경기도 광명시 하안동 : 809-2083~4

　부천시 청소년 상담실, 경기도 부천시 원미구 원미동 : 032-613-1011

　시흥시 청소년 상담실, 경기도 시흥시 신천동 : 032-695-4310

　성남시 청소년 상담실, 경기도 성남시 중원구 : 0342-49-5502

　안양시 청소년 종합 상담실, 경기도 안양시 만안구 안양5동 : 0343-80-9745~6

　용인시 청소년 상담실, 경기도 용인시 마평동 : 0335-36-4900

　의정부시 청소년 상담실, 경기도 의정부시 의정부2동 : 0351-876-5588

〔강원도〕

　강원도 춘천시 사농동 : 0361-56-2000

〔충북〕

　충북 청주시 상당구 서문동 : 0431-57-4834

〔충남〕

　공주시 청소년 상담실, 충남 공주시 옥룡동 : 0416-856-6110

　논산시 청소년 상담실, 충남 논산시 강경읍 홍교리 : 0416-745-2238

　부여군 청소년 상담실, 충남 부여군 부여읍 동남리 : 0463-836-1898

〔대구〕

청소년 상담실, 대구광역시 달서구 송현동 : 053-652-2002

〔경북〕

　경주시 청소년 상담실, 경북 경주시 황성동 : 0561-42-1446

　구미시 청소년 상담실, 경북 구미시 공단동 : 0546-463-9994

　포항시 청소년 상담실, 경북 포항시 남구 대도동 : 0562-82-0100

〔울산〕

　청소년 상담실, 울산광역시 남구 무지동 : 0522-48-2712~3

〔경남〕

　마산시 청소년 상담실, 경남 마산시 회원구 양덕동 : 0551-98-7941

　진주시 청소년 상담실, 경남 진주시 상대2동 : 0591-57-7676

　진해시 청소년 상담실, 경남 통영시 기해 명정동 : 0557-0079

〔광주〕

　북구 청소년 쉼터, 광주광역시 북구 문흥동 : 062-267-3310

〔전북〕

　군산시 청소년 상담실, 전북 군산시 월명동 : 0654-43-2870

　전주시 청소년 상담실, 전북 전주시 완산구 효자동 : 0652-227-1005

순창군 청소년 상담실, 전북 순창군 순창읍 순화리 : 0674-53-7892
진안군 청소년 상담실, 전북 진안군 진안읍 군하리 : 0655-33-2377

〔전남〕
전남 순천시 장천동 : 0661-742-5006~8

〔제주도〕
제주시 일도2동 : 064-21-1005

3장

줄어든 재정으로 살아가기

박정윤

영남대학교 경영학부 교수로 재직하고 있으며,
동신교회 장로로 시무하고 있다. 저서로 『빚진
자로 살 것인가 빌려 주는 자로 살 것인가』(삼
영사, 1998), 『네 친속에게 고하라』(천금출판사,
1996)가 있으며, 역서로 『하나님, 돈을 어떻게
쓸까요?』(CUP, 1993) 등이 있다.

이제 현실을 직시할 때다. 실직을 당했든지 아니면 실직될 예감이 들든지 그 상황을 제대로 바라보는 것이 중요하다. 사실, 오늘날 한국 사회는 IMF 이후 실직자의 수가 거의 200만 명에 육박하고 있다. 앞으로 한국 사회도 선진국처럼 실업률이 높아질 것이다. 그러므로 실직은 누구에게나 일어날 수 있다는 것을 인식할 필요가 있다.

만약 여러분이 실직했다면, 가장 우선적으로 해야 될 일은 무엇보다도 현재의 재정 상태를 파악하는 일이다. 여러분 가족의 기본적 필요를 충족시킬 수 있는 생존 예산을 수립해야 한다.

연필을 손에 잡고 냉정한 마음으로 앞으로 새로운 직장을 구할 때까지 어떻게 살아갈 것인지에 대해서 힘든 재정 결정을 내려야 한다. 직장을 찾는 데 소요되는 기간을 알 수 있는 방법이 없다. 운이 좋으면 수주 또는 수개월 만에 새로운 일자리를 구할 수도 있고, 아니면 일년이나 그 이상 걸릴 수도 있다. 그러므로 여기에 적힌 내용을 이해하고 그대로 따라 산다면, 여러분은 반드시 실직 기간 동안에 살아남을 수 있을 것이다.

현재의 재정 상태를 파악하라

첫 단계는 현재의 재정 상태를 파악하는 일이다. 현재의 생활비를 반영하는 예산을 작성함으로 이 일을 시작하라. 미래의 예산을 작성하기 전에 현재 당신이 소비하고 있는 규모를 정확히 알아야 한다. 다음에 있는 〈도표 3-1〉 수입ㆍ지출 명세서에 현재 수입과 지출을 항목별로 작성하라.

월 추정 수입 · 지출 예산

수 입
　남편 급여 ____________________
　아내 급여 ____________________
　이자 및 배당 소득 ____________________
　부동산 매각 ____________________
　기타 수입 ____________________
　수입 합계 ____________________

고 정 비
　아파트 담보 융자금 상환 ____________________
　자동차 할부금 ____________________
　생명보험 ____________________
　고정비 합계 ____________________

변 동 비
　식비 ____________________
　휘발유 ____________________
　보건위생비 ____________________
　피복비 ____________________
　교회헌금 ____________________
　경조비 ____________________
　교육비 ____________________
　기타 ____________________
　변동비 합계 ____________________

지출 합계 ____________________
　순이득 ____________________

수입 · 지출 예산 요약

월 수입 합계　　　　———————————

(−)월 지출 합계　　　———————————

월　순이득　　　　　———————————

다음에 현재 이용 가능한 현금성 자산을 확인하여 기록하라.

단기 요구불 예금　　　———————————

실업자 급여　　　　　———————————

퇴직 연금　　　　　　———————————

주식과 채권의 시장 가치　———————————

기타 현금성 자산　　　———————————

현금성 자산 합계　　　———————————

　　위와 같이 월 수입액과 지출액을 계산했다면, 다음에는 현재 이용 가능한 현금성 자산을 확인하여 모든 합계를 계산한다. 그리고 현금성 자산을 열둘로 나누어라(새 직장을 구하기까지 일년이 걸린다고 가정). 이 금액이 한 달을 살아야 하는 돈이다. 최악의 시나리오를 짤 필요가 있다. 지금은 여러분이 생존해야 하는 기간이기 때문에 온 가족이 재정적, 정서적으로 힘을 합해야 한다. 가능하면 시간제로 하는 일자리를 구하는 것도 좋다. 다른 가족들도 시간제 일을 찾을 수 있을 것이다.

생활 방식을 바꿔라

재정 지출의 우선 순위를 평가하는 데는 여러 가지 방법이 있다. 일자리를 찾기 시작하기도 전에 마음을 새롭게 한다는 뜻으로 경비가 많이 드는 여행을 한다거나 비싼 쇼핑을 하는 것은 매우 어리석은 일이다. 이러한 행동은 본인과 가족들에게 무책임한 행동일 뿐만 아니라 재정 형편을 더욱 어렵게 만들 것이다. 실직은 자기 자신의 소비 습관을 되돌아보고 평가하는 좋은 기회이다. 그리고 지출비용을 삭감하는 지혜를 배우는 시간이 되기도 한다.

수입이 들어오는 구멍이 막혀 버렸으니 지출 통로를 아예 막거나 아니면 줄이는 것이 지혜로운 행동이다. 이제 여러분의 생활 방식을 바꿔서 지출을 줄이는 방법들을 생각해 보자.

시작하기 가장 좋은 방법 중의 하나는 남의 손을 빌려서 하던 일을 자신의 손으로 하는 것이다. 예를 들어 자동차를 한 달에 수만 원씩 주고 세차하던 것을 스스로 할 수 있다. 이 외에도 살펴보면 많이 찾을 수 있을 것이다. 여러분 가족이 외식을 자주 한다면 고급 레스토랑에 가는 일은 아예 그만두는 것이 좋다. 가까운 동네 음식점을 이용하면 값도 싸고 맛도 비교적 좋다. 그리고 실제로 외식하는 대신 집에서 재료를 구입하여 요리하게 되면 비용이 매우 절감된다.

에너지를 줄이기 위해 방을 떠날 때는 반드시 전등을 끄는 습관을 길러야 한다. 텔레비전이나 라디오를 보거나 듣지 않을 때도 바로 스위치를 꺼야 한다. 그리고 겨울철에는 단열재를 사용하여 창문 주변을 막게 되면 상당한 보온 효과를 얻을 수 있어서 에너지 비용을 상당히 줄일 수 있다. 우리 나라는 자원이 빈약한 탓에 주요 에너지의 97% 이상을 수입에 의존하고 있다. 그런데도 우리는 미국인이나 일본인에 비하여 3배 내지 4배 정도의 에너지를 사용하고 있다.

술을 즐겨 마시고 담배를 많이 피우는 사람은 이 기회에 술과 담배를 끊어 버리는 것이 좋다. 술은 일시적으로 시름을 잊게 해줄 수 있고 즐거움을 가져다 줄 수 있어도 근본적인 해결책이 되지 못한다. 이러한 기호 식품을 좋아하는 사람은 불필요한 곳에 많은 돈을 낭비하게 되고, 사용량에 비례해 건강이 악화된다. 담배와 술을 많이 먹는 사람은 그렇지 않은 사람에 비하여 각종 암에 걸릴 확률이 더 높다는 것이 의학적으로 잘 알려져 있다. 수명을 단축시키고 건강을 해치는 데 많은 돈을 정기적으로 지출하는 것은 실로 어리석은 일이 아닐 수 없다.

차를 두 대 이상 보유하고 있는 사람은 한 대 파는 것을 고려할 수 있다. 차가 특별히 꼭 필요한 것이 아니라면 차를 팔고 지하철이나 버스 같은 대중 교통수단을 이용할 수 있다. 가계 지출 내용 중에 가장 큰 항목 가운데 하나가 바로 자동차와 관련해서 지출되는 것이다. 차 구입 비용 외에도 휘발유값, 보험료, 그리고 세금까지 합하면 매월 자기도 모르는 사이에 엄청난 비용이 지출되고 있다. 그런데 차가 없으면 이 모든 비용을 줄일 수 있다. 뿐만 아니라 많이 걷게 되어 건강도 좋아진다.

아주 필수적인 것이 아니라면 신용카드로 물건을 구입하는 것을 삼가하는 것이 좋다. 대체로 신용카드로 구매하는 사람은 물건을 사고 나서 현금을 바로 지급하지 않기 때문에 과소비하는 경향이 있다. 과거에 신용카드로 구입하고 나서 연체료를 문 경험이 있는 사람은 차제에 신용카드를 가위로 잘라 버리는 것이 좋다. 신용카드 대금을 기한 내에 지불하지 않으면 20% 이상의 높은 연체료를 물게 된다는 사실을 기억할 필요가 있다. 시대에 역행하는 소리로 들릴지 모르나 현금으로 모든 물건을 사는 습관을 갖게 되면 좀더 신중하게 물건을 구입하게 되어 지출을 많이 줄일 수 있다.

모든 비용을 줄이도록 생활 방식을 바꿀 필요가 있다. 그러나 그렇다고 해서 외모를 아무렇게 하고 다녀도 좋다는 이야기는 아니다. 오히려 실직된 상태에서는 외모를 더욱 단정히 할 필요가 있다. 굳이 새 양복을 살 필요는 없지만, 있는 옷을 깨끗하게 세탁하고 다림질을 잘 해서 입으면 기분도 좋고 가족이나 친구들에게도 좋은 인상을 줄 수 있다. 또한 깨끗한 인상은 취업 확률을 더욱 높여 줄 수 있다.

모든 채권자를 만나라

실직된 상태에서 채무가 전혀 없다면, 현재의 경제적 어려움을 극복하기가 한결 수월할 것이다. 그러나 만일 채무가 있다면 어떻게 할 것인가? 먼저 채권자별로 채무 규모를 파악할 필요가 있다. 그렇게 하기 위해서 다음과 같이 〈도표 3-2〉를 만들도록 하자.

도표 3-2 부채 상환 스케줄

대 출 자	채 무 금 액	만 기 일	상 환 조 건
××은 행	20,000,000	2008년 6월 30일	매월 분할 상환
××자동차	12,000,000	2001년 12월 31일	매월 분할 상환
××백화점	1,000,000	2000년 8월 31일	매월 분할 상환

채무 금액을 기입할 때 매월 정기적으로 발생하는 비용을 포함시킬 필요는 없다. 예를 들어 아파트 관리비, 주민세, 아이들 학교 등록금 같은 것이다. 그리고 신용카드 잔고, 소비 할부 금융, 주택 융자금, 자동차 할부 금융 등은 모두 포함시켜야 한다.

빚을 갚기 위해서 먼저 자신이 보유하고 있는 자산을 파악할 필요가 있다. 자신이 보유하고 있는 자산 규모를 파악하기 위해서 〈도표 3-3〉 같은 대차대조표를 작성하면 도움이 된다. 대차대조표는 자산을 구성하는 차변(왼쪽 부분)과 부채와 자본(또는 순자산)을 구성하는 대변(오른쪽 부분)의 두 부분으로 나누어져 있다.

<table>
<tr><td colspan="2">도표 3-3 가계 대차대조표 양식</td></tr>
</table>

○년 ○월 ○일 현재

자산 (플러스 재산)	부채 (마이너스 재산)
	자본 (순재산)

대차대조표는 자산 상황을 기록하는 차변(왼쪽), 부채와 자본을 기록하는 대변(오른쪽)을 대조해 본다는 뜻으로 대차대조표라고 불린다.

자산의 종류

가계가 소유하고 있는 자산은 크게 세 부분으로 분류할 수 있다. 즉 화폐자산(또는 유동자산), 유형자산, 투자자산으로 구분할 수 있다. 화폐자산은 현금과 쉽게 현금화할 수 있는 준 현금 항목이다. 이것은 주로 생활비와 긴급한 상황에 쓸 수 있는 비용을 지출하기 위해 소유한다.

유형자산은 제법 수명이 긴 자산으로서 주로 생활 방식을 유지할 목적으로 소유하는 자산이다. 이 자산은 일반적으로 시간이 경과함에 따라 가치가 감소한다. 그리고 투자자산은 자본자산이라고 불리기도 한다. 이 자산은 추가의 소득이나 가치 증식을 위해 획득한 자산이다. 다음은 화폐자산, 유형자산, 그리고 투자자산의 예들이다.

화폐자산

- 현금(수중에 있는 현금, 요구불 예금, 저축성 예금, 신용카드 등)
- 타인에게 빌려 준 돈

유형자산

- 주택
- 콘도미니엄
- 자동차
- 가전제품
- 골동품
- 보석

투자자산

- 주식
- 채권(회사채, 국채, 지방채 등)
- 수익증권
- 생명보험
- 부동산
- 연금

부채의 종류와 순자산

부채는 타인에게 갚아야 할 항목이다. 여기에는 개인적인 부채와 사업과 관련한 부채가 포함된다. 또한 부채의 종류에는 단기부채와 장기부채로 구분할 수 있다. 단기부채는 일년 이내에 상환해야 하는 부채를 말하고 장기부채는 일년 이상 장기에 걸쳐 갚아야 하는 부채를 의미한다. 대차대조표의 부채 부분을 작성할 때 모든 종류의 부채가 포함되도록 주의해야 한다. 그렇지 않으면 재정 상태가 정확하지 않게 된다. 부채의 예는 다음과 같다.

단기부채
- 타인에게 빌린 빚
- 신용카드 빚
- 마이너스 통장의 빚
- 미지급 보험료
- 미지급 자동차세

장기부채
- 자동차 빚(월부금)
- 주택 저당 및 차입금
- 학자금 융자

순자산
- 순자산은 자산에 부채 총액을 차감해 계산

이제 대차대조표가 작성되었다면 여러분이 보유하고 있는 비생산적인 자산을 찾아내 매각하여 빚을 갚아 버리는 것이다. 이것이 빚을 갚는 가장 좋은 방법이다. 그렇게 되면 더 이상 높은 이자를 지불하지 않아도 되고 채권자로부터 빚 독촉을 받아 정신적인 타격을 받지 않아도 되기 때문이다.

그러나 빚을 한꺼번에 갚을 형편이 되지 않는다면 어떻게 할 것인가? 이때는 모든 채권자를 만날 필요가 있다. 그들에게 실직된 상황을 알려야 한다. 그리고 매월 상환금액을 조정하도록 협의한다. 이때 주의할 것이 한 가지 있다. 자신의 상황을 솔직하게 알리고 겸손한 태도로 상환금액을 줄여 달라고 요청하도록 해야 한다. 채권자는 가능하다면 기한 내에 빌려 준 돈을 회수하고 싶을 것이다. 그러나 채무자의 상황이 딱한 경우에 그가 겸손한 말투로 상환기한 연장을 요구할 것 같으면 그대로 수용해 줄 것이다. 필요한 경우에는 실직증명서를 제출할 필요가 있다.

이 과정을 모든 채권자별로 반복할 수 있다. 다시 새로운 마음으로 그 다음 채권자에게도 같은 내용으로 상환금액을 줄이는 작업이 필요하다. 가능하다면 이자율을 낮추는 것도 요청할 필요가 있다. 아주 어려운 사정이라면 일정 기간 동안 상환을 유예해 달라고 요청할 수도 있다. 또 아예 채무를 탕감받을 수도 있을 것이다. 그러나 이것이 불가능할 경우에는 지불기한을 연장하는 수준에서 만족해야 한다. 돈을 빌린 사람은 반드시 갚아야 할 의부가 있기 때문이다.

소비자 파산 신청은 최후의 수단으로 생각하라

최근에 경제 상황이 나빠짐에 따라 소비자 파산 신청을 하는 사례가 증가하고 있다. 빚을 다 갚고 나면 도저히 정상적인 경제 생활을

영위하는 것이 불가능할 경우에는 법원에 소비자 파산 신청을 하여
보호받을 수 있다. 그러나 이 신청을 해 법원의 소비자 파산 결정이
확정되면 10년 간 여러 가지의 제약을 받게 될 뿐만 아니라 호적상에
'소비자 파산자'라는 낙인이 찍히게 된다는 사실을 기억해야 한다. 또
한 금융기관으로부터 더 이상의 차입을 받기가 불가능할 것이다. 따
라서 소비자 파산 신청은 최후의 수단으로만 활용해야 된다.

퇴직금을 안전하게 투자하라

경제가 나쁠 때는 실직자의 퇴직금을 노리는 악한 사람이 증가하고
있다는 사실을 우리는 신문이나 뉴스를 통해 알 수 있다. 무엇보다도
실직자는 퇴직금을 안전하게 투자하는 것이 매우 중요하다. 그렇지
않으면 일생 동안 수고한 대가로 받은 퇴직금을 한순간에 날릴 수 있
다. 투자의 원리를 몇 가지로 나누어 설명하면 다음과 같다.

계획을 세워 투자하라

투자할 때는 먼저 계획을 세울 필요가 있다. 계획은 목표 설정을 수
반한다. 투자 목표를 분명히 해야 한다. 투자 목표에는 교육, 결혼, 생
활비 마련이 포함된다.

투자 목적에 따라 투자 형태가 다르기 마련이다. 자녀 교육을 위해
투자한다면 투자자의 연령과 소득 수준에 따라 투자 대상이 다를 수
있다. 자녀의 결혼 준비를 위해 투자할 때도 마찬가지다. 결혼 적령기
에 있는 자녀를 둔 부모의 경우에는 될수록 주식과 같은 위험이 큰 투
자 대상에 투자하지 말고 국공채 같은 안전한 투자 대상에 투자하는
것이 좋다. 가끔 주변을 보면 주식에 투자했다가 주가가 폭락하여 혼

수를 제대로 준비하지 못하거나 적기에 예식을 올리지 못하는 경우도 있다.

빚이 있다면 빚부터 갚아라

빚이 있는 사람은 빚부터 갚는 것이 좋은 투자다. 우리가 돈을 빌릴 때의 이자율이 예금 이자율보다 더 높다. 따라서 차입금이 있는 상태에서는 다른 곳에 투자하기에 앞서서 빌린 것을 상환하는 것이 지혜로운 투자다. 특히 차입금에 대한 이자를 기일에 지불하지 않으면 연체 이자율을 적용받게 된다. 연체 이자율은 정상 금리보다 훨씬 더 높기 때문에 차입자가 더 불리한 셈이다.

돈을 빌려 줄 때는 차입자를 평가하라

돈을 빌려 줄 때는 빌리는 사람의 신용 상태와 돈의 사용 용도를 평가해야 한다. 먼저 개인에게 빌려 줄 경우에는 차입자가 소비 목적으로 빌리는지, 아니면 사업 목적으로 빌리는지 구분할 필요가 있다. 차입자가 친척 중에 가난한 사람이면 시중 금리보다 낮은 이자를 받거나 이자 없이 빌려 줄 수 있어야 한다. 그러나 가정 생활이 건전치 않을 경우에는 대출에 신중을 기해야 한다.

한편 사업 목적으로 빌려 줄 경우에는 정상적인 시중 금리를 받을 수 있다. 개인의 신용을 잘 평가해야 하고 배우자의 동의를 얻어 대출을 결정하는 것이 지혜롭다. 금융기관에 돈을 맡길 경우에도 그 기관의 신용 상태를 점검해야 한다. 지금까지는 중소 금융기관을 제외한 대부분의 금융기관에 마음놓고 돈을 맡겼으나 앞으로는 경쟁력이 없는 금융기관은 부도날 수도 있을 것으로 전망된다. 1998년 6월 29일에 이미 5개 부실 은행이 퇴출되었다. 따라서 단순히 이자율이 높다고 해서 아무 금융기관에 예금할 수 없는 상황이 되었다.

이 원리는 투자 이론에 따라 표현한다면 다음과 같이 말할 수 있다. "투자대상을 평가할 때는 예상 수익률과 위험을 함께 고려하라." 이론적으로는 예상 투자수익률은 위험의 크기에 비례한다. 즉 예상 투자수익률이 높다면 그에 따른 위험도 크다는 것이다.

조급한 투자 결정을 하지 말라

요즈음 투자 광고를 보면 마치 지금이 아니면 다시 그러한 투자 기회가 없는 것처럼 유혹하는 경우가 많다. 투자 상품을 판매하는 판매원의 화술이 보통이 아니다. 지나치게 투자 전망이 좋아 보이거나 예상 투자 수익률이 높아 보인다면 그 투자는 시간을 가지고 신중하게 결정해야 한다. 성급하게 결정을 내리다가 낭패를 보는 경우가 비일비재하다.

실직이 되면 마음이 조급해지기 쉽다. 조급해지면 투자 대상의 나쁜 것은 보지 못하고 좋은 것만 크게 보기 마련이다. 이렇게 되면 십중팔구 아주 나쁜 결정을 내리게 된다. 투자 결정을 하고 나서는 돌이키는 것이 불가능하다. 따라서 느긋한 마음을 가지는 것이 무엇보다 중요하다.

분산 투자를 하라

증권시장에서는 "모든 달걀을 한 바구니에 담지 말라"는 속담이 있다. 이 말은 주식을 구입하려 할 때 특정 종목의 주식에 모든 돈을 투자하지 말고 여러 종목에 나누어 투자하라는 말이다. 이것이 주식에만 국한되지 않고 다양한 투자 대상에도 적용될 수 있다. 이렇게 분산 투자를 하면 투자 위험이 감소한다. 개인적으로 분산 투자하지 못한다면 간접투자인 신탁 상품에 가입하는 것도 좋다.

총 투자 위험은 체계적 위험과 비체계적 위험의 합으로 구성되는데 분산 투자를 하게 되면 비체계적 위험의 대부분을 제거할 수 있다. 이 관계를 다음의 〈도표 3-4〉와 같이 나타낼 수 있다.

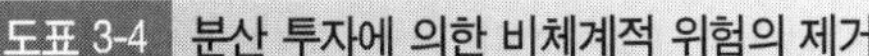

도표 3-4 분산 투자에 의한 비체계적 위험의 제거

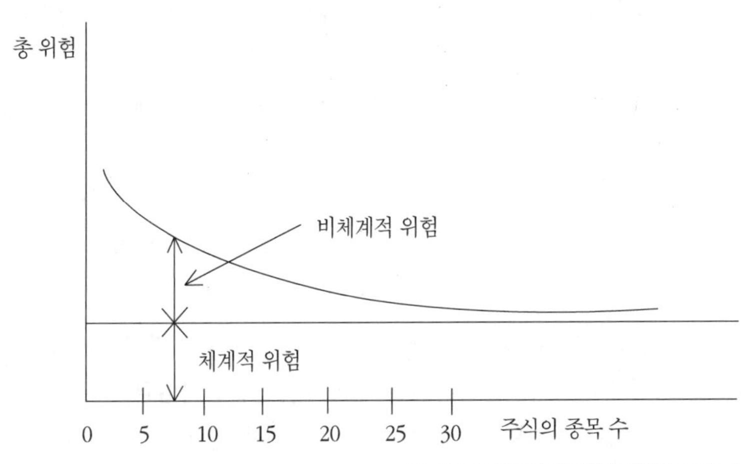

이것을 실제 투자 생활에 쉽게 적용한 것이 삼분법이다. 삼분법은 전체 투자금액을 현금성 예금, 금융 자산, 부동산의 세 가지 투자 대상에 나누어 투자하는 방법이다. 이렇게 하면 투자로 인한 위험을 어느 정도 줄일 수 있다. 그러나 미래에 대해 비교적 정확한 예측이 가능할 경우에는 하나의 투자 대상에 집중 투자할 수 있다.

차입한 돈으로 투자할 때는 신중을 기하라

돈을 빌려서 투자할 경우엔 위험한 투자 대상에 투자하기 쉽다. 왜냐하면 빌린 돈은 자기의 손으로 번 돈이 아니기 때문에 공돈같이 여겨지기 때문이다. 차입해서 투자하는 사람의 태도는 조급한 마음이 있고 속히 부하고자 하는 마음도 있는 경우가 많다. 속히 부하고자 하는 사람은 부자가 되기보다도 오히려 많은 근심과 고통을 받을 수 있다는 사실을 기억해야 한다.

또 투자해서 투자수익이 차입이자 비용보다 커야 경제적 타당성이 있는데 그 가능성은 매우 낮다. 예를 들어 예상 투자수익률이 25%이고 차입이자율이 20%라고 가정해 보자. 또 투자금액이 1,000만 원이고 투자소득세율이 22%라고 가정할 때 이 투자의 경제성을 평가해 보자.

순 현재 가치 = 1,000 × 0.25 × (1 − 0.22) − 1,000 × 0.2 = −5

세금이 공제된 뒤 연 투자수익은 195만 원이나 이자비용은 200만 원이다. 투자로 인한 손실이 5만 원이다. 따라서 차입금으로 투자한 이 투자는 경제적 타당성이 없는 것이 분명하다. 여기에다 부대비용을 고려하면 투자 손실은 더욱 커진다. 이 예는 차입금으로 투자할 경우에는 그로 인한 투자수익이 아주 높을 때만 경제적 타당성이 있다는 것을 보여 준다.

차입한 돈으로 투자를 하게 되면 심리적 불안감이 커서 평안을 잃을 수 있다. 따라서 될수록 빌린 돈으로는 투자하지 않는 것이 좋다. 빚진 사람은 채권자에게 온갖 욕설을 들어도 당해야 하고 경우에 따라서는 목숨을 잃을 수도 있다.

채무 보증을 하지 말라

다른 사람이 돈을 차입할 때 채무 보증을 서는 것은 어리석은 일이다. 채무 보증을 서는 것은 내가 돈을 빌리는 것과 거의 마찬가지이다. 그런데도 불구하고 우리는 채무 보증을 서는 것을 대수롭지 않게 생각하는 경향이 있다. 가까운 친척이나 친구의 채무 보증을 섰다가 가산을 한순간에 날리는 예가 많다. 심지어 월급을 차압당해 가정경제가 파탄에 이르는 경우도 많다.

가끔 부부가 서로 모르는 가운데 어느 한 쪽이 채무 보증을 섰다가 그로 인해 가정 불화가 일어나 낭패를 당하는 경우를 우리 주변에서 너무 많이 볼 수 있다. 차입과 마찬가지로 부득불 채무 보증을 설 때는 부부가 동의한 뒤에 하는 것이 좋다. 더 바람직한 것은 보증을 요청하는 사람에게 보증보험회사를 통해서 보증을 받도록 하는 것이다. 채무 보증을 거절하여 마음이 불편한 것은 잠깐이지만 그 후에 평안은 오래간다.

잘 모르는 분야에 투자하지 말라

모든 사람이 모든 분야에 전문가가 될 수 없다. 투자할 때는 본인이 잘 알지 못하는 분야는 피하는 것이 좋다. 자신이 가장 잘 알고 있는 금융상품에 투자하는 것이 지혜롭다. 1996년에 있었던 일이다. '한세계 통신'이라는 일종의 금융피라미드회사는 가입한 많은 회원들을 울렸다. 이 회사는 55만 원을 내고 1구좌를 가입한 회원에게 다른 가입자를 계속 데려올 경우 모두 190만 원을 더 받을 수 있다며 사람들을 현혹했다. 한 주부는 남편 모르게 친구 돈까지 빌려 550만 원으로 10구좌를 가입했지만 모두 날린 것으로 알려졌다.

최근에 경제가 어려워짐에 따라 이와 같은 사기성에 가까운 금융피라미드 형태가 극성을 부리고 있다. 투자자는 속히 부하고자 하는 마음을 버려야 한다. 무엇보다도 자기가 잘 모르는 곳엔 투자하지 않는 것이 속임수에 빠져 거액을 날려 버리는 일을 미연에 방지할 수 있는 길이다.

우리는 투자의 내용을 잘 모를 경우에는 그것에 관해 시간적 여유를 가지고 잘 알아보고 투자하는 것이 지혜롭다.

윤리적 투자를 하라

윤리적 투자란 두 가지 의미로 해석할 수 있다. 우선 투자자가 스스로 사업을 할 때 다른 사람에게 해가 되지 않도록 하는 투자를 말한다. 예를 들어 마약 매매나 포르노 사진을 매매하는 사업은 하지 말아야 한다. 또한 남을 속여 돈 버는 것도 금해야 한다. 정직한 사람은 신용이 높아져 장기적으로 사업이나 투자에 성공할 확률이 더 높다.

또 윤리적 투자란 투자자가 기업의 주식을 살 때 경영자가 보다 정직한 기업을 선택하는 것을 말한다. 한 연구에 의하면 장기적으로 성공하는 기업은 윤리적 기업이었음이 밝혀졌다. 예를 들어 '윤리자원센터'(The Ethics Resource Center)는 윤리적인 기업에 투자했을 때의 투자수익률이 시장의 평균수익률의 거의 9배가 되는 것을 발견했다.

다른 연구에 따르면 100년 이상 배당을 지급했던 미국 기업은 윤리에 기업의 최우선을 둔 기업과 일치하였다는 것을 발견하였다. 또 다른 연구도 비슷한 결과를 보고하고 있다. 즉 평균 수준 이상의 윤리 수준을 행하는 30개 회사는 시장의 평균수익률보다 훨씬 더 높은 투자 성과를 나타냈다. 과거 30년 간 다우존스 산업지수(Dow Jones Industrial Average)는 5배 상승했으나 윤리 수준이 높은 30개 회사의 주식은 23배의 높은 주가 상승을 기록했다.

전문가와 투자 상담을 하라

투자에 있어서 전문 지식보다 더 중요한 것은 없다. 본인이 전문 지식을 직접 습득하는 것이 최상의 길이다. 그러나 그렇지 못할 경우에는 전문 지식을 갖춘 전문가의 조언을 구하는 것이 지혜롭다. 누가 우리의 상담자가 될 수 있는가? 대부분의 투자 회사에는 투자상담원이 있다. 이들과 상의하면 짧은 시간에 투자상품에 대한 전문 지식을 얻을 수 있다.

항상 우리에게 가장 좋은 상담자는 배우자라는 사실을 인식해야 한다. 남편이 투자를 결정할 때 자신의 아내와 의논하는 것은 지혜로운 일이다. 설사 아내가 투자 내용에 대한 전문 지식이 부족하더라도 남편은 그것을 아내에게 설명할 수 있어야 한다. 남편이 아내에게 투자 내용을 잘 이해시킬 수 없는 것이라면 그 투자는 그만두는 것이 낫다. 가끔 남편은 지나치게 투자 환상에 사로잡힐 때가 있다. 그럴 때 우리는 배필을 통해서 환상에서 현실로 돌아올 수 있다.

우리가 여러 사람과 상담할 때 그들의 충고는 참고하되 궁극적으로 투자결정권은 투자자 자신에게 있다. 만일 투자상담원의 충고가 배우자의 의견과 상치된다면 배우자의 의견을 더 존중해야 한다. 왜냐하면 배우자가 투자상담원보다 더 관심을 가지고 있기 때문이다.

시장 평균수익률을 목표수익률로 하라

사람들은 다른 사람보다 더 높은 수익률을 얻기 위해 애쓴다. 내가 다른 투자자보다 더 지혜롭다고 생각하는 경향이 우리에게 있다. 이런 노력을 하는 투자자는 열심히 주가 패턴을 분석하고 주식의 이론적 가치를 분석한다. 현재의 주가가 이론적 주가보다 낮다고 생각하면 매입한다. 그 반대의 경우에는 매도한다.

이러한 시도를 하는 투자자는 자기가 다른 사람들보다 더 높은 수익률을 얻기 기대한다. 그러나 효율적 시장 이론은 모든 정보가 주가에 이미 반영되었기 때문에 투자자가 기술적 분석이나 기본적 분석을 하더라도 시장의 평균수익률을 초과한 투자 성과를 얻는 것이 어렵다고 주장한다. 이 이론이 타당하다고 생각하는 투자자는 잘 분산 투자하여 시장의 평균수익률을 얻고자 한다.

이론적 기반 위에 고안된 금융상품이 투자신탁회사에서 취급하는 수익증권이다. 수익증권에도 투자금액을 대부분 주식에 운용하는 주식형 수익증권과 공사채에 자금을 운용하는 공사채형 수익증권이 있다. 이 두 가지의 중간 형태로 혼합형 수익증권이 있다. 혼합형 수익증권은 투자 자금을 주식에 일부 운용하고 채권에 나머지를 운용하는 금융상품이다.

증권시장의 속담에 "호황 국면에서도 돈을 벌 수 있고 침체 국면에서도 이익을 얻을 기회가 있으나 욕심을 내는 사람은 결코 돈을 벌 수 없다"는 말이 있다. 이것은 이론적으로도 맞고, 경험적으로도 틀리지 않는다.

주식투자는 간접투자부터 시작하라

이제 한국 주식시장은 어느 때보다도 투자 위험이 높다. 주식 가격의 하루 변동폭이 15%이다. 따라서 오전에 상한가로 매입한 뒤 오후에 하한가로 하락할 경우에는 하루에 30%의 손실을 입을 수 있다.

많은 퇴직자나 실직자들이 직접 주식투자를 하여 하루아침에 퇴직금을 날리는 경우를 가끔 본다. 우리는 주식투자를 하기에 앞서 자신이 주식투자를 해서 성공할 가능성이 있는지 다음 〈도표 3-5〉와 같은 질문으로 판단해 보는 것이 좋다.

주식투자 자격 판별을 위한 첫 질문은 투자자의 주택 소유 여부에 관한 것이다. 집이 없는 사람은 주식투자를 그만두는 것이 좋다는 뜻이다. 오히려 주택 마련을 위해 아파트 청약에 가입하는 것을 고려해 봐야 한다. 그 다음에 생활에 지장이 없는 여유 자금이 없는 사람은

도표 3-5 피터린치의 투자 자격 판별법

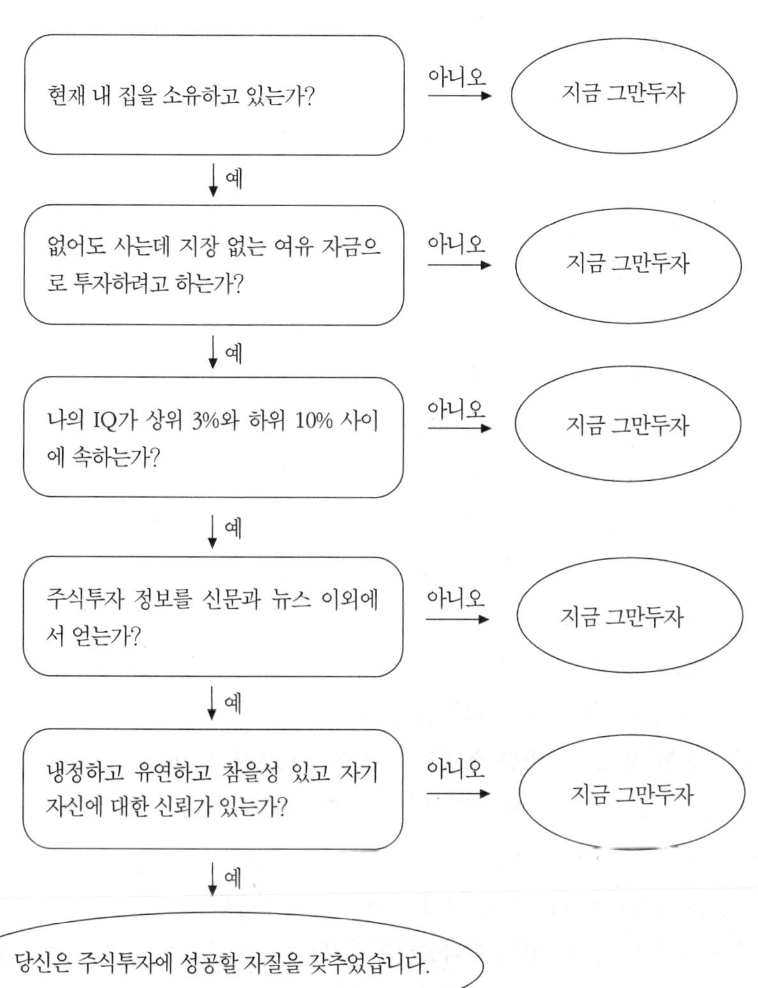
현재 내 집을 소유하고 있는가?
아니오
지금 그만두자
예
없어도 사는데 지장 없는 여유 자금으로 투자하려고 하는가?
아니오
지금 그만두자
예
나의 IQ가 상위 3%와 하위 10% 사이에 속하는가?
아니오
지금 그만두자
예
주식투자 정보를 신문과 뉴스 이외에서 얻는가?
아니오
지금 그만두자
예
냉정하고 유연하고 참을성 있고 자기 자신에 대한 신뢰가 있는가?
아니오
지금 그만두자
예
당신은 주식투자에 성공할 자질을 갖추었습니다.

주식투자를 하지 말아야 한다는 것이다.

세 번째 질문은 너무 똑똑해도 안 되며 너무 어리석어도 주식투자는 적합하지 않다는 것을 가르쳐 준다. 또한 주식투자를 하기 위해서는 투자 정보를 수집해야 한다. 정보 수집을 위해 신문과 뉴스에만 의존해서는 성공적인 투자를 할 수 없다는 것을 알아야 한다.

그 밖에도 심리적으로 냉정하고 인내성이 있어야 한다. 주가가 크게 하락하더라도 냉정함을 잃지 않고 인내하면서 판단할 수 있는 능력이 있어야 한다.

주가에 영향을 주는 요인은 너무 많다. 경제적 요인, 정치적 요인, 국내적 요인뿐만 아니라 국제적 요인도 있다. 이 외에도 투자자의 투자 심리 요인도 주가에 영향을 준다. 이 모든 요인을 종합적으로 고려할 수 있는 능력이 없다면 직접투자하는 것은 금물이다.

직접투자를 할 수 없는 사람은 간접투자를 고려할 수 있다. 투신사에서 취급하는 수익증권 상품이 이에 해당한다. 수익증권은 투자자로부터 자금을 받아 주식과 채권에 투자자를 대신하여 투자 관리해 주는 금융상품이다.

수익증권을 통해 간접투자를 하게 되면 전문 투자 지식과 기법을 이용할 수 있다. 또한 소액의 투자 자금으로도 분산 투자를 할 수 있는 강점이 있다. 물론 위탁수수료를 지급해야 하고, 투자자 자신이 종목을 자유롭게 선택하지 못한다는 단점도 있다.

수익증권을 이용하는 방법 이외에 1999년부터 소개된 뮤츄얼 펀드를 매입할 수도 있다. 수익증권이든지, 뮤츄얼 펀드이든지 주식에 투자 운용하는 것이라면 예금이나 채권에 비교하면 투자 위험이 여전히 높다는 사실을 기억해야 한다.

결국 직접투자할 것인가 아니면 간접투자할 것인가는 각자의 경제적 사정이나 심리적 상태에 따라 선택해야 한다.

실직자 대출을 이용하라

실직자가 그 동안 저축해 놓은 자금이 전혀 없어 생계를 꾸려 나가기가 막막한 경우에는 금융기관의 실직자를 위한 대출을 받을 수 있다. 여기서는 국민연금의 실직자 대출과 정부의 실직자 대출을 소개한다. 또한 예금담보 대출도 간단히 소개한다.

국민연금 실직자 대출 신청을 검토하라

국민연금에 가입한 적이 있는 실직자와 임의 가입자를 대상으로 한 대출이 시행될 전망이다. 보건복지부는 1999년부터 실직한 사람과 본인이 원해서 국민연금에 가입한 임의 가입자는 반환일시금을 받을 수 없다는 보도가 나간 후 이들로부터 항의가 계속되자 1998년에 이어 1999년에도 국민연금 대출을 실시했다.

복지부는 국민연금관리공단의 기금운용위원회를 통하여 대출 대상자, 대출 규모, 이자율 등 구체적인 내용을 정해서 대출 업무를 시작하였다.

국민연금 대출은 1998년 연말 국회를 통과한 개정연금법의 대여조항에 근거를 두고 이뤄진다. 개인당 대출규모는 국민연금 불입보험료의 70-80% 선에서 결정될 것으로 보인다.

복지부의 이 같은 조지는 국민연금 직장 가입자 가운데 1998년 이전에 실직한 사람은 2000년 12월 31일까지 반환일시금을 지급받을 수 있으나 임의 가입자는 이 혜택을 받을 수 없는 형평성 문제가 제기된 데 따른 것이다.

특히 연금공단에서 실시하는 대부 사업은 연금가입자가 그 동안 납부한 연금보험료를 담보로 대출받는 것이어서 별도 담보와 보증인이 필요 없다는 게 장점이다.

정부 지원 대출을 활용하라

정부는 1998년 4월부터 실직자들의 생활 지원과 재취업 창업 등의 기반 조성을 돕기 위해서 정부 지원 대출인 '실직자 힘내라 대출'을 실시하고 있다. 이에 따라 정부가 제시하는 일정 요건에 해당하는 실직자들은 실직자 대출 위탁 기관인 상업, 국민, 주택, 평화, 농협 등 5개 금융기관을 통해서 생활안정자금, 주택자금, 생업자금 등을 대출받을 수 있다.

생계비, 의료비, 장례비, 학자금 등의 명목으로 이루어지는 생활안정자금은 500만 원까지 연 8.5-9.5%의 저리로 대출받을 수 있다. 또한 주택자금은 1,000만 원, 생업자금은 3,000만 원까지 대출받을 수 있으며 창업자금은 최고 1억 원까지 연 9.5%의 금리로 대출받을 수 있다. 다만 1인당 대출 한도가 1,000만 원까지 제한되므로 생계비, 의료비, 학자금 등을 동시에 신청하더라도 1인당 1,000만 원까지만 대출받을 수 있다.

대출금 상환 조건은 생업자금은 1년 거치 3년 분할상환, 창업자금은 2년 거치 3년 분할상환, 나머지 대출은 모두 2년 거치 2년 분할상환 조건이다. 실직자 대출을 받기 위해서는 실직 후 10개월 안에 지방 노동관서에 구직 등록을 한 뒤 3개월 간 구직 활동을 꾸준히 한 사실을 증명해야 한다.

여기다 순재산세 과세액이 10만 원 이하인 실직근로자가 대상이다. 특히 전용면적 25.7평 이하 주택에 거주하는 근로자와 부양 가족이 있는 가구주라는 조건이 추가된다. 이에 따라 실직을 당한 즉시 노동관서에 구직 등록을 하는 것은 실업급여나 실업자 대출 등 정부가 제공하는 실업자에 대한 여러 혜택을 받는데 필수적이다.

이 같은 조건을 충족하는 실직자는 전국 근로복지공단 46개 지부에 필요한 서류를 갖춰서 대출 신청을 하고 근로복지공단 확인서를 받은 뒤 은행에 대출 신청을 하면 대출받을 수 있다. 이 과정에서 근로복지공단에서 대출 승인을 받은 금액이 은행의 대출 심사 과정에서 줄어들 수도 있고 은행에서 보증인 요건 등이 맞지 않아 거부될 수도 있으므로 은행과 근로복지공단의 대출 조건을 꼼꼼히 살펴야 한다.

또한 실직자들이 대출받을 때 근로복지공단의 대출 승인서를 받았다고 하더라도 1,000만 원 이하 금액을 대출받을 때도 은행에 별도 보증인을 세워야 한다. 1,000만 원이 넘는 금액을 대출받을 때는 은행 여신 규정에 따른 물적 담보를 제공해야 한다.

예금담보 대출 신청을 고려하라

일반적으로 예금이 가입되어 있고 만기가 얼마 남지 않았을 경우에는 예금을 그냥 해지하기 전에 은행으로부터 예금담보 대출을 받는 것이 유리하다.

예를 들어 정기예금이나 적금을 가입한 사람이 만기가 되기 전에 돈이 급히 필요한 경우에는 정기예금담보 대출이나 적금담보 대출을 신청하면 아주 쉽게 대출을 받을 수 있다. 이와 같은 예금담보 대출은 예금 자체가 담보 역할을 하기 때문에 다른 대출보다 받기가 용이하다. 다른 사람의 보증도 필요 없다. 예금담보 대출은 다른 종류의 대출보다 이자율이 작은 것도 하나의 장점이다. 그러나 예금을 가입한 지 얼마 되지 않았을 경우에는 대출을 받기보다 예금을 해지하는 편이 더 낫다.

박정윤, 『빚진 자로 살 것인가 빌려 주는 자로 살 것인가』, 삼영사, 1998.

이 책은 지혜로운 가정경제 생활의 원리와 실제에 관해서 다루었다. 즉 직장 생활, 소비 생활, 투자 생활, 그리고 유산에 이르기까지 성경에 기초하여 깊이 있게 다루고 있다. 무엇보다도 이미 빚진 사람은 어떻게 빚에서 벗어날 수 있는가를 단계별로 알려주고 있다.

레리 버켓, 『돈 걱정 없는 가정』, CUP, 조성표 역, 1992.

이 책은 어떻게 하면 돈 걱정 없이 재정을 관리할 수 있는지를 성경 말씀에 근거하여 설명하고 있다. 그리고 소비 생활과 투자에 관해 다루고 있다.

레리 버켓, 『하나님, 돈을 어떻게 쓸까요?』, CUP, 박정윤 · 조성표 역, 1993.

이 책은 돈에 얽매인 삶의 증상을 밝혀 주고 돈에서 자유로운 삶을 살기 위한 방법을 성경 말씀에 기초해 제시하고 있다. 또한 돈에 관한 의사 결정 방법과 가계 예산의 사용에 대해서 구체적으로 설명하고 있다.

4_장

정부의 도움을 받으라

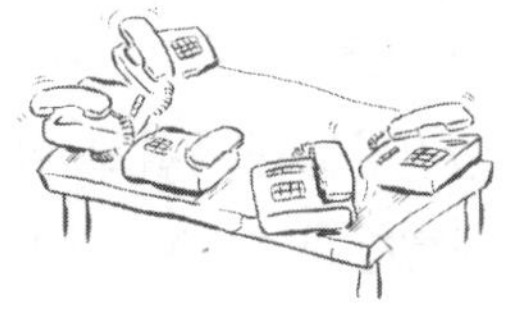

이창원

진주산업대학교 경영학과 교수로 재직하고 있으며 생산관리와 경영정보 시스템을 전공하고 있다. 연구 관심 분야는 기업 생산성 향상 방안, 의료경영, 벤처기업 창업, 경영정보 시스템 분석 및 개발이다. 저서로는 『생산운영관리』(형설, 1999), 『완전한 성공』(CUP, 1999) 등이 있다.

김상철 씨는 1998년 6월에 갑자기 직장을 잃게 되었다. 15년 동안 다니던 직장에서 나왔을 때, 이 세상에 홀로 떨어진 것과 같은 외로움을 느끼며, 앞으로 살아갈 길이 막막했다. 그러던 중에 다른 직장의 인사부에 있는 친구로부터 김상철 씨가 다니던 이전 직장에서 고용보험에 가입한 적이 있을 테니 실업급여를 받을 수 있다는 이야기를 들었다. 그래서 가까운 노동청 사무소에 찾아갔더니 실직 전에 다니던 회사에서 받던 평균 임금의 50%까지 기본 급여를 받을 수 있으며, 취직촉진수당까지 받을 수 있음을 알게 되었다. 또한 노동사무소에서는 취업 알선뿐만 아니라 취업을 위한 교육과정도 소개하고 있었다.

우리 나라에서는 그 동안 실직자에 대한 정부의 보호대책이 거의 없었다. 그런데 경제 위기 이후 실직이 심각해짐에 따라 다양한 실직자 보호대책을 마련하였다. 경제 위기는 비로소 우리 나라에 사회적 안전망을 구축하게 된 계기였다. 이 장에서는 실직자가 정부로부터 보호받을 수 있는 방법에 대하여 소개하고자 한다.

실직자 등록제도

고용대책 서비스

근로자가 직장을 잃게 되었을 때 실업급여를 비롯하여 조기에 재취직할 수 있도록 종합적인 고용 서비스를 제공받을 수 있다. 일정한 자격과 절차를 갖추면 실직하기 전에 받던 임금의 50%에 해당하는 실업급여를 받을 수 있다. 직업지도관으로부터 전국적인 고용 정보와 상세한 직업 상담을 받고 능력과 적성에 따라 새로운 일자리를 소개받을 수 있다. 또한 본인의 실업급여 지급 능력과 노동 시장 여건으로 보아 취직이 쉽사리 되지 못할 경우에는 다양한 직종의 훈련을 무료로 받을 수 있으며 이 기간 중에도 실업급여는 계속 받게 된다. 〈도표 4-1〉은 실직자에 대한 종합 고용 서비스를 나타내고 있다.

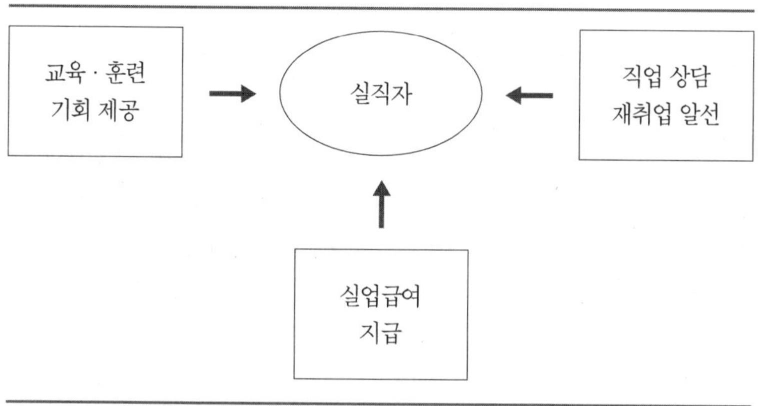

실업급여 수령 자격 요건

실직되기 전 18개월 중에 고용보험에 가입한 사업체에서 12개월 이상 근무한 사실이 있어야 하며 이때 두 장소 이상의 사업체에 근무했어도 무방하다.

직장을 그만두게 된 이유가 첫째는 본인의 '중대한 잘못'으로 해고된 경우가 아니어야 하며, 둘째는 '정당한 사유' 없이 스스로 그만둔 경우가 아니어야 한다. 해고된 경우에는 일반적으로 수급 자격이 있지만 아래와 같이 '중대한 잘못'으로 해고된 경우에는 제외된다.

첫 번째는 형법·직무 관련 법률 위반 또는 불법 쟁의 행위를 이유로 금고 이상의 형을 받고 해고되었거나, 두 번째는 공금 횡령, 회사

기밀 누설, 기물 파괴 등 회사에 막대한 손실을 끼쳐 해고된 경우에는 수급 자격이 인정되지 않는다.

'스스로 그만둔 경우'에는 일반적으로 자격이 인정되지 않지만, 다음의 경우에는 '정당한 사유'가 있다고 보아 실업급여를 받을 수 있는 자격이 인정된다. 첫 번째는 정리 해고·인원 감축·일시적 인사 적체 해소 등 회사의 경영 사정에 의해 그만두게 된 경우, 두 번째는 두 달 이상 임금 체불 또는 석 달 이상 휴업이 계속되어 그만둔 경우, 세 번째는 회사가 도산·휴업·대량 감원할 것이 확실해 그만둔 경우이다. 네 번째는 사업체가 멀리 이사하거나 먼 지점으로 인사 발령되어 가족과 별거하게 되거나 통근이 곤란하게 되어 그만둔 경우, 다섯 번째는 신기술·신기계가 도입되어 도저히 새 업무에 적응할 수 없어 그만둔 경우, 여섯 번째는 체력 부족·심신 장애·질병·부상 등으로 업무 수행이 곤란하여 그만둔 경우 등이다.

고용보험제와 관련한 기업의 신고 사항

다음은 고용보험제와 관련해서 기업이 신고해야 하는 사항들이다. 〈도표 4-2〉는 그 사유와 기업이 해야 할 일을 정리한 것이다.

도표 4-2	고용보험제와 관련한 사유와 기업의 신고 사항
사유	기업이 해야 할 일
보험 관계 신규 성립*	• 보험 관계 성립 사유(상시 근로자 수 1인 이상) 발생일로부터 14일 이내에 '공용보험성립신고서' 제출
보험 관계 소멸*	• 보험 관계 소멸 사유(사업 종료)일로부터 14일 이내에 '고용보험소멸신고서' 제출

보험료 보고 납부*	• 1월 1일부터 70일 이내(통상 3월 11일 결) • 신규 성립시는 성립일로부터 70일 이내에 개산보험료 보고서를 근로복지공단(지사)에 제출하고, 보험료는 한국은행 또는 국고수납 대리점에 납부
근로자 신규 채용*	• 채용일로부터 14일 이내에 '고용보험피보험자격취득신고서' 제출
근로자 이직*	• 이직일 다음날부터 14일 이내에 '고용보험피보험자격상실신고서(이직확인서)' 제출하는(다만, 이직자가 실업급여 수급자격인정신청을 하지 않는 경우에는 이직확인서 부분은 제출하지 않아도 됨) 경우에는 이직확인서를 교부하여야 함 ※ 종전 근로자가 사후에 이직확인서 교부를 청구
근로자 전근*	• 사업장 관리 번호가 다른 사업장으로 근로자 전근시에는 전근일로부터 14일 이내에 전근된 사업장의 소재지 관할 지방노동관서에 '고용보험피보험자전근신고서' 제출 ※ 1개월 미만을 근로한 일용근로자에 대해서는 이상의 3가지 신고를 행할 필요가 없음
사업주 성명* 사업장의 명칭, 소재지, 사업의 종류, 건설 공사 기간의 변경	• 변경이 있는 날로부터 14일 이내에 '고용보험관계변경사항신고서'를 관할 지방노동관서에 제출
하수급인* 사업주 인정 승인 신청	• 보험료의 납부 인수에 대한 서면 계약이 성립한 날로부터 14일 이내에 '고용보험관계변경사항신고서'를 관할 지방노동관서에 제출

※각종 신고 서류를 제출하는 곳은 각 사업장을 관할하는 지방노동사무소이며, 각종 신고에 필요한 서식은 법령&서식란에서 볼 수 있으며 지방노동관서에 비치되어 있다.

정부 실업보조금 제도

실업급여의 종류

기본 급여

우선 자격과 절차를 갖춘 모든 실직자는 공통적으로 '기본 급여'를 받을 수 있다. 금액은 실직 전 다니던 회사에서 받던 평균 임금의 50%이며, 연령과 피보험 기간에 따라 30-210일까지 받을 수 있다. 〈도표 4-3〉은 이직일 현재 연령별로 피보험 기간을 나타내고 있다.

| 도표 4-3 | 이직일 현재 연령에 따른 피보험 기간 |

구 분		피보험 기간			
		1년-3년	3년-5년	5년-10년	10년 이상
이직일 현재 연령	25세미만	30일	60일	90일	120일
	25-30세	60일	90일	120일	150일
	30-50세	90일	120일	150일	180일
	50세 이상 및 장애인	120일	150일	180일	210일

취직촉진수당

재취직하는 데 도움이 되는 다음의 '취직촉진수당'도 받을 수 있다. 〈도표 4-4〉는 촉진수당의 종류, 요건, 금액에 대하여 설명하고 있다.

구 분	요 건	금 액
직업능력개발수당	실직 기간 중 지방노동관서 소개로 직업훈련을 받고 있을 때	1일 5,000원씩 훈련 기간 중 계속 지급
광역구직활동비	지방노동관서 소개로 50킬로미터 이상 떨어진 회사에 구직 활동하는 경우	숙박료 : 14,500원/1박 운임 : • 철도 : 무궁화호 보통실 요금 • 선박 : 2등 정액 요금 • 자동차 : 교통부 장관이 정한 정액 요금
이 주 비	지방노동관서가 소개한 일자리에 취업 또는 직업 훈련을 받기 위해 주거를 이전할 필요가 있는 경우	이주 거리에 따라 43,150~348,700원 지급
조기재취직수당	기본 급여를 받을 수 있는 총 기간의 ½ 이상을 남기고 1년 이상 나닐 것이 확실한 직장에 취직한 경우	남은 기간 동안 받을 기본 급여의 ⅓

실업급여 수령 절차

기본 절차

다음은 실업급여 수령을 위한 기본 절차이며 〈도표 4-5〉에서 그림으로 그 절차를 나타내고 있다. 직장을 잃은 즉시 거주지 관할 지방노동관서에 찾아가 실업 신고(수급자격신청)와 구직 신청을 하고 간단한 안내 교육을 받는다. 이때 이직 후 10월이 지나면 자기가 받을 급여 일수가 남아 있어도 실업급여를 지급받을 수 없다. 다만, 질병·부상·임신·출산·육아 등으로 구직 활동이 곤란한 경우에는 신청에 의해 그 기간만큼 연장된다. 자격 신청 뒤 2주 동안 대기 기간이 지나도 취직이 안 될 경우 수급자격자증을 받는다. 그 이후 2주 동안 구직 활동을 했음에도 불구하고 아직 재취직하지 못한 경우 지정된 날짜에 출석해서 실업 인정을 받아 실업급여를 지급받게 된다. 실업 인정이 끝나는 대로 곧바로 본인의 은행구좌로 실업급여가 입금된다. 〈도표 4-5〉는 실업급여 수령 절차를 나타내고 있다.

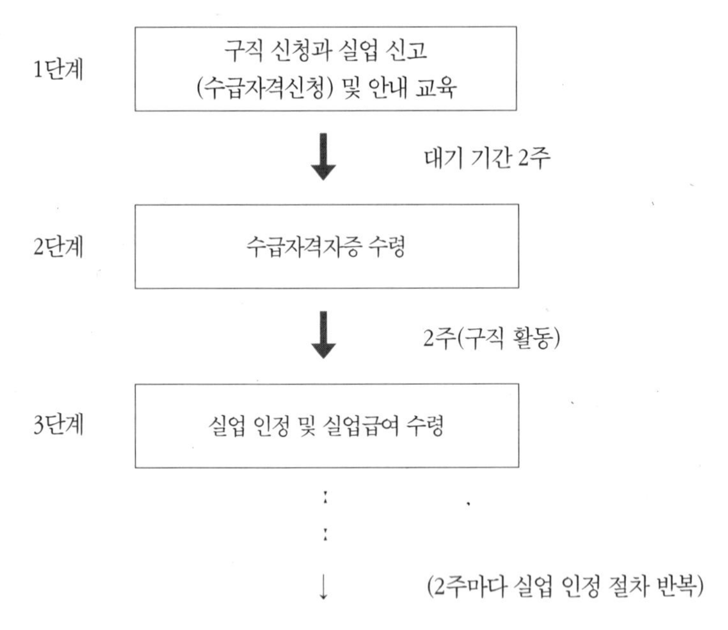

도표 4-5 실업급여 받는 절차

• 1단계 : 구직 신청과 실업 신고(수급자격신청) 및 안내 교육

직장을 잃거나 불가피한 사정으로 직장을 그만둔 경우 가까운 지방
노동관서 직업안정과에서 실직한 사실을 신고하고 아울러 재취직
을 위한 구직 신청을 한다. 그 다음 고용보험과에 가서 실업급여를
받을 수 있는 자격을 확인하기 위하여 수급자격신청서를 작성·제
출한다. 이때 종전에 근무하던 직장의 소재지 관할 지방노동관서에
서 발급받은 '이직표'를 지참한다. 수급 자격 여부를 판단하기 위
하여 실직하게 된 이유와 재직 중 회사에서 받던 임금에 대하여 질
문할 때 성실히 사실을 대답한다. 그리고 실직자가 알아 두어야 할
일에 관한 간단한 교육을 받는다.

• 2단계 : 수급자격자증 수령

실업을 신고한 날로부터 2주간의 대기 기간이 지나도 여전히 재취
직하지 못한 경우, 지방노동관서의 고용보험과에 가서 수급 자격이
있는지 여부를 확인받고 실업 인정일이 기재된 수급자격자증을 받
는다.

• 3단계 : 실업 인정 신청 및 급여 수령

'실업 인정'이란 실직자가 실업급여를 받을 수 있는 기본적인 자격을
깆고 있는 상태에서 지난 2주 동안 적극적으로 구직 활동을 하였음에
도 불구하고 실제로 실직 상태에 있었는지를 확인하는 절차이다.

• 4단계 : 실업 인정

수급자격자증을 교부받고 나서 2주일이 지나 지방노동관서에서 지
정해 준 최초의 실업 인정일이 되면 수급자격자증을 가지고 지방노
동관서 직업안정과에 가서 실업인정신청서를 작성해서 제출하고

직업지도관과의 면담을 통하여 실업을 인정받아야 한다.

• 5단계 : 급여 수령

면담할 때 주요 확인 사항은 일할 의사와 능력이 있는지, 지난 2주 동안 면접을 보는 등 적극적인 구직 활동을 하였는지, 지난 2주 동안 취업하거나 부업을 하였는지, 노동부에서 한 직업 소개·훈련 지시 등을 거부한 사실이 있는지를 확인한다. 또한 향후 취업 방향에 대한 상담 및 직업 소개를 받는다. 면담을 거쳐 실업이 인정되어 지난 2주분의 실업급여 금액을 확인하면, 신고된 은행계좌로 실업급여가 입금된다.

실업 인정과 관련된 중요 사항

주의해야 할 사항은 지정된 실업 인정일에 본인이 수급자격자증을 가지고 직접 출석해야 한다. 지난 2주 간 소득이 되는 근로를 한 경우 반드시 그 사실을 실업인정신청서에 기재해야 한다. 근로한 사실을 신고하지 않았다가 나중에 발견되면 받은 실업급여액의 반환 등 여러 가지 불이익을 받게 된다.

실업급여는 생계비의 일부를 지원함으로써 실직자가 적극적으로 구직 활동을 할 수 있도록 하는 것으로, 실업급여를 지급받는 기간 동안 지방노동관서에서 권장하는 직업 소개나 직업 훈련을 거부하면 실업급여가 2-4주간 지급이 정지된다.

다음은 자주 발생되는 의문 사항을 사례별로 살펴 보았다.

[사례1] 훈련 기간과 신고 기간이 중복될 경우

질문 : 직업 훈련을 받고 있는 기간 중에도 실업 인정을 받으러 출석해야 되는가?

대답 : 지방노동관서에서 지시한 직업 훈련을 받고 있는 중에는 수
강 개시 후 거주지 관할 지방노동관서에 수강신고서를 제출
하고 그 후 월 1회씩 직업 훈련기관 직원을 통하여 수강증명
서·실업인정신청서·수급자격자증을 제출하면 본인의 출
석 없이도 실업이 인정된다.

[사례2] 실업 인정일 변경 사유

질문 : 사정이 있어 지정된 실업 인정일에 출석하지 못할 경우 어떻
게 되는가?

대답 : 이유 없이 지정된 날짜에 출석하지 않으면 실업 인정을 받을
수 없지만, 다음과 같은 특별한 사정이 있을 경우는 지정된
날짜 전날까지 출석하여 실업 인정일 변경 신청을 하면 된다.

- 취업 또는 새 직장 면접.
- 채용 시험·각종 국가 시험 응시.
- 직업 훈련기관·사설 학원 강습 수강.
- 동거 친족 및 3촌 이내 친·인척의 위독, 사망, 장례식.
- 본인의 신혼여행 또는 동거 친족·3촌 이내 친·인척의 결혼식.
- 자녀 입학·졸업식 및 선거 등 공민권 행사 등.

[사례3] 상병 급여 신청의 경우

질문 : 부상·질병의 경우 실업급여는 어떻게 되는가?

대답 : 7일 미만의 부상·질병은 실업 인정일을 변경하거나 증명서
를 제출(사례2)하면 되고, 7일 이상의 경우는 기본 급여 대
신에 상병 급여를 청구하면 된다. 그 금액은 기본 급여와 같
으며 '상병급여청구서'에 질병·부상에 관한 증명서를 첨부
하여 고용보험과에 제출하면 된다.

[사례4] 증명서에 의하여 실업을 인정할 수 있는 경우

질문 : 실업 인정일 당일은 물론 그 전날까지도 출석할 수 없는 사정이 있는 경우에는 어떻게 되는가?

대답 : 질병·부상으로 병원에 입원해 있는 등 아래와 같이 특별한 사정이 있는 경우에는 출석하지 않고 관련 증명서 제출로 실업을 인정받을 수 있다.

- 7일 미만의 질병·부상.
- 직업 소개에 따른 구인자와의 면담.
- 지방노동관서장이 지시한 직업 훈련의 수강.
- 수해·화재·폭설·교통사고.
- 법원·검찰 기타 관공서 등에 증인·참고인 등으로 출석.
- 범죄 용의로 소환·구인·구류.

위의 경우 출석이 가능해진 뒤 최초로 맞는 실업 인정일에 출석하여 관련된 증명서(진료증명서·면접증명서 또는 읍·면·동장의 증명서 등)를 첨부해 제출하면 된다.

[사례5] 직업 소개·지도·훈련 지시 거부의 정당한 사유

질문 : 직업 소개·지도나 훈련 지시를 거부하면 무조건 급여가 정지되는가?

대답 : 지방노동관서에서는 실직자가 조속히 재취직될 수 있도록 하기 위하여 직업 지도는 물론 새 일자리를 소개하며, 특별한 기술이나 기능이 없어 취직이 잘 안 되는 경우에도 직업 훈련 기회를 제공하는데, 이를 정당한 이유 없이 거부하면 당분간 실업급여의 지급이 정지된다. 다만, 객관적 사정이 있을 때에는 거부할 정당한 사유가 있다고 보아 지급 정지되

지 않는다.

- 소개된 직업, 지시받은 훈련 직종 등이 본인의 능력에 부적당한 경우.
- 소개된 직장에 취직하거나 지시받은 훈련을 받기 위해서는 집을 옮겨야 하는데 형편상 이사가 곤란한 경우.
- 소개된 직업의 임금 수준이 부당하게 낮은 경우 등.

노동관서 제공 자료

실직자는 실업급여를 지급받기 위한 일련의 절차를 거치는 과정에서 지방노동관서의 결정과 처분에 이의를 제기할 수 있다. 이럴 때 실직자의 권익 보호를 위하여 행정소송 이전에 소송보다 훨씬 간편하고 신속한 2단계의 행정심판 절차가 마련되어 있다. 우선 실업급여와 관련하여 지방노동관서가 내린 처분·결정에 대하여 이의가 있는 경우 60일 이내에 처분한 지방노동관서를 통하여 '심사 청구'를 요청할 수 있다.

심사 결과에 만족할 수 없을 때는 60일 이내에 다시 처분한 지방노동관서나 고용보험심사위원회에 '재심사 청구'를 할 수 있다. 재심사 결과에도 이의가 있을 경우에는 행정소송을 할 수 있다. 〈도표 4-6〉은 실업급여 관련 이의 신청 절차를 예시한 것이다.

실업급여에 관한 문의 사항은 인근 지방노동관서에서 언제든지 안내하고 있다. 〈도표 4-7〉은 각 지방노동관서, 주소, 담당 부서의 전화번호를 나타내고 있다. 지방노동관서 과별 담당업무는 다음과 같다.

- 고용보험과 : 피보험자 관리, 실업급여 수급 자격 확인, 실업급여 지급.
- 직업안정과 : 실직자에 대한 취업 알선·직업 지도·직업 훈련 알선, 실업 인정.

1단계	지방노동관서의 처분 · 결정
	↓　←60일 이내 심사 청구
2단계	심사(고용보험심사관)
	↓　←60일 이내 재심사 청구
3단계	재심사(고용보험심사위원회)
	↓　←60일 이내 소송 제기
4단계	행정소송

지방 노동관서	주소	전화번호	
		고용보험과	직업안정과
서울청	서초구 서초동 1603-8	598-1674	523-2802
서울중부	중구 홍인동 13-1 한성프라자 3층	254-4491	254-2341
서울동부	송파구 가락동 123-14	443-0877	408-5091
서울서부	마포구 염리동 156-1	711-4389	701-1919
서울남부	영등포구 당산동 6가 121-103	632-6054	633-2400
서울북부	도봉구 창4동 12-3	999-8111	999-8878
서울관악	금천구 가산동 678	853-3053	886-1915
춘천	춘천시 효자3동 757	256-2385	242-1919
태백	태백시 황지1동 25-14	552-8605	552-8601
강릉	강릉시 포남동 1117-14	645-4977	646-2400
원주	원주시 단계동 783	744-3323	743-2420
영월	영월군 영월읍 영흥5리 976-1	374-7166	374-2400
부산청	동구 초량3동 1145-1	462-1918	466-2400
부산동래	동래구 명륜동 529-5	553-5910	558-2400
부산북부	북구 덕포동 761-2	304-3220	304-2400

창원	창원시 용호동 7-5	262-6607	281-1919
울산	울산시 남구 신정3동 584-5	271-4787	273-7917
양산	양산군 양산읍 중부리 604-5	387-0806	387-2400
진주	진주시 상대동 285-1	758-7124	52-1919
통영	통영시 무전동 356-130	645-7193	43-2400
대구청	북구 관음동 1372-1	321-6714	323-4327
대구남부	동구 신천3동 78-2	752-4494	426-7774
포항	포항시 죽도2동 46-3	283-3142	273-2400
구미	구미시 송정동 51	456-4680	457-2400
영주	영주시 휴천3동 36	634-1922	631-1919
안동	안동시 태화동 484-9	858-2390	857-2400
인천청	남동구 구월동 1113	421-4723	421-4726
인천북부	부평구 부평동 182-10	515-2865	512-1919
수원	수원시 권선구 고등동 4-1	245-2419	245-2400
부천	부천시 원미동 중동택지개발지구 79-14	323-9825	323-9827
안양	안양시 안양7동 204-6	448-3307	448-2400
안산	안산시 고잔동 526-1	405-7042	405-7991
의정부	의정부시 의정부3동 370-10	877-9243	877-9253
성남	성남시 수정구 신흥3동 2550	746-9358	734-1919
광주청	동구 광산동 1-4	232-3412	226-8362
전주	전주시 덕진구 진북2동 1021-2	252-1488	252-1919
이리	익산시 마동 181-7	857-7290	855-2400
군산	군산시 조촌동 852-1	452-6121	445-2400
목포	목포시 유농 9	244-3316	243-5952
여수	여수시 문수동 111-1	653-6812	651-6881
제주	이도2동 417-3	756-4949	757-2400
대전청	중구 대흥2동 508-52	254-3832	226-2400
청주	청주시 북문로2가 133-2	253-0004	252-2400
천안	천안시 신부동 369-2	554-1227	556-2400
충주	충주시 봉방동 21-38	848-1919	843-2400
보령	보령시 명천동 12-68	936-6641	934-2400

둘이사네 노동도서관 : 국내외 실업자 동맹, 취업 관련 법령, 정부의 실업
　　정책, 관련 신문기사, 노동조합 만들기, 노동쟁의 권모술수, 실업과
　　실직과의 차이, 질의 게시판 운영, 노동 관련 문헌분류목록 제공.
　　(http://soback.kornet.nm.kr/~kg2244/)

실업극복 국민운동 : 민간실업대책기구로 성금 모금 및 사업 제안 공모,
　　범국민결연운동, 해외 취업 지원사업 안내, 실업극복 사례 게재.
　　(http://www.hamkke.or.kr/)

실업대책 모니터링센터 : 실업급여, 실업자 재취업 훈련, 공공근로, 일자
　　리 창출 등 정부의 실업대책 모니터링 기관.
　　(http://203.249.32.1/monitor/)

실업신문 : 실직자 및 구직자를 위한 신문. 취업뉴스, 구인구직정보, 새
　　직종, 자격증 안내. 실업토론방 제공.
　　(http://job.no3.net/)

실업자 종합지원 경남센터 : 각종 무료 상담, 재취업 정보 제공, 복지지원
　　제공.
　　(http://knct.jinbo.net/)

취업(동아일보) 관련기사 : 취업 관련 기사.
　　(http://www.dongailbo.co.kr/fbin/moeum?n=b$30&a=l)

Smile-C : 실업자 재취직 훈련과정, 고용보험 및 실업급여, 채용장려금
　　상담 안내, 진로 상담 게시판 제공.
　　(http://myhome.netsgo.com/bestacademy/default.htm)

공공근로사업

다음은 실업대책의 일환으로 정부가 추진 중에 있는 사업으로 공공
근로사업 [주요 실업대책]에는 첫째 정보화추진사업, 둘째 공공생산성
사업, 셋째 공공서비스사업, 넷째 환경정화사업, 다섯째 자치단체필
수사업이 있다.

1. 정보화추진사업에는 다음과 같은 부서에서 각 분야별로 실시하고 있으며 담당
   부서 및 연락처는 다음과 같다.

   (1) 전자도서관 DB구축사업(국회) :
       국회도서관 기획감사담당관실, 연락처 – 02)788-4154
   (2) 과학기술 DB구축사업(과학기술부) :
       기술정보과, 연락처 – 02)504-6388~9
   (3) 전자도서관 DB구축사업(문화관광부) :
       국립중앙도서관, 연락처 – 02)535-4142(323)
   (4) 종합영상자료 DB구축사업(문화관광부) : 영화진흥과
   (5) 한국 관련 영문자료 DB구축사업(문화관광부) :
       문화지원과, 연락처 – 02)398-1845~8
   (6) 산업정보 DB구축사업(산업자원부) :
       산업표준정보과, 연락처 – 02)504-0107, 500-2584
   (7) 정보화지원사업(정보통신부):

정보화기획실 정보화지원과, 연락처 - 02)750-1232

(8) 영상자료 디지털화사업(정보통신부) :

　　정보통신진흥과, 연락처 - 02) 750-2335

(9) 정보통신 메타DB구축(정보통신부) :

　　한국DB진흥센터 연구조사부, 연락처 - 02)725-3751(120)

(10) 학교컴퓨터교육 인력 양성 지원사업(정보통신부) :

　　초고속망기획과, 연락처 - 02)750-1243

(11) 주제도 전산화사업(건설교통부) :

　　국토개발연구원 국토정보센터, 연락처 - 0343)380 - 0623

(12) 시설물도면 전산화사업(건설교통부) :

　　기술정책과, 연락처 - 02)500-4070~1

(13) 전국 교통 DB구축사업(건설교통부) :

　　교통개발연구원 ITS정보센타, 연락처 - 02)538-3536

(14) 지형도 전산화사업(건설교통부) :

　　국립지리원 지리정보과, 연락처 - 0331)210-2731~2

(15) 광역상수도 등 종합관리시스템구축사업(건설교통부) :

　　수자원공사, 연락처 - 042)629-2808

(16) 건설산업 DB구축사업(건설교통부) :

　　국토개발연구원, 연락처 - 0343)380-0380

(17) 중소기업 Y2K 문제 해결 지원사업(중소기업청) :

　　정보화지원과, 연락처 - 042)481-4405~6

2. 공공생산성사업

(18) 고급과학기술인력 활용(과학기술부)
　　• 인턴연구원 지원사업 : 한국과학재단, 학술교류부,
　　　연락처 - 042)869-6410~5
　　• 기업연구 현장기술 지원사업 :

기초과학정책과, 연락처 – 02)503-7640~1

- 과학기술 문화창출 활동 지원사업 :

  한국과학문화재단, 연락처 – 02)568-2311

(19) 능 · 원 사적지 정비사업(문화관광부) :

　문화재관리국 궁원관리과, 연락처 – 042)481-4744~6

(20) 신공항 주변 정리사업(건설교통부) :

　신공항건설공단 기획처, 연락처 – 032)890-1222

(21) 철도선로 연변 정비사업(철도청) :

　철도청 시설국 보선과, 연락처 – 042)481-3373~5

(22) 철도역 구내 수목 및 묘포장 관리사업(철도청) :

　시설국 건축과, 연락처 – 042)481-3410~3

(23) 숲 가꾸기 사업(산림청) :

　민유림 숲 가꾸기, 국유림, 시범림 숲 가꾸기, 연락처 – 해당 관청

(24) 산업단지 기동지원사업(중소기업청) :

　서울중소기업청 지원협력과, 연락처 – 02)502-9844

(25) 중소기업 기술인력 지원사업(중소기업청) :

　기술지도과, 연락처 – 042) 481-4457~62

(26) 수출 유경험 실직자를 활용한 중소기업 수출지원사업(중소기업청) :
　연락처 – 02)502-4713

3. 공공서비스사업

(27) 외교기록물 정리지원사업(외교통상부) :

　연락처 – 동사무소(취업 알선 창구)

(28) 국가기록물 관리 · 보존 지원사업(행정자치부) :

　연락처 – 042) 481-6256~8

(29) 불법 음반 · 비디오물 단속사업(문화관광부) :

영상음반과, 연락처 - 02)720-4967~8

(30) 문화재 보존관리사업(국립박물관) :

중앙박물관, 연락처 - 02)398-5027~8

(31) 건전 청소년 육성사업(문화관광부) :

청소년국 청소년기획과, 연락처 - 02)734-0183

(32) 저소득아동 생활지도사업(보건복지부) :

여성복지과, 연락처 - 02)503-7580

(33) 여성복지 도우미사업(보건복지부) :

복지자원과, 연락처 - 02)500-3091

(34) 저소득 생활안정 및 DB구축지원사업(보건복지부) :

복지정책과, 연락처 - 02)503-7563

(35) 방문 간호사업(보건복지부) :

여성복지과, 연락처 - 02)503-7580~1

(36) 생활용품 재활용 선별사업(보건복지부) :

여성복지과, 연락처 - 02)503-7580

(37) 가정해체 예방상담사업(보건복지부) :

가정복지과, 연락처 - 02)503-7576~7

(38) 부정불량식품 감시 등 업무 보조사업(식약청) :

식품의약품안전청, 연락처 - 02)354-1399

(39) 제조업 안전·보건 실태 조사사업(노동부) :

산업보건환경과, 연락처 - 02)504-2054~5

(40) 노동통계 조사사업(노동부) :

정보화담당관실, 연락처 - 02)503-9709~10

(41) 고용보험 확대대상사업장 조사사업(노동부) :

고용보험운영과, 연락처 - 02)500-5600

(42) 실업자 관리 DB구축사업(노동부) :

고용관리과, 연락처 - 02)503-9749

(43) 실업대책 모니터링센터 사업(노동부) :

실업대책추진단, 연락처 – 02)507-6267

(44) 인턴사원 훈련 실시사업(노동부) :

실업대책추진단, 연락처 – 02)500-5636~7

(45) 취약 지역 방범활동사업(경찰청) :

방범기획과, 연락처 – 02)313-0701

4. 환경정화사업

(46) 국립공원 정화사업(환경부) :

국립공원 환경보전과, 연락처 – 02)3272-8830~2

(47) 자원재생사업(환경부) : 폐기물재활용과, 연락처 – 02)504-9262

(48) 4대강 수질오염 감시사업(환경부) : 연락처 – 02)504-9256

(49) 고속도로변 환경정비사업(건설교통부) :

도로정책과, 연락처 – 02)-504-9071~2

5. 자치단체 필수사업

(50) 지하시설물도 수치지도화사업(건설교통부) :

각 시의 실업대책반으로 문의

(51) 중소기업 디자인개발 지원사업(산업자원부) :

한국산업디자인진흥원, 연락처 – 02)708-2114

(52) 국토 공원화사업 추진지침(행정자치부) :

연락처 – 시도별 실업대책반으로 문의

고용보험제도

고용보험제도의 개요

우리 나라는 1980년대 후반 이후 인력수급불균형, 산업구조조정에 따른 고용조정지원, 그리고 근로자의 지속적인 능력개발 등에 대한 제도적 수단으로 도입 논의되고 있다. 이에 따라 정부는 '제7차 경제사회발전 5개년 계획' 및 '신경제 5개년 계획'에 고용보험제 도입을 반영하고 1993년 고용보험법을 제정하여 1995년 7월 1일부터 이 제도를 시행하고 있다.

고용보험(Employment Insurance)은 실직근로자에게 실업급여를 지급하는 전통적 의미의 실업보험사업 외에 산업구조조정의 촉진 및 실업 예방, 고용 촉진 등을 위한 고용안정사업, 근로자의 생애 능력개발을 위한 직업 능력개발사업을 상호 연계하여 실시하는 사회보장제도임과 동시에 노동시장 정책이다. 따라서 실업보험이 실직자의 생계를 지원하는 사후적·소극적인 사회보장제도인 반면 고용보험은 사전적·적극적 차원의 종합적인 인력정책 수단이라 할 수 있다. 다음은 고용보험제도의 발전 과정을 나타내고 있다.

1단계 : 실업보험제도의 도입

18세기 말 이래 서구에서 노조 중심의 자발적 공제제도로서 실업보험이 발전되었고 이 당시 실업보험제도는 가입의 임의성(실업 위험이 높은 근로자가 주로 가입)이 주어졌으며, 근로자만 비용 부담(실업급여 불충분) 등으로 재정난이 심각하였다. 그러나 20세기 들어 대량 실업이 사회 문제화되면서 실업 구제에 대한 사회적 책임론이 대두되기 시작하였다. 프랑스(1905년)는 세계 최초로 노조의 자주적 실업공제기금에 국가 재정으로 보조금을 지급하는 실업보험제도를 입법화하였다. 영국(1911년)에서는 최초의 강제적 실업보험제도를 도입하였고, 1930년대 세계경제공황으로 각국의 실업보험제도 도입 촉진되기 시작하였다. 기타 일부 국가에서는 사용자가 임금총액 또는 순이익의 일정 비율을 실업기금으로 적립하여 실업자를 구제하는 사용자에 의한 실업공제제도를 실시하였다.

2단계 : 실업보험제에서 고용보험제로의 전환

영국은 종전의 실업급여 체계(고용보험제도에 의한 실업급여와 일반 재정으로 지원하는 실업부조제도)가 실업자 보호에 치우쳐 적극적인 구직 활동의 촉진 기능이 미흡하다는 반성에서 1996년 10월부터 구직자수당(Jobseeker's Allowance)으로 일원화하였다. 독일의 경우는 1929년에 실업보험제에서 1969년에 고용보험제로 전환되었고, 일본은 1947년에 실업보험제에서 1974년에 고용보험제로 전환되었다. 그리고 미국과 영국은 실업보험제에 취업 알선, 훈련제를 연계시켜 실업 예방 및 재취직 촉진 기능을 강화하였다.

피보험자 관리

보험가입자와 피보험자의 관리 문제는 보험가입자의 경우에는 적용 사업장의 사업주 및 근로자(보험가입의 주체는 사업주)로 정하고 피보험자는 고용보험에 가입된 근로자를 의미한다.

이러한 기준에서 적용제외근로자를 보면 〈도표 4-8〉과 같다.

- 60세 이후에 새로이 고용된 자

- 65세 이상인 자

- 시간제 근로자(1주간 소정 근로일·근로 시간이 통상 근로자보다 3할 이상 짧은 자)

- 3월 이하의 계절적 또는 일시적 사업에 고용된 근로자

- 공무원 및 사립학교 교직원

- 국가·지방자치단체에서 직접 행하는 사업에 종사하는 근로자
  예) 국가·지방자치단체에 고용된 일용직
  　　서울시 한강관리사업소·녹지사업소 등의 공무원 아닌 근로자

- 선원법에 의한 선원
  (고용 관계가 다소 안정적인 원양어선 또는 상선 등에 종사하는 선원은 적용)

- 외국인 근로자
  (체류 자격을 가진 자로서 가입 희망자, 거주 자격에 해당하는 자는 적용)

적용·징수

적용사업(장)은 원칙적으로 실업급여 30인 이상, 전사업 70인 이상 사업(장) 단위로 적용하고 있다. 〈도표 4-9〉는 적용사업별 적용 및 징수에 관한 예시이다.

적용 사업	'95. 7. 1 이후	'98. 1. 1 이후	비 고
실업급여	30인 이상	10인 이상	건설공사는 총
고용안정사업	70인 이상	50인 이상	공사금액으로
직업능력개발사업	70인 이상	50인 이상	고시

　　이때 건설업의 경우에는 일괄 적용하고 있다. 구체적으로는 당해 보험연도의 2년 전 보험연도의 총 공사실적액이 500억 이상 사업주에 해당한다. 또한 근로자 과반수 이상의 동의가 있으면 임의 적용이 가능하다. 이 경우 사업 전체 또는 실업급여에만 가입 가능하고 고용보험 계약해지는 가입 1년 경과 후 근로자 2/3이상 동의가 필요하다. 〈도표 4-10〉과 〈도표 4-11〉은 보험료율(임금총액의 15/1000 이내에서 결정)의 결정 예시 및 우리 나라 사회보험별 부담 수준에 관한 내용을 나타내고 있다.

구 분	예 시	
실업급여	임금총액 대비	0.6%(노 · 사 각 0.3%)
고용안정사업	임금총액 대비	0.2%(사업주 부담)
직업능력개발사업	임금총액 대비	0.1-0.5%(사업주 부담)
	70-149인 : 0.1%	
	150-우대기업 : 0.3%	
	150-대기업(훈련의무업체 제외) : 0.5%	
	훈련의무업체 : 0.05%(실업자재취직훈련비용)	

 우리 나라 사회보험제도별 부담 수준

구분	산재보험	의료보험	국민연금	고용보험
계	평균 1.9%	3.0%	6.0%	1.3%
근로자	1.5	2.0	0.3	
사업주	1.9 (업종별 상이)	1.5	2.0 (퇴직금 전환 2.0)	0.3-1.0
수혜자	근로자	근로자	근로자	근로자 및 사업주

고용보험의 적용 범위

적용대상

고용보험의 적용대상 사업장에는 당연 적용대상과 임의 가입대상으로 구분하고 있다. 〈도표 4-12〉는 당연 적용대상 사업장의 규모를 나타내고 있다.

 당연 적용대상 사업장

구 분	'98년 10월	'98년 7월	'98년 3월	'98년 1월
실업급여	1인 이상	5인 이상	5인 이상	10인 이상
고용안정·능력개발사업	1인 이상	5인 이상	50인 이상	50인 이상

건설공사의 경우에는 총 공사금액이 매년 노동부장관이 고시하는 금액 이상인 경우에 보험사업 전체가 적용된다(1995·1996년 : 40억 원, 1997년 : 44억 원, 1998년1-6월 : 34억 원, 1998년 7-12월 : 3억4천만 원 이상). 여기서 총 공사금액이라 함은 도급계약금액 외에 발주

자가 건설업자에게 지급하는 자재대(시가환산액)까지를 포함한 금액을 말한다. 하나의 건설공사를 둘 이상으로 분할하여 도급을 주는 경우에는 각 도급금액을 합산한 총 공사금액으로 판단한다. 또한 보험관계 성립일로부터 14일 이내에 주된 사업의 소재지를 관할하는 지방노동관서에 신고해야 한다.

고용보험에의 임의 가입의 경우에는 첫째 농ㆍ임ㆍ어업 및 수렵업 중 상시 4인 이하의 근로자를 고용하는 사업, 둘째 가사서비스업, 셋째 건설공사의 총 공사금액이 매년 노동부장관이 고시한 금액 미만인 공사, 넷째 개인이 짓는 소규모 주거용 건축건물공사 등의 사업을 행하는 경우 사업주가 근로자 과반수의 동의를 얻어 관할 지방노동관서장의 승인을 얻은 때에는 고용보험에 가입할 수 있다.

고용보험에 임의 가입한 사업주가 보험계약을 해지하고자 할 때는 근로자의 2/3 이상의 동의를 얻어 지방노동관서장의 승인을 얻어야 하며, 이 경우의 해지는 그 보험관계가 성립한 날부터 일년이 경과한 경우에 한한다. 그리고 실업급여에만 임의 가입한 사업의 사업주는 관할 지방노동관서장의 승인을 얻어 고용안정사업 및 직업능력개발사업에 가입할 수 있다.

사업의 일괄적용 제도

이 제도는 동일한 사업주가 운영하는 개별사업이 일괄적용 요건에 해당되는 경우 당해 개별사업 전부를 하나의 사업으로 보아 적용하는 제도이다.

일괄적용 요건

첫째, 사업주가 건설업자, 주택건설사업자, 전기공사업자 및 전기통신공사사업자일 것.

둘째, 2년 전 보험연도의 총 공사실적액이 500억 원(1999년 1월 1일부터 100억 원) 이상일 것.

셋째, 보험연도 초일 현재 당연 적용 사업이 1 이상 시행 중에 있을 것이다.

사업 일괄적용 당연 가입 대상이 되지 않는 동일한 사업주가 운영하는 개별 공사 전부를 하나의 사업으로 일괄 적용을 받고자 하는 경우에는 근로자 과반수의 동의와 노동부장관의 승인을 얻어 임의 가입할 수 있다. 이런 경우에는 당해 보험연도 개시 7일 전까지 주된 사업 소재지 관할 지방노동관서장에게 신청해야 한다.

일괄적용사업의 사업 개시 신고

사업의 일괄적용을 받고 있는 사업주가 보험연도 중에 새로운 개별 공사를 착공할 때는 주된 사업 소재지 관할 지방노동관서의 장에게 사업개시일로부터 14일 이내에 일괄적용 사업개시신고서를 제출해야 한다.

일괄적용사업의 사업 종료 신고

일괄 적용사업의 개시 신고를 한 사업주가 각각의 사업을 종료한 경우에는 각각의 사업의 소재지를 관할하는 지방노동관서에 사업 종료일로부터 14일 이내에 일괄적용종료신고서를 제출한다.

하수급인에 대한 사업주 인정 승인

사업이 수차의 도급에 의하여 행해지는 경우에 원수급인이 하수급인과의 서면계약으로 하수급인에게 보험료의 납부를 인수하게 하는 경우로서 원수급인의 신청에 의하여 노동부장관의 승인을 얻는 경우에는 그 하수급인을 이 법의 적용을 받는 사업주로 보며, 이 경우 원

수급인은 서면계약일로부터 14일 이내에 주된 사업 소재지 관할지에 신청을 한다.

하수급인에 대한 사업주 인정 승인은 건설업, 제조업, 수선업, 기타의 사업으로 사업이 수차의 도급에 의하여 행해지는 경우에 한하며 그 승인 요건은 다음과 같다.

건설업

- 사업주가 건설산업기본법, 주택건설촉진법, 전기공사업법 또는 전기통신공사법에 의한 건설업면허를 받은 자일 것.
- 하도급공사의 도급공사금액이 6억 원 이상일 것.
- 원수급인이 당해 사업의 보험료를 보고·납부하지 아니하고, 그 보고·납부 기한을 도과하지 아니했을 것.
- 원수급인과 하수급인간에 보험료 납부의 인수에 관한 서면계약을 체결할 것.
- 원수급인이 하수급인의 보험료 미납부에 연대하여 책임진다는 서약서를 제출할 것.
- 하수급인의 사업이 보험료 및 실업급여·지원금 등의 산정 기초가 되는 임금을 산정할 수 있을 것.

제조업·수선업 기타의 사업

- 사업주가 부가가치세법에 의한 사업자등록을 행한 자일 것.
- 사업장의 인사·회계 등을 독립적으로 처리하는 사업주일 것.
- 원수급인의 사업장관은 별도의 자체시설과 장비를 갖추고 있는 사업장일 것.
- 위의 셋째와 넷째 항의 요건에 해당하는 사업일 것.

우선지원대상 기업

고용보험법은 고용안정사업 및 직업능력개발사업의 실시에 있어 우선지원대상 기업을 우대하고 있으며, 직업능력개발사업의 보험요율의 적용에 있어서도 우선지원대상 기업의 여부에 따라 차등 적용하고 있다.

우선지원대상 기업의 판단 기준(영 제15조)

산업별 상시 근로자 수가 다음과 같을 경우에는 우선지원대상 기업에 해당된다.

- 제조업 500인 이하, 건설업 300인 이하, 광업 300인 이하, 운수·창고·통신업 300인 이하, 기타 산업 100인 이하의 기업
- 이 경우에 상시 근로자 수는 당해 사업주가 행하는 모든 사업에 있어서 전년도 매월 말일 현재의 근로자의 수(건설업에 있어서는 일용 근로자의 수를 제외)의 합계를 전년도의 조업 월수로 나누어 산정한 수로 함.
- 첫째 항의 산업 분류는 통계청장이 고시한 한국표준산업분류표의 대분류를 기준으로 적용하며, 다만 하나의 사업주가 2 이상의 산업의 사업을 경영하는 경우에는 상시 근로자 수가 많은 산업을 기준으로 적용하고, 상시 근로자 수가 같을 때는 임금총액·매출액 순으로 적용함.
- 만약 보험연도 중에 보험관계가 성립된 사업주에 대해서는 보험관계성립일 현재의 상시 근로자 수를 기준으로 판단함.

위 첫째 항에 해당되지 아니하는 기업으로 중소기업청장이 중소기업기본법 제2조 제1항 및 제3항의 기준에 의하여 중소기업으로 확인한 기업은 우선지원대상 기업으로 보고 있으며, 다만 상시 근로자의

수가 우선지원대상 기업에 해당되는 기업이라 할지라도 통산부장관
이 고시한 대규모 기업 또는 대규모 계열 기업에 해당되는 경우에는
우선지원대상 기업에서 제외하고 있다.

**우선지원대상 기업의 해당 여부에 따른 직업능력개발사업의 보험료율(영제
69조)**
- 상시 근로자 수 150인 미만인 사업 : 0.1%
- 상시 근로자 수 150인 이상 사업으로 우선지원대상 기업에 해당
  : 0.3%
- 상시 근로자 수 150인 이상 사업으로 대규모 기업에 해당 : 0.5%

우선지원대상 기업의 해당 여부에 변경이 있을 경우에는 다음 보험
연도 초일부터 14일 이내에 그 변경된 사항을 주된 사업을 관할하는
지방노동관서장에게 신고해야 한다.

5장

실직의 터널 속에서
또 다른 나를 발견하라

조성표

현재 경북대학교 경영학부 교수이며, 새생명성서침례교회 집사로 섬기고 있다. 기독학술교육동역회(구 기독교대학설립동역회) 감사이며, 경북대학교 IVF 지도 교수이기도 하다. 전공은 재무회계 및 연구개발회계이고, 그리스도인의 재정관리에 관심을 가지고 있다. 관련된 저서로는 『하나님이 가르쳐 준 행복한 가정생활』(이상규, 정동섭, 양은순 공저, CUP, 1993), 『아직도 계속되는 꿈』(6인 공저, CUP, 1999), 역서로는 『돈 걱정 없는 가정』(CUP, 1992), 『하나님 돈을 어떻게 쓸까요?』(박정윤 공역, CUP, 1993), 『완전한 성공』(11인 공역: CUP 1999) 등이 있다.

우리 나라는 이제 실직이 보편적인 현상이 되고 있다. 과거 우리 나라의 실업률은 4-5% 정도였으나, 경제 위기를 겪으면서도 8%를 넘나들었고, 이제는 6%대에 머물러 있다. 선진국의 경우 실업률이 10%대이기 때문에 설사 경기가 회복된다고 할지라도 과거와 같은 완전 고용 상태에 이르기는 어려울 것이다.

선진국에서 실업률이 높은 것은 직장을 옮기는 과정에 있는 마찰적 실업이 높은 비중을 차지하고 있기 때문이다. 이에 반해 아직 우리 나라는 실직한 경우 다른 직장을 찾기 어려운 상태가 많다. 특히 경제 위기를 겪고 있는 불황 때에는 더욱 그 어려움이 가중된다.

그러나 향후 우리 나라에서도 직장의 이동이 빈번해지고 이에 따라 직장을 옮기는 과정에서 발생하는 선진국형 마찰적 실업이 높아질 것으로 예상된다. 직장을 옮기는 과정에 있는 사람들은 새로운 직장에 적응하기 위한 훈련이 필요하며, 실직의 기간은 이러한 훈련의 좋은 기회가 될 수 있다.

특히 기술 발전에 따라 기존의 직업들이 사라지고 새로운 직업들이 계속적으로 출현하고 있는 현대 사회에서는 끊임없이 자기 개발을 통하여 새로운 직업적인 능력을 개발할 필요가 있다. 이 장에서는 최근 직장 개념의 변화와 자기 개발의 필요성, 그리고 직장을 옮기는 과정에서 새로운 직업적 능력을 개발하여 새로운 직장을 구할 수 있는 방법들에 대하여 생각해 보게 될 것이다.

직장 환경의 변화

종신고용제의 퇴조

이제까지 우리 나라 기업들은 종신제 개념에 의한 고용제도를 가지고 있었다. 즉 학교를 마치고 직장에 들어가면 큰 과실이 없는 한, 40대까지는 한 직장에서 근무해 온 것이다. 그렇기 때문에 능력이 조금 부족해도 기업에서 내보내기보다는 약간 중요성이 덜한 자리에 배치하여 40대까지는 자리를 유지하도록 한 것이 보통이다. 또한 승진도 엄격하게 능력 위주로 평가하기보다는 능력과 함께 근무 연수를 중요시하는 연공서열제가 주를 이루어 왔다.

그러나 상황이 달라졌다. 정리해고제가 도입되면서 기업에서 불필요한 사람으로 생각되면 언제든지 해고할 수 있게 된 것이다. '철밥통'이라고 불리우던 공무원들도 그 자리가 보장되지 않게 되었다. 즉 '평생 직장'의 개념이 근본적으로 약화된 것이다.

이러한 변화는 우리 기업들이 무한 경쟁의 상황으로 노출되었음을 의미한다. 이제는 내부 사람들을 보호해 주고 싶어도 기업의 효율적인 운영을 위하여 생산성이 낮다고 생각되는 인력을 외부로 내보낼 수밖에 없는 것이다. 과거 일본식 기업의 종신고용제와 미국식 기업의 계약제 중에 어느 것이 생산성 향상에 도움이 되는지는 논란의 여지가 있으나 현재는 미국식 고용제도로 변화하고 있다.

'평가의 사회'로의 전환

현대 사회를 '평가의 사회'라고 한다. 즉 모든 것에 대하여 평가가 이루어져 차별적으로 구별되고 있는 것이다. 각 개인도 과거 연공서열제와는 달리 언제 입사했느냐 하는 것보다 그가 어떠한 능력을 가지고 있으며, 지금 기업에 어떤 기여를 하고 있느냐 하는 것이 중요한 평가의 기준이 된다. 그렇기 때문에 연봉제 아래에서는 입사 경력이 오래된 선배의 급여보다 입사한 지 얼마 안 된 후배의 연봉이 더 높은 것으로 나타날 수 있는 것이다.

과거에는 학교를 마치고 첫 직장을 잘 잡는 것이 성공의 관건이었다. 왜냐하면 첫 직장이 그 사람의 40대까지의 인생을 결정하고 그 뒤의 행로에 영향을 미치기 때문이다. 그런데 이제는 처음 잡은 직장이 그를 보호하기보다는 끊임없이 그를 평가하여 직장에 남겨 둘지, 아니면 내보낼지 결정한다. 이때의 기준은 그의 능력이다. 따라서 이제 직장인들에게는 자신의 학력보다는 어떤 직업적인 능력을 가지고 있느냐가 그 직장에서 살아남는 비결이 되었다.

평생 직장에서 평생 직업으로의 변화

이와 같은 상황에서 그 사람을 평가하는 데 가장 중요한 것은 그의 직업적 능력이다. 과거에는 그 사람의 학력이 가장 중요한 요소였다. 왜냐하면 그의 학력과 출신 학교가 첫 직장을 잡는 데 결정적인 요소이며, 그 첫 직장이 그의 일생을 결정했기 때문이다.

첫 직장을 결정할 때는 출신 학교가 중요하지만, 직장을 옮길 때는 출신 학교보다 더 중요한 것이 그 사람의 능력이다. 즉 경력 사원을 선발하는 가장 중요한 기준은 출신 학교보다는 그의 현재 능력이다. 따라서 직장의 빈번한 이동에 따라 출신 학교의 비중은 감소하고 특출한 전문 기술을 보유해서 유지하는 직업적인 능력이 더 중요한 요소가 되는 것이다.

이제는 자신의 직업적인 능력을 탁월하게 유지하는 일이 직장에서 살아남는, 그리고 좋은 직장을 구하는 비결이다. 그렇기 때문에 직장인들은 자신의 직업적 능력을 유지하고 개발하는 일이 매우 중요하다. 과거 '평생 직장'의 개념에서 이제는 '평생 직업'의 개념으로 전환해야 한다. 즉 평생을 유지할 수 있는 직업적 능력을 가지고 있어야 하는 것이다.

현대 사회는 학습 개념이 변화하고 있다. 과거에는 학교에서 배워서 직장에서 써먹는다는 '선 학습 후 직업'의 순이었다. 그러나 현대 사회에서는 학교에서 배운 지식만으로는 부족하다. 환경이 급변하고 지식이 급속히 발전함에 따라 학교에서 배운 지식의 대부분은 이미 낡은 지식이 되어 버린다. 그렇기에 먼저 공부하고 일에 사용하는 것이 아니라 일하면서 공부하는, 즉 일과 학습이 분리되지 않는 상황이 온 것이다.

이제는 평생 학습이 중요하다. 정보화 기술, 국제적 시야, 외국어 능력, 창조적 사고와 행동 방식 등 현대 사회에서 필요한 지식을 계속적으로 습득해야 한다. 학교에서 배운 지식만으로는 부족하며, 어제 배운 지식이 오늘은 진부하며 못 쓰게 될 것이다. 대표적인 예가 워드 프로세서 등의 소프트웨어이다. 익숙해질 만하면 새로운 버전이 나와 다시 공부해야 일할 수 있는 것이다. 선진 기업체의 연수원에서 끊임없이 이루어지고 있는 연수 교육들은 이미 우리 사회가 평생 교육의 시대로 들어와 있음을 말해 주고 있다.

그렇다고 해서 학교 공부가 필요 없다는 뜻이 아니다. 학교에서 배운 지식은 이후 다른 지식을 습득하는 데 기초로 작용하게 될 것이다. 그렇기에 단순히 암기식으로 배운 지식은 쓸모 없으며, 학습 과정을 통해서 배양된 창조적인 사고의 틀이 새로운 지식을 습득하는 데 도움이 될 것이다.

모든 사람이 차별적으로 평가가 이루어지는 '평가의 시대'에 끊임없는 창조적인 학습을 통하여 자신의 전문적인 직업 능력을 키우는 것이 성공의 비결인 것이다.

실직, 재충전의 기간

직장인들에게 실직은 매우 큰 충격으로 다가온다. 또한 그를 엄습하는 것은 자신이 이 사회에 적응하지 못해 도태된 것 같은 자괴심이다. 그러나 앞에서 말한 바와 같이 실직은 일부 무능력한 사람에게만 찾아오는 게 아니라 누구에게나 찾아올 수 있는 정상적인 현상이다. 그러므로 이러한 사실을 바르게 인식하는 것이 필요하다.

오히려 이 기회에 자신의 삶을 돌아보는 기회를 갖고 새로운 출발을 준비하는 것이 필요하다. 사실 우리 사회는 너무 바빠 돌아가기 때문에 직장 생활을 하는 도중에는 자신을 돌아볼 삶의 여유를 찾지 못하는 것이 대부분이다. 실직은 결코 바람직한 일은 아니지만, 이 기회에 자신의 삶을 돌아보고 자기를 개발하는 값진 시간으로 활용할 수 있다. 이 기간 중에 자신이 실직당한 이유를 냉철하게 성찰해 보며, 그리스도인들은 자신의 신앙 상태를 점검해 볼 수 있는 좋은 기회로 전환시킬 수 있다.

실직 기간을 직업적으로, 정신적으로, 영적으로 재충전의 기회로 삼는 것은 새로운 직장을 준비하기 위해 매우 바람직한 일이다. 실제로 필자는 1998년에 실직자 재취업 과정을 운영한바 있는데, 이 과정을 이수한 사람들은 극심한 불황 중에서도 6개월 이내에 절반 가량이 새 직장을 찾았다. 물론 교육 과정에 적극적인 사람들이 직장을 더 빨리 잡는 경향이 있었다.

이중 대기업 임원 출신인 한 수강생은 육십에 가까운 나이에도 불구하고 전산회계 교육, 무역 과정, 심지어는 홈페이지 작성 과정을 이수한 뒤 중소기업 임원으로 새 출발 하였다.

실직의 기간은 자신의 경쟁력을 키울 수 있는 좋은 기회로 전환할 수 있다. 다만 중요한 것은 적극적인 능력과 의욕이며, 새로운 지식을 충전함과 아울러 더욱 구비할 것은 성실함과 정직성을 보정하는 일이다. 현대 사회에서는 단순한 지식뿐만 아니라 성실함을 더욱 요구하고 있다.

지식근로자의 조건[1]

지식 기반 경제를 주도할 '지식근로자'(Knowledge Worker)들은 자기 분야에서 최고의 지식과 현장 경험을 보유한 사람이다. 자본주의의 가장 큰 강점은 분업 원칙에 근거한 전문성이다. 즉 자신이 특정 분야에서 전문성을 갖추는 것이 중요하지만 기본적으로 모든 지식근로자가 갖춰야 할 기본 지식이 있다. 21세기 지식경제 사회에 필요한 5대 자질은 다음과 같다.

유연성

'평생 직장'을 찾는다는 개념에서 벗어나 '평생 직업'을 구한다는 생각을 가져야 한다. 즉 어느 기업에 속한다는 기업에 대한 충성에서 어느 직종이 전문성을 갖추고 있다는 전문성에 대한 충성으로 직업에 대한 개념을 바꿔야 한다.

이는 미국을 비롯한 선진국의 고용 형태가 잘 말해 주고 있다. 전문 지식인일수록 직장을 옮기기 용이하며 자신을 필요로 하는 곳은 어디든지 찾아가 일하는 '경력 관리'를 할 수 있다. 따라서 지식 기반 경제에서는 진취적이고 유연한 사고 방식이 더욱 필요하다고 할 수 있다.

어학 능력

세계화된 시장에서 활동하려면 외국어, 특히 영어를 능숙하게 구사할 수 있는 능력이 기본이다. 세계 최고의 선진 지식(Best Practices)을 남보다 한발 앞서 효과적으로 습득하기 위해서는 독해, 회화, 작문 등 전반적인 외국어 구사 능력은 필수적이다.

---

1) 최근 신문에 게재된 내용이다. 이는 미래 사회에서 직장인들이 갖추어야 할 자질을 잘 기술하고 있는 것으로 생각되어 소개하는 바이다(《매일경제신문》, 1998년 9월 22일).

컴퓨터 활용 능력

문서 작성뿐만 아니라 인터넷, 통계 분석 등 컴퓨터를 활용하는 능력이 필요하다. 지식 기반 경제에서 이른바 '컴맹'은 문맹만큼이나 개인과 나라의 발전 속도를 가늠하게 하는 중요한 척도가 될 것이다.

문제 해결 능력

주어진 일을 수동적으로 처리하는 것이 아니라 창조적인 사고와 적극적인 자세로 문제를 해결하는 능력을 키워야 한다. 지식근로자의 관심을 '어떻게' 하면 자기 일을 잘할 수 있는가에 그치지 않고 '왜' 이 일을 해야 하는가에 대한 근본적인 문제 의식도 염두에 둔다.

서비스 정신

자기 업무와 관련한 고객이 욕구를 파악하고 이를 최대한 충족시킨다는 자세가 필요하다. 제조업에 종사하는 사람이라도 항상 고객을 생각하고, 고객이 있기에 자기 일자리가 존재한다는 자세를 가진다.

직업 훈련과정을 찾는 방법

교육 기회를 찾는 방법 : 고용안정 정보망(Work-Net)

실직자를 위한 직업 교육은 노동청에서 주관하고 있다. 따라서 가장 빨리 교육의 내용을 파악하려면 노동부 중앙고용정보관리소의 고용안정 정보망(Work-Net) 사이트를 방문하는 것이 가장 좋다. 이 웹 사이트 주소는 http://www.work.go.kr이다.

혹시 개인용 PC 접속이 어려운 사람은 주위 인터넷 게임방에 가서 약간의 도움을 받으면 위에 소개된 웹사이트를 쉽게 접속할 수 있다. 인터넷 접속이 어려우면 가까운 노동청사무소에 찾아가면 된다. 또한 《교차로》,《벼룩시장》 등 생활정보신문이나 일간지가 지역에서 행해지는 실직자 재취업 교육에 관한 특집 기사와 광고를 정기적으로 게재하기 때문에 여기에서도 관련된 교육과 연락처를 찾을 수 있다. 다음은 고용안정정보망 웹사이트를 접속했다고 가정하고 이 순서에 따라 설명하기로 한다.

〈그림 5-1〉처럼 고용안정 정보망 사이트는 단순히 직업 훈련만이 아니라 취업정보, 직업 선택, 실업 대책, 고용보험, 통계 자료, 관계 법령 및 부가 서비스에 관하여 다양한 정보를 제공하고 있다. 이 장에서는 직업 훈련 분야만을 설명하며, 본 사이트에 관한 자세한 소개와 이용 방법은 10장을 참고하기 바란다. 직업 훈련 분야의 첫 페이지는 다음과 같다. 여기에서는 교육에 관한 ① 직업 훈련 소식, ② 제도 안내, ③ 교육기관 정보, ④ 직종 정보, ⑤ 교육 과정 정보, ⑥ 훈련기관 사용자ID 신청, ⑦ 훈련생 수강 신청으로 나뉜다. 이를 구분하여 설명하면 다음과 같다.

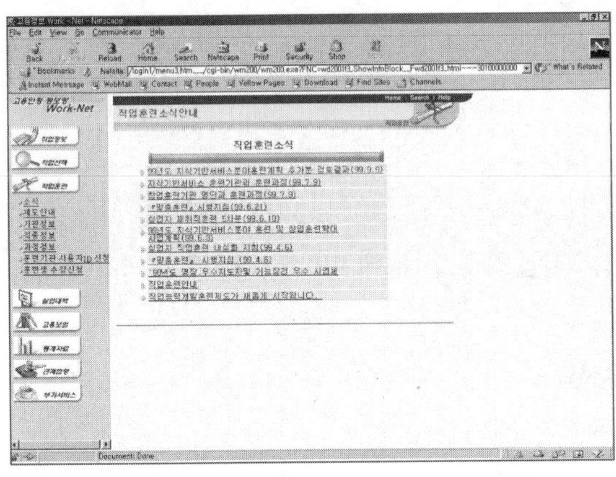

그림 5-1 직업 훈련 시작 페이지

직업 훈련 소식

직업 훈련 소식에는 직업 훈련에 관한 최근 소식을 게재하고 있다. 여기에서는 각종 훈련과정 소개, 지역별 훈련기관 안내, 최근 제정된 각종 지침들이 게재되어 있다. 1999년 7월에 게재된 내용은 다음과 같다.

1. 직업 훈련 소식.

2. 지식 기반 서비스 훈련기관과 훈련과정(99.7.9).

3. 창업 훈련기관 명단과 훈련과정(99.7.9).

4. '맞춤 훈련' 시행 지침(99.6.21).

5. 실업자 재취직 훈련 5차분(99.6.10).

6. 1999년도 지식 기반 서비스 분야 훈련 및 창업 훈련 확대 사업 계획 (99.6.3).

7. 실업자 직업 훈련 내실화 지침(99.4.6).

8. '맞춤 훈련' 시행 지침(99.4.6).

9. 1998년도 명장, 우수 지도자 및 기능 장려 우수 사업체.

10. 직업 훈련 안내.

11. 직업 능력 개발 훈련 제도가 새롭게 시작됩니다.

직업 훈련 제도 안내

앞에서 '10. 직업 훈련 안내'에 수록된 내용을 소개하면 다음과 같다.

1. 재취업 훈련
1) 실업자 재취직 훈련
고용보험 적용사업장에서 실직한 근로자의 재취업을 촉진하기 위하여 실시하는 훈련이다.

① 훈련대상
  • 상시 근로자 1인 이상 고용보험 적용 사업장의 실직자.

② 훈련 기간 및 시간
  • 2주일 이상 2년 미만의 과정으로 총 훈련 시간은 60시간 이상이어야 하되 전문, 자격 취득 과정 등 훈련 수준을 감안하여 훈련기관에서 자율적으로 결정.

③ 훈련 시기
  • 주간 과정을 원칙으로 하되 필요할 때 야간, 방학 과정도 운영 가능.

④ 훈련기관
  • 직업 훈련기관, 지정 교육 훈련기관, 대학 · 전문대학, 기타 고용촉진 훈련기관 등.

⑤ 훈련 직종
  • 실업자의 취업을 촉진하기 위한 과정을 우선적으로 선정.
  • 자격 취득의 용이성, 성장 유망성, 훈련생 희망 직종 등을 종합적으로 고려하여 훈련기관의 자체 특성에 맞게 자율적으로 정함.
  • 학위 취득 과정, 대학원 과정, 세미나, 심포지엄, 어학, 취미, 오락 과정 등은 제외.

⑥ 비용 지원
  • 훈련비용 : 훈련 실시 기관에 훈련 비용 조견표에 의한 표준훈련비 지원(초과할 때 일부 본인 부담).
  • 훈련수당 : 최저 임금의 70%, 교통비(월 3만 원), 가족수당 지급(1인당 3만 원 4인 한도).

⑦ 훈련 실시
  • 취업 알선 및 인센티브 부여

－지방노동관서 장 등과 협조하여 모든 훈련생이 지방노동관서에 구직
등록을 하도록 하고 훈련 수료 후 지속적으로 고용 정보를 제공하고
취업을 알선하는 등 계속적인 관리를 함.
－훈련 종료 후 3개월 이내에 국가기술 자격 취득 또는 조기 취업한 인
원이 훈련 수료 인원의 50%를 초과한 경우 훈련 종료 단위 월에 지급
한 훈련비의 10%를 취업촉진수당으로 훈련기관에 지급하고 취업률
또는 자격 취득율이 우수한 기관에 대해서는 노동부장관의 표창대상
에 우선 선발하고, 향후 위탁 훈련대상 기관으로 우선 선정.

2) 고용 촉진 훈련

실업자, 생활보호대상자 등의 고용을 촉진하기 위하여 직업 훈련기관 등
에 위탁하여 실시(지방자치단체에서 시행)하는 훈련이다.

① 훈련대상
- 실업자(실업자 재취직 훈련대상 실업자는 제외).
- 생활보호대상자, 모자보호대상자, 장애인, 전역예정장병, 농업인 등.

② 훈련기관
- 직업 훈련기관, 대학 · 전문대학, 사설 학원, 사회복지 시설 등.

③ 훈련 직종
- 직업 훈련 기본법에 의한 훈련 직종 중 취업 또는 전직의 용이성, 성
장의 유망성, 훈련생의 희망 직종을 고려하여 선정.
- 제조업, 건설업 등의 생산 관련 직종과 재취업이 용이한 직종을 우선
적으로 선정.
- 직업 훈련 기본법에 의한 훈련 직종이 아닌 경우라도 지역 산업과 관
련이 커서 지역 고용 촉진을 위하여 필요하다고 시 · 도지사가 인정하
는 경우에는 훈련 직종으로 선정 가능.

④ 훈련 기간 및 시간
  • 훈련 기간은 3개월 이상 2년 이내, 훈련 시간은 1일 4시간, 주 5일 이상을 원칙으로 하되 예외 인정.
⑤ 취업 알선 및 취업정보 제공
  • 시·군·구청장과 훈련 실시 기관의 장은 지방노동관서장과 협조하여 훈련 수료와 동시에 수료자 전원을 구직 등록하고 조기에 취업될 수 있도록 노력.
  • 훈련 수료 후 6개월까지 지속적으로 고용 정보 제공 및 취업 알선.
⑥ 비용 지원
  • 훈련비용 : 시·도지사가 정한 수강료를 시·군·구청장이 훈련 실시 기관에 지급.
  • 훈련수당 : 80% 이상 출석한 훈련생에 한하여 지급(월 3-41만 원).

3) 대학·전문대학 직업 훈련

대학의 기존 시설과 학과를 활용하여 훈련과정을 설치·운영함으로써 실업자가 선택할 수 있는 훈련 분야의 범위를 확대하고 미래 첨단·고급 직종의 인력 개발 수요에 대응하기 위해 실시하는 훈련이다.

① 훈련대상 : 고용보험 피보험자였던 실업자 및 대졸 미취업자, 사무관리직 실입자 등(모든 실업자).
② 훈련 직종 : 대학·전문대학의 특성에 맞게 자율로 정하되 다음 기준에 의하여 선정.
  • 고도 기술·전문 분야 과정 및 창업 과정, 벤처기업 강좌.
  • 기술사 및 기사 자격증 취득과 연계된 프로그램 운영 : 기술·기능 양성 과정(CAD, 전자출판, 프로세서 응용 기술, 방송 기술 등).
  • 사무관리직 재취업 촉진 과정(컴퓨터, 회계, 물품 관리 등).

- 창업에 도움이 되는 과정(소자본 창업, 창업 프로그램 등).

③ 훈련 과정 : 훈련 기간은 2주 이상 2년 미만으로 하되 기초, 전문, 자격 취득 과정 등 훈련 수준은 훈련기관 자율 결정(가급적 자격 취득과정으로 연계).

④ 훈련 시기 : 주간, 방학 등 훈련기관이 자율 결정.

⑤ 훈련 교사 : 각 대학·전문대학이 보유하고 있는 교수와 외부 전문강사 활용, 필요시에는 인력공단 교사 지원.

⑥ 비용 지원 : 강사료 등 훈련 소요 경비와 훈련수당(8만원) 지원.

4) 귀농 희망자 영농 직업 훈련

경제 불황으로 인해 증가될 것으로 예상되는 실업자들이 귀농하여 정착할 수 있도록 기본 습득 훈련을 실시한다.

① 훈련기관
- 시·군 농촌지도소, 농촌진흥원, 농업 관련 대학·전문대학 등.

② 훈련과정
- 훈련기관의 인력, 시설 등을 고려하여 자율적으로 운영하되 훈련수요자의 실정에 맞게 편성.
- 영농을 위한 기본 지식과 전문기술 습득 관련 사항.
- 구체적 프로그램은 농촌진흥청, 시·도(광역자치단체)와 협의.

③ 비용 지원
- 훈련비용 : 훈련비용 전액 지원.

5) 창업 훈련

사무관리직 실업자 등을 대상으로 창업을 원활하게 하기 위한 훈련 프로그램을 개설·운영하고 있다.

① 훈련대상

- 실직자 및 실직자 가족.

② 비용 지원

- 훈련비 전액 지원.

③ 훈련기관

- 산업인력공단 산하 중앙인력개발센터, 기능대학(18개), 직업전문학
  교(21개).
- 민간교육 훈련기관.

④ 훈련과정

- 단기 과정(4-7일) 확대
  재취업 오리엔테이션 과정 병행 실시.
- 전문 과정(1-6월) 신설
  업종별 창업 분야의 기술·지식 습득.

2. 인력 개발 훈련

1) 기능사 양성 특별 훈련

가공 생산 및 기계 설비 등의 설치, 보수, 유지, 관리에 필요한 지식·기능과 적응력을 갖춘 기능사를 양성하기 위한 훈련이다.

① 훈련내상

- 단순·무기능 실업자(학력 및 연령 제한 없음).
- 산업구조조정에 따른 고용조정 대상자 및 명예퇴직자 우선 선발.

② 비용 지원

- 훈련비 : 전액 훈련기관에 지급.
- 훈련수당 : 부양 가족이 있는 훈련생 1인당 월 8만 원의 훈련수당 지급.

③ 훈련과정

- 정밀기계가공, 산업설비, 전기제어, 산업전자 등 35개 직종.
- 6개월 야간 과정.

④ 훈련기관 : 한국산업인력공단 소속 직업전문학교.

2) 정부 위탁 훈련

제조 · 건설업 부문 인력 부족 직종의 기능 인력을 양성하여 인력 수급을 원활히 하는 훈련이다.

① 훈련대상
- 무기능 비진학 청소년, 실업자, 취업 희망 여성 등.

② 비용 지원
- 훈련비 : 전액 훈련기관에 지급.
- 훈련수당 : 부양 가족이 있는 훈련생 1인당 월 10만 원의 훈련수당 지급.

③ 훈련과정 : 특수용접, 생산기계, 건축배관 등 32개 직종(3개월, 6개월, 12개월 과정).

④ 훈련기관 : 정부위탁지정 인정 직업훈련기관, 대한상공회의소 직업훈련원

3) 유급 휴가 훈련

사업주가 재직 근로자의 능력 개발 또는 고용 유지를 위해 휴가 훈련을 부여하는 경우 그 훈련 비용 및 임금을 지원하여 전사원 순환식 유급휴가제, 유급휴가 기간 동안 직무능력 향상 훈련 등을 유도함으로써 생산성 향상 및 대량 감원을 방지하는 훈련이다.

① 대상 기업 요건
- 1년 이상 재직한 근로자를 대상으로 30일 이상의 유급휴가를 부여하

여 교육 훈련 또는 직업 훈련을 직업 훈련기관 등에 위탁하여 실시하는 사업주로서 고용보험법상 능력개발사업 적용 사업장.

- 중소기업에서 현장산업기술인으로 선정된 근로자와 기능장려 우수 사업체에서 생산 및 그 관련직에 종사하는 근로자를 대상으로 교육훈련 또는 직업훈련을 실시하는 사업주는 우선 지원 대상임.

※ 자사 교육 훈련기관에서 자사 직원을 훈련하는 경우 제외.

② 비용 지원

- 지불 임금과 수강 경비 합계액의 70/100(우선지원대상 기업은 90/100).
- 근로자 1인당 400만 원(우선지원대상 기업은 600만 원)한도.

③ 훈련 직종 및 기간

- 재직 근로자의 직무 능력 향상 및 고용 유지를 위해 필요하다고 인정되는 직종.
- 훈련 기간은 30일 이상 120시간 이상(단, 중소기업에서 현장산업기술인으로 선정된 근로자와 기능장려우수사업체에 생산 및 그 관련직에 종사하는 근로자의 훈련 기간은 3일 이상 20시간 이상임).
- 훈련기관 : 직업 훈련기관, 지정 교육 훈련기관, 대학 · 전문대학 등

기타 정보

직업 훈련 다른 사이트에서 제공하고 있는 정보들을 보면 다음과 같다.

제도 안내

여기에서는 근로자 직업훈련 촉진법을 중심으로 다음과 같은 내용을 수록하고 있다.

1. 직업능력개발훈련 사업 어떻게 시행되나?

2. 직업능력개발훈련 교사 자격 등 기준

3. 고용촉진 훈련시행규정 개정 내용(1999.7.1)

4. 직업능력개발훈련 예규 개정 내용(1999.6.15)

5. 1998년도 제도 소식

교육기관 정보

여기에서는 각 지역별 교육기관에 대하여 소개하고 있으며, 본인이 원하는 교육기관을 검색할 수 있도록 하고 있다. 훈련기관은 근로자 직업훈련촉진법 제2조의 규정에 의한 직업능력개발훈련시설, 고등교육법에 의한 학교(대학교 등), 기타 실업자 직업 훈련을 실시할 수 있는 능력이 있다고 지방노동관서장이 인정하는 시설 또는 기관으로서 6개월 이상의 교육 훈련 경력이 있는 기관이며, 학원은 교육 훈련 경력이 3년 이상 되는 기관, 시설 및 장비 기준이 기준 훈련에 적합한 기관, 지역 인력 수급 상황 등을 고려하여 적합한 기관만이 훈련을 할 수 있다. 또한 기능대학, 직업전문학교, 대한상공회의소에서 설립한 직업훈련원 등이 있다.

다만 수강자들이 주의해야 할 것은 교육기관에 따라 교육의 내용과 수준이 천차만별이라는 사실이다. 교육기관에 대하여는 정부가 관리를 하고 있지만 일부 부도덕한 교육기관에서는 영리를 목적으로 강의를 개설해 부실한 교육을 실시하여 수강생들이 낭패를 보는 일이 허다하므로 가급적이면 공신력 있는 훈련기관을 선정하도록 하고, 미리 수강한 사람들의 의견을 들어 보고 결정하는 것이 바람직하다.

직종 정보

여기에서는 다음과 같은 각종 직종에 관한 정보를 제공하고 있다.

1. 입법 공무원, 고위 임직원 및 관리자

2. 전문가

3. 기술공 및 준전문가

4. 사무직원

5. 서비스 근로자 및 상점과 시장판매 근로자

6. 농업 및 어업 숙련 근로자

7. 기능원 및 관련 기능근로자

8. 장치, 기계 조작원 및 조립원

9. 단순 노무직 근로자

교육과정 정보

여기에서는 각종 교육과정을 검색할 수 있도록 하고 있는데, 교육과정은 크게 구분하여 첫째 구직자, 비진학 청소년을 위한 과정 정보 검색과 둘째 재직자를 위한 과정 정보 검색으로 구분하고 있다.

훈련기관 사용자 ID 신청, 훈련생 수강 신청

훈련기관 사용자 ID 신청과 훈련생 수강신청에서는 교육을 원하는 사람이 등록하고 훈련과정에 대하여 수강 신청할 수 있다.

훈련생에 대한 특전

훈련생들에게는 소정의 훈련수당이 지급된다. 훈련수당은 훈련 기간, 실업급여 대상자인지 여부, 출석률을 확인하여 지급 여부를 결정하는데, 훈련수당을 받을 수 있는 사람은 첫째 1일 4시간 이상, 1개월 80시간 이상의 과정 수강자로서, 둘째 실업급여 비수급자(대기 기간은 훈련수당 지급 기간에서 제외)이고, 셋째 출석률 80% 이상인 사람이어야 한다.

훈련수당은 교통비 3만 원, 가족수당 10만 원, 보육수당 5만 원, 능

력개발수당 7만 원, 우선직종수당 10만 원을 지급하는데 이를 위한
요건을 보면, 다음과 같다.

- 교통비는 기숙사 생활을 하지 않는 자 .
- 가족수당은 부양 가족이 있고 재산세 과세액이 3만 원 이하인 자.
- 보육수당은 6세 미만의 자녀를 가진 여성 실직자로서 주민등록표 상 세대주의 재산세 과세액이 3만 원 이하인 자.
- 능력개발수당은 6개월 이상 피보험 자격을 가졌던 자.
- 우선직종수당은 규정 별표 2에 해당하는 직종을 수강하는 자에 한정된다.

또한 훈련기관에서는 훈련과정 수료자의 취업을 알선하고 있기 때문에 훈련 종료 후 취업을 용이하게 할 수 있다는 장점이 있다.

김효근, 『신지식인』, 매일경제신문사, 1999 .

최근 경제 환경의 변화에 따라 각 개인이 이에 적응할 수 있는 방법으로 신지식인의 개념을 제시하고 있다. 이 책에서는 신지식인의 개념과 사례, 평가 방법, 신지식인으로 변신 방법, 실천 전략 등을 소개하고 있다.

http://www.work.go.kr

노동부 중앙고용정보관리소의 고용안정정보망 사이트로서 직업 훈련만이 아니라 취업정보, 직업 선택, 실업대책, 고용보험, 통계 자료, 관계법령 및 부가 서비스에 관하여 다양한 정보를 제공하고 있다.

6장

나만의 직업 찾기

신호균

현재 금오공과대학교 산업경영학과 교수로 재직
하면서 본교의 기독교수회 회장과 CCC 지도 교
수로 있다. 그리고 구미 YMCA 부이사장, 구미
《청소년 신문》 발행인, 대구경북 교수선교회 총무
및 대구동부교회 집사로 섬기고 있다. 저서로 『경
영정보 시스템』(2000), 역서로 『완전한 성공』
(1999) 등이 있다.

실직자를 위한 취업상담 서비스는 IMF를 맞이하면서 새로운 산업으로 등장하게 되었다. 개인, 기업, 대학, 정부 차원에서 지원을 받고 있는 재취업 상담 서비스는 사설 상담소, 고용주, 대학, 시민단체, 종교단체, 정부기관 등 다양한 경로를 통해 제공되고 있다. 이 장에서 논의할 재취업을 위한 내용은 실직자들에게 다음과 같은 매우 가치 있는 혜택을 제공할 수 있게 될 것이다.

- 실직의 충격을 딛고 일어나 일할 의욕을 불러일으킨다.
- 자신의 능력을 평가하고 개발하도록 용기를 준다.
- 효과적이고 전문적인 이력서 및 자기소개서를 쓰는 데 도움을 준다.
- 재취업을 위한 구체적인 취업정보를 얻게 된다.
- 재취업을 위한 용기와 확신을 가지고 재도전의 기회를 제공한다.

재취업을 위한 사설 상담소의 활용은 맞춤식 접근 방법으로 전문 직종의 실직자를 위한 매우 효과적인 방법이기는 하나 비용이 많이 소요된다.

민간단체(지역 상공회의소, YMCA 등), 기업(재취업 지원 서비스), 교육기관(대학, 기능대학, 전문대학 및 대학의 취업상담소), 종교단체, 정부기관(시·도와 같은 지방자치단체 및 노동청과 같은 중앙정부기관), 그리고 기타 단체와 같은 조직들이 실직자를 위하여 다양한 취업프로그램을 무료로 제공하고 있다.

그리고 대학과 같은 일부 기관에서는 취업을 위한 특강 또는 세미나를 통해서 구직자들을 위하여 구체적인 정보를 제공하고 있다. 이 장에서는 실직자가 새로운 직업을 찾는데 도움이 될 효과적인 지침들을 몇 가지 소개하고자 한다.

자기 발견의 기회

"나를 알고 남을 알면, 백 번 싸워 백 번 모두 이긴다"(知彼知己 百戰百勝)라는 옛 속담이 있듯이 취업을 위한 개인의 강점과 약점뿐만 아니라 기술적인 능력, 관심 분야, 그리고 능력을 이해하면 할수록 그만큼 취업하기가 용이하기 때문에 개인의 자질과 능력을 발견하도록 평가 과정을 거쳐야 한다. 취업을 위한 개인의 장점과 약점을 아는 것은 새로운 직업을 성공적으로 찾기 위한 계획을 수립하는 첫 단계라 할 수 있다. 먼저 개인의 학문적인 배경이나 경력을 반영하는 전문적 기술과 능력에 관한 목록을 작성하라. 그리고 개인의 능력을 입증할 만한 자료를 근거로 가능한 한 객관적으로 자신을 평가해 보라.

장래에 성공하기 위한 중요한 일이기에 너무 서두르지 말고 자세하게 자기 분석을 해야 한다. 이러한 목록을 작성하고 나서 동료, 후배, 선배들의 조언이나 자문을 통해 목록 작성에 객관성과 동의를 구해야 한다. 이 작업은 정확성보다는 직관적인 사고를 필요로 한다. 취업을 원하는 실직자들은 여러 종류의 목록을 작성하는 경우에도 거의 유사한 대답을 할 수 있을 만큼 일관성을 유지해야 한다. 그러나 목록은 여러분들이 새로운 취업 계획을 수립하는데 지속적인 평가를 위한 자신의 청사진을 제시하는 데 도움이 될 것으로 본다. 다음은 자기 발견을 위한 개인의 능력을 평가하기 위해서 체크리스트를 소개한다.

개인의 능력 평가 : 체크리스트 활용

〈도표 6-1〉에서는 개인의 능력을 평가하기 위한 체크리스트를 소개하고 있다. 주의 깊게 살펴본 후에 그 기술이 개인의 경력에 적용될

도표 6-1 능력 평가용 체크리스트

기술의 유형	평가 항목	평가 점수	비고
개념적 기술 (경영기술의 수행 능력)	비전 및 목표의 설정 능력 경영활동의 계획수립 능력 경영활동의 수행 능력 경영활동의 성취 능력		
관리적 기술 (관리기술의 수행 능력)	지휘력(managership) 책임과 의무 동기 부여 능력 개인 목표와 타인 목표의 연계 능력		
사회적 기술	동료와의 관계 상급자와의 관계 부하직원과의 관계 고객과의 관계 팀 구성원으로서의 역할		
개인적 자질/능력	판단력(우선 순위 설정) 논리적인 사고능력 의사 결정 능력 갈등 관리 능력		
전문적 기술 능력	정보기술(컴퓨터 활용) 능력 어학 분야의 능력 전문적인 기술 능력 전문 분야의 자격증 소지 등		S/W활용능력 외국어 능력 교육 훈련, 경력 자격증

평가 방법 : 매우 우수한 기술 수준 : 5
약간 우수한 기술 수준 : 4
보통 수준의 기술 수준 : 3
약간 열등한 기술 수준 : 2
매우 열등한 기술 수준 : 1

수 있는지 검토하여 해당되는 부분을 평가하고 그 기술의 성과를 기록함으로 개인의 기술 능력의 평가 자료로 활용할 수 있다.

개인의 능력을 평가하기 위해서는 여러 가지가 고려될 수 있겠으나 먼저 개인의 기술을 개념적 기술, 관리적 기술, 사회적 기술, 개인적 자질/능력, 전문적 기술로 구분하여 개인의 능력을 평가하기 위한 체크리스트를 소개하고자 한다. 평가는 리커트의 5점 척도나 7점 척도로 할 수 있으며 여기서는 5점 척도의 예를 소개한다.

둘째, 개인적인 자질이나 능력 그리고 전문적인 기술과 능력은 다음과 같은 간단한 질문으로 자기 분석을 위한 체크리스트로 활용할 수 있다.

개인적 자질 및 특성 [OX 문제]

1. 당신은 리더라고 생각하고 있는가?
2. 당신은 스스로 결정하기를 좋아하는가?
3. 다른 사람들이 의사 결정을 하는 데 당신에게 도움을 요청하는가?
4. 당신은 경쟁하기를 좋아하는가?
5. 당신은 의지력과 자제력을 가지고 있는가?
6. 당신은 사전에 계획을 수립하는가?
7. 당신은 사람 만나기를 좋아하는가?
8. 당신은 타인들과 사이가 좋은가?

개인적 능력

이 질문들은 당신의 계획이 성공하는가, 실패하는가를 결정하는 중요한 질문들이다. 새로운 사업을 착수하는 데 직면하게 될 육체적, 감성적, 재정적인 측면을 포괄하여 질문하고 있다.

1. 당신은 자신의 기업을 운영하기 위하여 하루에 12-16시간, 일주
   일에 6일, 심지어 일요일이나 휴일까지도 일할 수 있음을 알고
   있는가?
2. 당신은 업무나 일정을 성공적으로 추진할 만큼 충분한 육체적인
   힘을 가지고 있는가?
3. 당신은 긴장을 극복하기 위하여 감성적인 장점을 가지고 있는
   가?
4. 당신은 사업이 확고하게 안정될 때까지 필요할 경우 생활 수준
   을 일시적으로 낮출 준비가 되어 있는가?
5. 당신의 가족도 당신과 더불어 생사고락을 같이할 준비가 되어
   있는가?
6. 당신은 만약의 경우 재산을 잃을 준비가 되어 있는가?

전문적 기술과 능력

개인의 전문적 기술과 경험은 사업의 성공에 결정적으로 영향을 끼
칠 수 있다. 여러분들은 필요한 모든 기술과 경험을 갖고 있지 않으므
로 당신이 부족한 기술들을 보충할 인재를 채용할 필요가 있다. 당신
의 사업에 적합한 기본적이고 특수한 기술이 있다. 이하의 질문을 통
해 당신의 기술적인 강점과 약점을 인식할 수 있다.

1. 성공적으로 사업을 수행하기 위하여 필요한 기본적인 기술을 알
   고 있는가?
2. 당신은 기본적인 기술들을 소유하고 있는가?
3. 필요한 인재를 채용할 때 지원자의 기술이 필요한 요구 조건에
   적합한지 결정할 수 있는가?
4. 당신은 관리직이나 감독직에서 일한 경험이 있는가?
5. 학교에서 기업경영에 관한 훈련을 받은 적이 있는가?

6. 당신은 착수하려는 사업과 유사한 분야에서 일한 경험이 있는
가?
7. 당신은 사업에 필요한 기본적인 기술을 보유하고 있지 않다면
기꺼이 필요한 기술을 습득할 때까지 계획을 지연할 수 있는가?

이력서와 자기소개서 작성

실직자의 재취업을 위한 준비는 다음과 같은 몇 가지 일로 요약할
수 있다.

1. 항상 연락이 가능한 연락처(무선호출기, 휴대전화, 전자우편,
전화 등).
2. 취업 관련 파일의 정리 및 보관.
   • 목표로 하는 회사의 목록과 정보.
   • 접촉한 사람과 접촉할 인사에 대한 정보.
   • 구직 광고에 대한 준비와 반응.
   • 근무처 및 필요한 자료 목록.
   • 이력서와 자기소개서 양식 및 자료.
   • 능력 평가 목록, 기술 자격증, 이력서 및 증빙 서류의 정리.
3. 취업을 위한 시험과 면접 등의 일정.
4. 이력서, 자기소개서, 면접 및 편지 쓰기에 대한 준비.

앞에서 기술한 준비와 더불어 구직기관에 제공할 수 있는 가장 중
요한 자료(제품)는 바로 나 자신이며, 자신을 스스로 판매하고 있는
것이다. 전술한 여러 가지 기술의 능력을 개선하는 데 최선의 노력을

해야 할 것이다. 가장 중요한 자료인 자신을 나타내는 핵심적인 요소가 자기소개서와 이력서이므로 이를 작성하는 데 전문가가 되어야만 한다.

특히 21세기 정보 및 지식 기반 사회, 글로벌 사회에 진입하면서 정보기술과 외국어에 대한 활용 능력은 인력 시장에 필수적인 요건으로 자기 자신의 일은 스스로 해결할 수 있는 능력을 배양해야 할 것이다.

그리고 구인기관에서 여러분들을 항상 접촉할 수 있도록 연락의 신속성과 정확성을 위해 항상 연결될 수 있는 연락처의 확보가 중요하다. 여기서는 이력서와 자기소개서를 작성하는 요령과 양식, 그리고 인터뷰 방법에 대하여 소개하고자 한다.

이력서 작성과 양식

정보화 및 지식 사회로 진입하면서 기업들의 채용 패턴 및 모집 방법이 달라지고 있다. 정기 채용 방식에서 상시 · 수시 채용 방식으로, 인재풀제, 채용엽서제, 리크루터제, PC통신과 인터넷을 통한 사이버 채용 방식, 온라인 채용 등 채용 패턴이 다양하게 되고 모집 방법도 학력 파괴, 나이 파괴, 성별 파괴로 필기시험을 폐지하고 서류전형과 면접에 치중하는 기업이 늘고 있다.

따라서 서류 전형에 필수적인 이력서와 자기소개서는 취업을 위한 1차적인 중요성을 가진다고 하겠다. 여기서는 국문 이력서와 영문 이력서를 구분하여 그 작성요령, 양식 및 작성 방법 등을 간단히 소개하고자 한다.

이력서의 작성 내용 및 요령
이력서는 개인의 능력, 인간성, 성실성 등을 나타내는 평가 기준이

되기에 서류 심사자로 하여금 좋은 인상을 가지도록 최선의 노력을
해야 할 것이다. 국문 이력서는 일반적인 양식을 사용하거나 구직기
관이나 기업이 요구하는 양식을 사용할 수도 있는데 몇 가지 작성 요
령을 소개하면 다음과 같다.

- 글씨는 자필(전자이력서의 경우 컴퓨터로 작성)로 정성 들여 기
  술해야 한다.
- 간단 명료하며 구체적으로 기술해야 한다.
- 과장 없이 있는 그대로 솔직하게 기술해야 한다.
- 응시한 기업과의 연계를 고려하여 경력을 기술해야 한다.
- 최근의 사진첨부와 항상 연락 가능한 연락처를 기술해야 한다.
- 경우에 따라 한문으로 쓰면 유리할 수도 있다.

영문이력서의 경우 국문 이력서와 달리 일정한 양식이 없기 때문에
내용뿐만 아니라 형식도 이력서의 목적에 부합하도록 자기 나름대로
창의력이 필요하다. 여기서는 영문 이력서를 작성하는 데 필요한 기
본적인 작성 내용을 소개한다.

- 개인 정보(Personal Identification) : 성명, 주소, 연락처, 생년월
  일, 성별, 인적 사항 등.
- 희망 직종(Professional Objective) : 지원자의 직업 목표, 희망
  업무나 부서를 명시한다.
- 지원 자격(Qualification) : 희망 직종에 부합되는 특기, 적성, 경
  력, 전공 등을 기록한다.
- 학력(Education) : 학력은 최근의 것부터 재학 기간, 학교명, 학
  과, 전공 등을 기록한다.

- 경력(Work Experience) : 희망 업무와 관련된 경력을 부각시켜 최근 경력부터 시간의 역순으로 기록한다.
- 병역 관계(Military Service) : 병역필(입대 일시와 제대 일시) 혹은 면제자로 기록한다.
- 신원보증인(References) : 추천인이나 신원보증인(친구, 친척, 선배 등)의 성명, 직장, 직위, 연락처를 추천인의 허락을 받아 기록한다.
- 기타(Etc.) : 학교 활동, 자격증, 수상경력 등 필요한 사항을 추가로 기록할 수 있다.

이상과 같이 간결하고 짧은 어구나 문장으로 영문 이력서를 작성하되 문법적으로 틀리지 않도록 주의해서 작성해야 한다. 그리고 전술한 모든 내용이 사실이라는 문장을 첨가한 후 자필서명을 한다.

영문 이력서의 작성 요령은 다음과 같이 몇 가지로 요약할 수 있겠다.

- 설득력 있는 어휘의 선택이나 표현.
- 전체적인 흐름의 일관성 문제.
- 결정적인 결함이나 꼬투리가 될 어휘나 문구는 피하도록.
- 범용 이력서보다는 구직기관이나 기업에 부합하는 맞춤 이력서를 작성.
- 간단 명료하고 구체적으로 기술(예, 말보다 숫자로 표현).
- 표현의 지혜(약점도 시각을 달리하면 장점, 숨겨야 할 것과 밝혀야 할 것).
- 6개월이 넘지 않는 실직상태는 빼되, 1년이 넘는 실직상태는 기록함. 그러나 현재 상태는 구체적으로 명시하는 것이 좋음.

이력서 양식

이력서는 문방구에서 판매하는 인사서식 제1호가 일반적으로 많이 이용되고 있다. 그러나 최근에는 전자 이력서 양식이 소개되고 있으며 [부록 6-1]과 같이 구직기관이나 기업에서 요구하는 양식도 있다. 컴퓨터의 양식은 자유 패턴으로 사용할 수도 있다.

영문 이력서의 경우 일반적으로 경력 중심의 이력서(Chronological Resume), 업무 중심의 이력서(Functional or Skill Resume), 결합형 이력서(Chrono-functional Resume)의 세 가지 유형이 있는데, 지원자에 따라 선택하여 쓸 수 있다. 업종에 따라 약간의 차이가 있으며 [도움이 되는 자료]에 소개된 『외국인 회사 들어가기 옮겨 가기』(이기대, 1999)를 참고하길 바란다.

입사지원서의 작성

구직기관이나 기업에서는 구체적으로 개인의 신상을 파악하기 위하여 소정의 지원서 서식을 가지고 있을 경우에는 해당 난에 깨끗하고 남김없이 기록해야 하며 외국어 능력은 구체적으로 토익(TOIEC)이나 토플(TOEFL) 성적을 기록하며 나머지는 이력서의 작성 요령과 동일하다.

자기소개서 작성과 양식

자기소개서 작성 요령

자기소개서를 작성할 경우 심사자의 호감을 얻기 위하여 몇 가지 작성 요령을 알아 둘 필요가 있다.

- 독창성이나 창의적인 자기소개서를 작성해야 한다.

- 문맥의 연결이 논리적이며 간결해야 한다.
- 강점을 살리고 단점을 감추는 지혜가 필요하다.

자기소개서 양식(국문)

자기소개서는 구직기관이나 기업체에서 요구하는 소정의 양식을 요구하거나 경력소개서로 대체하는 경우가 있다. 일반적으로 자기소개서의 내용으로는 성장 과정, 성격 유형, 인생관, 직업관, 결혼관, 지원 동기, 희망 직종, 장래 희망 등 들 수 있다. 이들 내용을 구체적으로 설명하면 다음과 같이 요약할 수 있다.

- 성장 과정 : 가족 관계, 가훈, 생활 정도, 가정 환경 등을 기술하되 특별한 성장 경험이나 의지, 주장을 설득력 있는 문장으로 기술한다.
- 성격 유형 : 적극적인 사고나 성실, 근면성, 정직성, 미래에 대한 도전 의지를 갖춘 활동적인 성격 등 개인의 성격 유형이나 행동 스타일을 진솔하게 표현한다.
- 인생관 : 개인의 삶의 목표에 대한 명확한 신념을 제시하는 것이 좋다. 직업이나 직종을 통해 어떻게 달성하고자 하는지 구체적으로 제시함으로 지원자의 건전한 삶의 이상을 확인할 수 있다.
- 직업관 : 직업을 선택하는 기준이나 목적, 직업에 임하는 태도, 그리고 직업을 통해 성취하고자 하는 의욕 등을 기술한다.
- 결혼관 : 결혼에 대한 본인의 생각이나 배우자의 선택 기준 등의 내용을 솔직하게 기술한다.
- 지원 동기 : 친구나 선배의 소개나 친지나 선생님의 추천보다는 기업의 경영 이념이나 사훈, 창업 정신, 기업의 이미지, 발전성 등에 대한 지원자의 능력을 발휘할 수 있는 비전과 일치한다는

등을 기술할 수 있다.

이때 주의할 점은 반드시 위의 모든 내용을 순서에 따라 작성해야만 하는 것은 아니라는 점이다. 오히려 위 양식에 따른 평범한 자기소개서보다는 지원하고자 하는 회사에 맞추어 자신을 잘 부각시키는 색다른 자기소개서가 수천 장의 자기소개서를 보고 있는 인사담당자의 눈에 더 잘 뜨일 수도 있는 것이다.

영문 자기소개서 작성법

영문 자기소개서의 경우 영문 이력서와 기타 제출 서류에 제공하지 못한 지원자의 장단점, 희망, 태도, 사상, 성장 배경, 교육 환경, 인간 관계, 의식 구조, 직업관, 사회관, 종교관, 취미, 조직 사회에 대한 지원자의 견해 등에 관하여 구체적으로 소개한다. 그러나 영문 자기소개서를 작성할 때 무엇보다도 중요한 것은 지원 회사의 취지와 인원 선발에 관계되는 진술이나 지원자의 능력, 자질, 학식, 포부, 지원 동기 등이 직접적 혹은 간접적으로 명확하게 잘 기술되어야 한다. 영문 자기소개서 작성시에 일반적으로 고려되어야 할 몇 가지 유의할 점을 열거하면 다음과 같다.

1. 지원자 자신을 스스로 면밀히 분석해 보아야 한다.
   - 나는 어떠한 사람인가?
   - 내가 할 수 있는 일은 무엇인가?
   - 나의 전문적인 기술 능력은 무엇인가?
   - 나의 경력은 어떠한가?
   - 나의 개성과 태도는 어떠한가?
2. 지원자는 지원 회사나 기관에 대하여 면밀히 분석해야 한다.

지원자는 지원 회사의 규모, 인적 구성, 보수 및 승진제도, 근무 조건 등을 정확히 파악하여 자신이 스스로 서비스를 제공할 수 있는 능력을 보여 줘야 한다.

3. 지원 기관에 합당한 직업관, 적응력, 기여도, 잠재력 등을 심도 있게 진술해야 한다.

4. 쉽고 간결한 문체로 전체 문장이 자연스럽게 연결되도록 작성하는 것이 좋다.

이와 같은 내용을 고려한 영문 자기소개서의 예는 〔도움이 되는 자료〕에 소개된 『면접 자기소개서』(수험문장평가연구회, 1999)와 『외국인 회사 들어가기 옮겨 가기』(이기대, 1999)를 참조하기 바란다.

면접 내용과 면접 요령

면접 내용

면접 시험은 필기 시험이나 서류 전형에 통과한 수험자들을 대상으로 실시하게 되는데 최근에 와서는 면접의 중요성이 더욱 강조되고 있는 추세이다. 면접을 통해 개인의 잠재능력이나 창의력, 업무추진력, 사고력, 가치관, 표현력, 상식, 사회성 같은 것을 확인하게 된다.

면접을 위한 사전 지식으로는 "나를 알고 남을 알면, 백 번 싸워 백 번 모두 이긴다"는 말과 같이 회사에 대한 정보(연혁, 사훈, 경영 이념, 창업 정신, 회사의 조직과 비전, 제품 등)는 물론 자기 자신에 대한 정보(지원 동기, 희망 직종, 자신의 장단점, 지원 부서 등)를 미리 알아 둘 필요가 있다.

면접의 질문 내용으로는 입사 동기가 가장 많으며 가족 관계, 건강 및 병역 관계, 성격 및 언어 구사력, 인간성, 직업관, 인생관, 적극성,

논리성, 협동심, 교우 관계, 어학 능력, 전공 능력, 상식 및 교양 등에 관한 질문을 주로 한다. 영어 면접의 구체적인 사례는 〔도움이 되는 자료〕에 소개된 국내 문헌을 참조하기 바란다.

면접 요령

- 예의바르고 자연스런 분위기.
- 밝은 표정과 단정한 용모.
- 간단 명료하고 성실한 대답.
- 논리적이고 자신감 넘치는 대답.
- 개성과 여유 있는 대답.

인터뷰 방법

직업 찾기를 위한 계획, 전문적인 이력서 준비, 소개서 쓰기를 도와주는 많은 서적과 자료들이 있다. 그 외에도 잠재적인 고용주의 이름, 그들의 주소, 담당자, 그리고 회사가 무엇을 하는지 간략한 설명이 들어 있는 목록이 있다. 공공 또는 대학 도서관이나 서점에서는 여러분의 특별한 요구와 목적에 맞는 더 많은 서적을 선택할 수 있도록 도와줄 것이다. 이력서 및 자기소개서에 대한 자료 양식은 이 장의 부록에 있는 자료를 참고하기 바란다.

인터넷 활용에 의한 직업 찾기

일반적으로 취업을 위한 정보는 자신의 경력과 기술을 잘 알고 있는 후원자(친구, 이전 직장의 고용주, 감독자, 동료, 부하직원, 친지 등)들이거나 동업조합, 시민단체, 종교단체, 노동단체, 동창회 등을 통하여 얻거나, 지역의 대표적인 기업이나 전국적인 규모의 대기업, 그리고 전문적인 기술 경력을 가진 사람들을 채용하는 기업들로부터 취업의 기회를 얻게 된다.

그러나 최근에는 정보 및 통신 기술의 급속한 발전으로 취업정보를 얻기 위해서 인터넷을 활용하거나 PC통신을 통해 구직 희망자들에게 정보를 제공하고 있다. 따라서 이하에서는 먼저 인터넷으로 제공되는 구인정보 제공 사이트를 살펴보고, PC통신 업체의 취업정보 서비스를 소개하고자 한다.

인터넷 취업정보 제공 서비스 사이트

- 네띠앙 취업채널(http://job.netian.com/) : 오늘의 구인정보, 아르바이트, 정보근로사업, 해외구인정보, 취업뉴스 제공.
- 노동부 고용안정정보망(http://www.work.go.kr) : 구인·구직에 관한 취업정보 안내
- 룰루의 취업정보(http://lulu.scout.co.kr/) : 오늘의 구인정보, 아르바이트, 정보근로사업, 해외구인정보, 취업뉴스 제공.
- 매일신문 구인정보(http://www.m2000.co.kr/cgi-bin/ bbs_guin/nbbs?p=guin) : 다양한 구인정보 게시판 제공.
- 신바람 일터 구인정보(http://job.combase.co.kr/guin/) : 고령인, 장애인, 자원봉사, 사무직, 전문직, 기술직, 컴퓨터 분야별 최근 채용공고 게재.
- 신보취업데이터뱅크(http://www.sinbo.co.kr/) : 종합 취업정보 서비스로 분야별 구인정보 매일 업데이트, 상시 채용 회사 안내, 관련 기사 게재.
- 인터넷 취업정보(http://www.istone.co.kr/) : 업종별 최근 채용 정보 제공.
- 엔아이티(주)(http://www.nit.co.kr/) : 국내외 인력 파견 전문업체. 해외 전산전문인력 파견정보, 구인정보 등 관련 채용정보 제공.

- 장원종합기술(주)(http://www.jec.co.kr/) : 인재파견, 엔지니어링 설계, 소프트웨어 개발 업체로 구인정보 제공, 관련 사이트 링크 모음.
- 한국프리랜서(http://www.freecom.co.kr/) : 통역, 번역, 디자인, 인터넷, CAD설계, 컴퓨터 교육 분야 프리랜서 업무 위탁, 업무 의뢰 및 요율표, 구인정보 안내.
- 코리아 호텔스(http://www.homestel.com/) : 온라인 관광/서비스 분야의 취업정보를 24시간 제공, 무료 회원제 운영.
- JOB(http://www.job.co.kr/) : 유망 사업정보, 온라인 구인광고, 구인정보, 기업홍보 제공을 목적으로 이용자가 정보 제공 가능.
- CWS Yougotit Recruiting Service(http://www.yougotit.co.kr/) : 인터넷상의 구인구직 관련 사이트를 검색한 뒤 전자메일로 구인정보를 제공하는 업체로서 가입안내 및 온라인 가입 양식 제공.
- 빌딩 링크(http://www.fmlink.co.kr/) : 건물관리 관련 구인 정보 수록.
- 전박사(http://www.drjun.co.kr/) : 전기 관련 구인정보 게시판 운영.
- 개발자 모집(http://www.infoage.co.kr/maso/jobopp/jobopp.html) : 월간 마이크로 소프트웨어 캠페인, 화사별 구인정보 제공.

검색사이트의 취업정보 제공 서비스

- 한국 야후(http://kr.search.yahoo.com/bin/search?p=%B1%B8%C0%CE).
- 한글 알타비스타(http://www.altavista.co.kr/cgi-bin/query?pg=q&KL=ko&enc=euckr&what=web&q=%B1%B8%C0%CE&kl=ko&na=&where=w).
- 네이버(http://dir.naver.com/search.naver?query=%B1%B8%C0%CE+).
- 심마니(http://search.simmani.com/cgi-bin/search.cgi?q=%b1%

b8%c0%ce&k=cat).

PC통신 업체의 취업정보 서비스

PC통신 업체들이 최근에 취업정보를 분야별로 세분화하여 제공함으로써 해당 직종의 구직 희망자들에게 도움이 되고 있다. 취업정보를 단순히 열거하던 백화점식 정보 제공에서 벗어나 컴퓨터 전문직을 비롯한 스튜어디스, 병역특례 업체, 주부 취업 등 사이트의 전문화로 다양한 정보사이트를 개설하고 있다.

정보이용료는 사이트별로 조금씩 차이가 있지만 대부분 분당 50-100원이며 일부 사이트는 분당 300원까지 받고 있다. 한 PC통신 업체 관계자는 "과거의 종합 취업정보에 비해 최근에 생겨나고 있는 전문 취업정보 이용률이 월등히 높기 때문에 갈수록 다양한 정보를 제공하게 될 것"으로 전망하고 있다.

유니텔의 취업정보 서비스

유니텔의 취업정보 서비스의 주요 내용은 〈도표 6-2〉와 같다. 이 도표에서 보는 바와 같이 '아르바이트 알리미'는 원하는 아르바이트 조건을 입력해 놓으면 그 조건의 구인광고가 접수되는 대로 즉시 호출기나 핸드폰으로 연락받을 수 있는 사이트이다. 전화(02-700-9062)로 자신의 이동통신 번호를 입력하면 아르바이트 내용과 연락처를 확인할 수 있다.

'승무원 취업상담'에서는 국내 항공사뿐만 아니라 싱가포르, 타이, 노스웨스트 등 외국 항공사의 스튜어디스와 통역사 구직정보를 회사별로 상세하게 제공한다. '경력직 채용'의 경우 국내외 기업의 경력직 채용 공고를 비롯해 재취업 요령, 명예퇴직 대응 요령 등을 제공하며 매주 받아 볼 수 있는 맞춤 취업정보도 서비스하고 있다.

 유니텔의 취업정보 서비스

서비스 내용	주소
건축, 건설, 인테리어	go GUN
호텔, 관광, 서비스	go HOTELS
세계취업/해외취업 갈라잡이	go IJOB/OJOB
보건의료계	go MEDJOB
무역, 어학, 해외영업	go ABTC
아르바이트 알리미	go SEEKJOB
무료 취업, 창업 교육	go JOBEDU
디자이너, 광고인	go DGJOB
헤드헌팅	go head
승무원/여성 전문직	go AIRLINE/YALE
컴퓨터, 인터넷	go COIN
출판잡지 취업, 실무/경력직	go PUMA/CAREER

하이텔의 취업정보 서비스

하이텔의 취업정보 서비스는 〈도표 6-3〉과 같다. 여기에서 '프리랜서, 전문직 취업정보'는 각종 전문 프리랜서를 찾는 업체를 소개하며 임금 등과 같은 구체적인 근무 조건을 알려주고 있다. 또한 프리랜서가 되기를 원하는 사람들을 위한 안내정보도 제공한다.

'엑스트라, 방송 출연 정보'의 경우는 드라마와 영화 단역 출연 정보와 연예가의 오디션 정보를 담고 있다. '필자 은행'은 작가, 번역가, 대필자 구직 희망자들에게 필자 섭외자, 출판, 연재 아이템 기획자 등을 소개해 준다.

서비스 내용	주소
학원 강사, 개인 지도	go kangsa
무역, 어학, 해외영업직	go abtc
번역, 통역	go transl
출판잡지 취업, 실무	go puma
언론방송인	go jobtv
나레이터	go nmodel
프리랜서, 전문직	go freel
디자이너, 광고인	go dgjob
스포츠, 레저산업	go ljob
엑스트라, 방송 출연	go xtra
문화, 예술인/관광여행업	go artjob/atjob
미국 인턴, 국제기구	go usintern
금융, 회계, PC경리	go finjob
비서직 화상 채용	go bjob
공무원, 공공기관, 단체	go gong
필자 은행	go pkank
병역특례 업체	go link
틈새직, 유망 3D직종	go djob

나우누리의 취업정보 서비스

나우누리는 〈도표 6-4〉와 같이 취업정보 서비스를 제공하고 있다. '전역장병취업 정보'는 전역장병들에게 취업에 대한 각종의 정보와 사회적응 프로그램을 안내하고 있다. 전역장병을 원하는 업체에 직접 취업을 알선해 주기도 한다. 대상자들을 고려해 이용료도 분당 30원 으로 취업사이트 가운데 가장 저렴하다.

'국제기구, 인턴십 취업정보'에선 유엔아동기금(유니세프) 등 각종 국제기구의 채용정보와 지원 자격, 직무 내용, 임기, 모집 방법 등을 분류해 상세하게 알려준다. '틈새직, 유망 3D업종 정보'는 취업을 꺼리는 분야 중 유망직종을 집중적으로 소개한다.

 나우누리의 취업정보 서비스

서비스 내용	주소
학원 강사, 개인 지도	go KANGSA
외국계 회사	go JOBHUNT
스튜어디스	go AIRNEWS
프리랜서	go FREEL
경력직	go JOBSKILL
여성 전문직	go CAREER
언론, 방송인	go JOBTV
전역장병	go MJOB
디자인, 광고인	go DGJOB
주문형 컴퓨터	go COMJOB
국제기구 , 인턴십	go JOBINTER
틈새직, 유망 3D직종	go DJOB

넷츠고의 취업정보 서비스

넷츠고의 취업정보는 〈도표 6-5〉와 같이 그 서비스 내용을 소개하고 있다. '공무원, 공공기관, 단체 취업정보'는 공공부문을 비롯하여 환경단체 등 각종 비영리 민간부문과 공익부문, 정부재투자기관 등의 채용정보를 싣고 있다. '병력특례 업체 정보'는 군대를 가지 않고 합법적으로 자신의 전공 분야를 살려 일할 수 있는 산업기능요원, 전문

연구요원 등에 대한 정보를 담고 있다.

 넷츠고의 취업정보 서비스

서비스 내용	주소
아시아, 일본 취업	go JJOB
일하는 여성	go WW
3D, 농어촌 일손	go 3DJOB
홈비즈니스	go HBC
무역, 어학 특기자	go ABTC
전자, 정보통신	go PROJOB
호주 취업	go HOJOO
벤처, 유망 중소기업	go VBJOB
고령자 구직	go SILVER
보건의료계	go MEDJOB

천리안의 취업정보 서비스

천리안의 취업정보 서비스는 〈도표 6-6〉과 같다. 이 표에서 '학원 강사, 개인 지도'는 학원 강사와 개인 지도 교사의 구인구직정보를 매일 자세하고 신속하게 제공하고 있다. 구인, 구직 신청서를 등록하면 연결도 해주며 학원 설립에 관한 관련법규, 교재 등의 정보를 제공하고 있다.

'외국계 회사'는 컴퓨터, 금융, 유통 등 분야별 외국계 회사 구인정보를 담고 있다. 영어 면접, 서류 준비 등 외국계 회사 취업을 위한 사전 정보와 이력서, 자기소개서 작성법을 안내한다.

서비스 내용	주소
병역특례 업체	go joblink
초중등교원 임용고사	go educity
기계, 전기, ENG, 화학	go engin
자동차, 항공, 해운, 운전직	go carjob
국제 채용	go irs
호텔, 관광, 서비스업	go hotels
번역, 통역	go transl
금융, 회계, 경리, 비서직	go finjob
외국인 회사	go jobht

이상에서 국내 PC통신 업체들의 일자리 정보를 사이트의 전문화로 제공하고 있는데 PC통신으로 일자리를 찾는 방법을 간단히 요약하면 다음과 같다.

첫째, PC통신에 접속한다. ID를 가지고 있지 않으면 각 통신사에 접속하여 ID부터 획득해야 한다.

둘째, 통신메뉴의 '취업면'을 클릭한다. 통신메뉴의 '취업면'에 커서를 옮겨 놓고 클릭한다.

셋째, '취업면'에서 필요로 하는 정보사이트를 탐색한다. 전문사이트 가운데 필요로 하는 일자리가 있는 사이트를 찾는다.

넷째, 선택한 일자리를 신청한다. 구체적인 정보를 이용하여 일자리를 신청한다.

이외에도 취업정보를 신문이나 전문 잡지를 통해서 찾을 수 있다. 신문에는 구인광고란이나 취업정보란에서 정보를 얻을 수 있다. 그리고 업종에 따라 전문 잡지나 특정 집단을 위한 전문 분야의 신문(교수

신문, 교원신문, 문화일보, 중소기업신문, 전자신문 등)에서 정보를 얻을 수도 있다. 오늘날의 경제 상황에서 취업에 대한 경쟁은 더욱 치열하게 될 것이다. 앞으로 구인광고에는 개인에게 수십 장, 심지어 수백 장의 이력서를 요구하게 될 것이다.

기업 및 무역 관련 잡지를 참고할 수도 있다. 이들은 고용 동향에 대한 좋은 자원이 될 수 있다. 이들이 발간한 내용들은 현황 및 추세, 미래의 전망 등 신제품과 새로운 서비스 내용을 소개하고 있어서 여러분의 취업 기회를 자극하게 될 것이다.

취업을 위한 모집 대행회사를 찾는 경우도 있다. 고급 직장을 얻기 위한 다른 접촉 방법이다. 사원모집 대행회사는 여러분이 아닌 그들의 고객을 위해 일한다. 사원모집 대행회사를 찾는 것은 지원자의 자격조건이 그들의 고객이 원하는 바와 특정 직장에서의 요구와 일치하게 될 때 이루어지는 매우 엄격한 취업 조건을 요구하고 있다. 미국의 경우 사원모집 대행회사를 통해 직업을 얻는 것이 얼마나 어려운 일인가를 잘 보여 준다. 1993년에 사원모집 대행회사는 전국적으로 약 7,000개의 관리직 종사자가 100:1의 경쟁률을 뚫고 취업하게 되었다.

성공적인 직업 찾기 활동 계획의 중요한 요소를 들면 다음과 같다.

첫째, 직업을 찾기 위한 접촉과 여러분이 가지고 있는 기술에 적합한 관련 경력에 대한 다양한 정보를 모으기 위해 정보네트워크를 적극적으로 활용한다.

둘째, 여러분의 특별한 경험과 기술 경력을 요구하는 구인광고에 적극적으로 참여한다.

셋째, 가능한 한 많은 사원모집 대행회사에 여러분의 자격을 알리고, 검색 회사의 데이터 뱅크에 여러분에 대한 정보가 들어가 있도록 한다.

벤처창업 및 해외취업

벤처창업

벤처창업은 새로운 기술과 아이디어를 사업화하는 과정에서 경영의 위험성이 매우 높지만 성공할 경우에 상당한 수익이 기대되는 사업을 새롭게 시작하는 것으로 실직자들이 그들의 오랜 경험으로 축적한 전문적인 기술과 아이디어를 바탕으로 사업을 시작할 수 있는 용이한 방법이다.

IP창업, 인터넷창업, SOHO창업, 대학교 창업 지원/보육센터나 동아리, 창업 전략, 창업 도우미, 창업 사례, 창업가 등 다양한 창업정보를 제공하고 있는 대표적인 사이트를 소개하면 다음과 같다.

- http://www.naver.com/Business/Business_Oppotunities/
- http://kr.dir.yahoo.com/Business_and_Economy/Business_Opportunities
- http://altavista.co.kr/cgi-bin/query?pg=q&what=web&kL=ko&enc=euckr&q=%C7%D8%BF%DC%C3%EB%BE%F7&kl=ko&where=w&search.X=9&search.y=11

외국인 회사 및 해외취업정보

외국인 회사나 해외취업은 국내회사와 여러 가지로 다른 점이 많다. 예컨대, 국내에서 6천 개에 달하는 외국인 회사의 일반적인 기업문화의 일단을 소개하면 몇 가지로 요약할 수 있겠다.

- 신입사원과 고참사원의 차이가 없다.
- 학력과 성별의 차이가 없다.

- 급여가 국내기업보다 높다.
- 자유롭고 쾌적한 근무 환경이다.
- 연봉제와 같은 계약 관계로 장래가 확실하게 보장되지 않는다.
- 승진에 한계가 있다.

해외취업을 위한 직업 소개 및 파견 기업들에 대한 정보사이트와 IMF로 인한 실업의 고통을 분담하기 위하여 실직자들에게 재취업의 기회를 얻는 데 조금이나마 도움이 되기 위해 개설된 사이트로 인터넷에 소개되는 취업관련 정보사이트들을 모아 링크시켜 한자리에서 검색이 가능하도록 한 사이트는 다음과 같다.

- http://search. naver.com/search.naver?where=3&oldquery=%C3%EB%BE%F7&query=%C7%D%8%BF%DC%C3%EB%BE%F7&restrict=O&field=O
- http://myhome.shinbiro.com/~crycho/main.html

취업 사기 유형에 대한 사례와 주의 사항

실직자들의 절박한 구직심리를 이용한 취업사기가 IMF체제 속에서 예전과 양상이 매우 달라졌다. 사회 경험이 부족하여 세상 물정을 모르는 사회초년생들이 주로 사기꾼의 희생자였던 과거와는 달리 요즘 취업 사기의 대상자는 40-50대의 중년층이 많다. 명예퇴직자나 조기퇴직자들이 다년간의 직장 경험으로 사기 수법에 잘 안 넘어갈 듯 보이지만, 그럼에도 불구하고 명퇴자들이 취업 사기의 덫에 잘 걸려드는 이유는 이들이 대부분 가정의 생계를 책임지고 있는 가장이라는 점 때문이다. 이들은 "일단 직장부터 잡고 보자"라는 조급함에 사로잡히기 쉽고 생계 곤란과 직결되므로 이로 인해 구직이 선행되어야 할 신중함을 잃는 경우가 많다.

또한 실직자들이 자신에 대한 남들의 이목에 지나치게 신경 쓰는 태도도 취업 사기를 당하는 원인으로 지적된다. 즉 취업을 위해 한창 준비 중인 젊은이와는 달리 중장년 실직자는 '본인이 주위 사람에게 자칫 인생의 낙오자로 비춰지지 않을까?' 라는 체면 의식에 사로잡혀 단기간에 섣부른 취업을 하게 되는 경우가 많다. 이런 성급한 행위는 사기 피해를 부추기는 결과를 초래한다.

창업 사기도 예전보다 눈에 띄게 증가했다. 가장 큰 이유는 예전보다 소자본 창업 아이템이 늘어났다는 점을 들 수 있다. 직장으로부터 실직 통보를 경험한 사람들 중에는 직장 생활 자체에 회의를 느껴 다시는 직장 생활을 할 마음이 없는 경우가 많다. 이들은 대개 창업을 꿈꾸게 되는데 5천만 원 정도의 소자본으로 창업 가능한 아이템이야말로 당장 황금알을 낳은 거위처럼 보이기 쉽다. 즉 퇴직금만 믿고 너무 쉽게 창업에 도전하는 경솔함이 사기범들에게 창업 사기의 기회를 제공하는 것이다.

따라서 이하에서는 취업 사기에 대한 몇 가지의 사례를 살펴보겠다. 이를 통해 실직자들이 취업사기로부터 자유함을 얻기 바란다.

[사례1] 생활정보지를 이용한 허위 광고

실직자가 사기를 당하는 데는 허위 구인광고를 그대로 믿고 입사원서를 냈다가 낭패를 당하는 경우도 있다. 특히 생활정보지의 구인광고 중에는 실직자를 상대로 한 허위 광고가 많으므로 액면 그대로 믿었다가는 큰 피해를 볼 수 있다. 대표적으로 1998년 1월에 있었던 생활정보지의 구인광고를 이용한 유령 회사 여권 사기 사례를 들 수 있다.

무역 업체로 위장한 이들 사기단은 구인광고를 보고 찾아온 실직자로부터 입사원서를 받아 합격 통보를 한 후 중국 출장이 잦다며 주민등록증과 사진 등 여권 발급에 필요한 서류를 가져오라고 했다. 관련 서류를 받아 챙긴 사기단은 여행사를 통해 여권을 발급받아 중국으로 달아났고 여권은 중국에서 고가로 팔린 것으로 확인됐다.

생활정보지 광고에는 교사나 상담원 직종을 내걸고 거짓 광고를 하는 경우도 많아 생활정보지에 실린 '유아교육 상담', '교재 만들기 선생님' 따위의 모집광고는 일단 의심해 볼 필요가 있다. 이들은 모집생을 대상으로 몇 주 정도 교사 교육까지 받게 해 안심시킨 후 정식 채용조건으로 그림책이나 CD 등을 파는 경우가 많다. 얼마 전 실직자 P 씨는 생활정보지에 게재된 '관리직 구함' 이라는 광고를 보고 입사했는데 들어가서 보니 수입CD 판매회사의 영업직이었다.

이와 같이 일간지나 생활정보지에 '홍보직·관리직·교육연수직 모집' 이나 '간부후보직 모집' 과 같은 구인광고의 대부분은 영업직이나 판매직인 경우가 많다. 회사의 설립 연도, 자본금, 직원 수, 모집 직종 및 보수 조건 등을 충분히 확인한 후 취업 여부를 결정해야 할 것이다.

[http://www.mannam.co.kr/~event/0219.htm]

[사례2] 금융피라미드 사기

1개월에 20%의 이자를 주겠다며 투자자를 모집한 뒤 피라미드 판매 방식으로 회원을 늘려 4개월 만에 1,000여 명의 투자자로부터 326억 원을 받아 가로챈 '금융피라미드' 조직이 경찰에 적발됐다.

부산지방경찰청은 20일 B파이낸스 회장 윤모(51세) 씨와 대표 김모(32세) 씨 등 4명에 대해 특정경제범죄 가중처벌법 위반 혐의로 구속영장을 신청했다. 경찰은 이 회사 영업부장 백모(40세) 씨 등 3명을 같은 혐의로 불구속 입건했다. 윤 씨 등은 1999년 2월 23일 B파이낸스를 설립하고 법인설립 후 자본금을 즉시 인출하는 수법으로 B무역 등 6개의 유령 자회사를 만든 뒤 1개월에 20%의 이자를 지급한다고 광고해 1,000여 명의 투자자를 모집, 326억 원을 받아 챙긴 혐의다.

경찰조사 결과 윤 씨 등은 투자 1계좌를 50만 원으로 정하고 계좌 수를 늘린 투자자들에게 골드마스타, 마스타 등의 등급을 부여한 뒤 이들이 회원 확보를 통해 계좌 수를 늘릴 때마다 투자금의 1%를 수당으로 지급한 것으로 드러났다. 윤씨 등은 레포츠 단지를 조성한다는 허위 사업계획 등으로 투자자를 끌어들였으며 그 동안 회원을 늘이기 위해 이자와 수당 등으로 200여 억 원을 지급한 것으로 밝혀졌다(《동아일보》, 1999년 6월 20일자 참조).

[http://job.donga.com/hl/news/content.asp?board=9&page=1&id=1364]

[사례3] 실직자 울리는 택시회사 취업 사기

수원시 송죽동에 사는 송모(40세) 씨는 1998년 다니던 직장을 그만둔 뒤 생활정보지 구인광고를 보고 성남의 효성운수를 찾아간 것은 지난해 봄이었다. 효성은 기사들이 냉장트럭을 일년 간 1,000만 원에 임대 계약해 냉동제품 유통회사에서 일하도록 한 뒤, 총 급료 가운데 관리비와 보험료 등 40만 원을 제외한 180만 원을 월급으로 약속했다.

효성은 하루 1회의 배달업무와 8시간 근무를 약속했다. 그러나 실제로는 하루 12시간 근무와 2회 이상의 배달로 육체적으로 견딜 수 없어 올해 초 송 씨는 스스로 퇴사하게 되었다. 효성은 기사들이 그만둘 때마다 임대계약금의 50%를 감가상각비와 소개료로 떼고 나머지는 지불각서만 써 주는 방식으로 임대계약금을 통째로 챙겼다.

지금까지 효성은 60여 명으로부터 가로챈 계약금만 5-6억 원이 되며 게다가 지난달에는 갑자기 회사문을 닫게 되었다. 효성의 사장은 이유 없이 부도를 내서 실직자들의 빈주머니까지 노리는 사기행각이 IMF시대에 극도로 각박해져 가는 사회 현실을 대변하는 듯하다.

[http://www.itv.co.kr/News/itv_news/report/199808/r0805_4. htm]

[사례4] 동포 사기에 피 멍든 한국 기업

가정용 조명기구 전문제조 업체인 삼보조명은 1994년 2월 중국 진황도에 합자회사 형태로 진출하게 되었다. 언어 장벽으로 인하여 박모(여) 씨를 관리부장으로 채용하여 통역과 직원 관리 및 비용을 처리하게 되었다. 박 씨는 회사 기밀을 알고 있다는 이유로 회사에 아파트를 사달라는 등 무리한 요구로 박 씨를 4월에 해고했다. 또한 두 사람의 조선족 수금사원이 거래처로부터 받은 공금 1천4백50만 원을 착복하고 달아났다.

한국대사관에 접수된 자료에 의하면 1996년 한 해 동안 조선족에 의한 한국 기업인의 사기 피해 건수는 18건이며 1건에 20억-30억 원에 이르는 사례도 있다. 한국인에 의한 조선족 취업사기 피해 건수의 1/3밖에 되지 않는 수치라고 조선족은 감정의 골이 깊다.

흑룡강성 하얼빈 시에는 1996년 말 현재 한국 기업이 1백6십여 개 진출해 있으나 1백4십여 개가 스스로 망했든지, 조선족 사기에 의해 망했든지 이미 문을 닫았다고 한 건설업자가 전한다. 조선족에 의한 사기 피해가 적지 않음을 대변하고 있다.

조선족에 의한 사기 문제를 공개적으로 논의하기에는 서로에게 득이 될 것이 없음은 분명한 사실이다. 한국 기업에 의한 조선족 피해도 마찬가지이다. 하지만 분명한 사실은 일부 조선족이나 한국인의 행태 때문에 조선족이나 한국인 전체가 서로를 불신하는 '동족상잔'의 양상으로 치달아서는 안 된다는 것이 관련자들의 공통된 조언이다.

[http://myhome.shinbiro.com/~kis705/m2/article2.html]

[사례5] 사무직 취업 사기의 7가지 유형

1. 신문이나 생활정보지 등에 구인광고로 일주일에 한두 번씩 꾸준히 올라오는 회사 광고는 의심의 대상이다.

2. 여러 개의 사무직과 영업직 부서 인원을 모집한다고 사이트에 등록해 놓고(○○영어사, ○○어학원, ○○미디어 등) 일단 사람이 오면 사무직은 인원이 마감됐다고 다른 부서로 보내는 회사는 의심해 봐야 한다.

3. 회사명이나 주소 그리고 전화번호가 없이 그냥 '○○우체국 사서함'으로 되어 있는 경우는 각별히 유의해야 한다.

4. "면접 보러 오라"는 전화가 와서 면접부터 보고 결정하자고 얘기하는 회사는 본인이 원하는 부서가 아니라 주로 영업부서로 가게 되니 조심해야 한다.

5. 면접장에 ○○본부장이나 ○○팀장과 같은 호칭은 소사장 제도로 운영됨으로 각 팀이나 본부별로 사람을 모집하는데, 면접장에 사람들이 너무 많고 지원자의 연령이 천차만별인 경우는 의심해야 한다.

6. 회사명을 속여 가며 사람을 모집하는 경우 모 중견그룹계열 유통회사 영업부서라고 하면서 회사명을 가짜로 사이트에 등록해 놓고 광고를 내서 사람을 모집하는 경우도 있다.

7. 인터넷 취업사이트에 하나의 회사가 모집 직종이나 응시 자격 등을 서로 다르게 등록해 놓는 경우가 있다. 이때는 반드시 전화로 확인해 보면 의심이 갈 것이다.

   [http://job.donga.com/hl/news/content.asp?board=9&page=1&id=629]

수험문장평가연구회 편저, 『면접 자기소개서』, 도서출판 문장, 1999.

이기대, 『외국인 회사 들어가기 옮겨 가기』, 청림출판, 1999.

중앙일보, 1999년 5월 28일, 16면(http://www.joongang.co.kr).

Andrew D. Szilagy, Jr., *Management and Performance*, Santa Monica, California, Goodyear Publishing Company, 1981.

Townsend Albright, *How to Hold It All Together When You've Lost Your Job*, VGM Career Horizons, NTC Publishing Group, Illinois USA, 1996.

SBA Directory, *Small Business Administration Pamphlet* : *"Checklist For Going Into Business"*, MP-12, Management & Planning Series, SBA Publications, Texas, US Small Business Administration.

[부록 6-1] 국문 이력서의 표준 형식과 자기소개서

<table>
<tr><td rowspan="7">사 진
(반명함판)</td><td colspan="4" style="text-align:center">이 력 서
CD-ROM 전자이력서 수록용</td><td colspan="2">학생</td></tr>
<tr><td colspan="4"></td><td colspan="2">일반</td></tr>
<tr><td>성 명</td><td colspan="2">(한글)　　　　　(영문)</td><td>성 별</td><td colspan="2">1.남 2.여</td></tr>
<tr><td>주민등록번호</td><td></td><td>연 령　만　세</td><td>생년월일</td><td colspan="2"></td></tr>
<tr><td>주 소
(현거주지)</td><td colspan="5">□□□-□□□</td></tr>
<tr><td rowspan="2">연 락 처</td><td colspan="5">(집)　　　　(회사)　　　　(휴대폰)</td></tr>
<tr><td colspan="2">(호출기)</td><td colspan="3">(E-mail)</td></tr>
<tr><td>신체사항</td><td colspan="5">(신장)　cm　(체중)　kg　(시력) 좌: 우: (혈액형)　(결혼)1.미혼 2.기혼</td></tr>
<tr><td>가족관계</td><td colspan="2">부 모 남 녀 중 제</td><td>주거형태</td><td colspan="2"></td></tr>
<tr><td>병역구분</td><td colspan="2">1.필 2.미필 3.면제</td><td>면제사유</td><td colspan="2"></td></tr>
<tr><td>군 필</td><td colspan="2">1.육 2.해 3.공 4.해병</td><td>계 급</td><td>복무기간</td><td></td></tr>
</table>

학 력 사 항

<table>
<tr><td rowspan="2">고등학교</td><td>1.인문계 2.상업계　년 입학 성적</td><td rowspan="2">대학</td><td rowspan="2">학과</td><td>년 입학　평점</td></tr>
<tr><td>3.공업계 4.기타( ) 년 졸업 (상 중 하)</td><td>년 졸업(점)</td></tr>
<tr><td>전문대학</td><td>학과　년 입학　평점
년 졸업(점)</td><td>대학</td><td>학과</td><td>년 입학　평점
년 졸업(점)</td></tr>
<tr><td>전 공</td><td></td><td>부전공</td><td colspan="2"></td></tr>
<tr><td>학 위 논 문</td><td colspan="4">논문제목:</td></tr>
<tr><td>논 문 요 약</td><td colspan="4"></td></tr>
</table>

• 학위 논문은 학사, 석사, 박사 학위 논문을 말하며 시험으로 대체된 경우에는 생략 가능.

교 내 외 활 동

<table>
<tr><td>교 내 활 동</td><td>동아리:</td><td>학생회:</td></tr>
<tr><td>교 외 활 동</td><td>교외동아리:</td><td>봉사활동:</td></tr>
<tr><td>아르바이트</td><td>업종:</td><td>기간:</td></tr>
<tr><td>상 벌 사 항</td><td>간부경력:</td><td>포상:</td></tr>
<tr><td>기 　 타</td><td colspan="2"></td></tr>
</table>

희 망 직 종

1차희망직업	업종:		직종:		분야:
2차희망직업	업종:		직종:		분야:
희 망 급 여	월　　만원　상여　　%(or) 연봉　　만원		희 망 근무지	1.　　　2.	
별도희망발송업체				해외희망근무지:	

• 분야는 개인 희망 분야 임의대로 기록.

자 격 취 득 사 항

구 분	자 격 종 목	취 득 일 자	발 급 처	비 고
1				
2				
기 타				

• 자격증 활용사항 기재가능.

외 국 어 능 력

외 국 어	회　　화	작　　문	독　　해	
영　어	상　중　하	상　중　하	상　중　하	TOEIC:
일　어	상　중　하	상　중　하	상　중　하	TOEFL:
기　타				
외국연수 및 여행경험	연구 □　여행 □　목적:			
	지역:			
기　타				

컴 퓨 터 능 력

운영체계	리눅스 □　　　윈도우95 □　　　NT □　　　기타유닉스 □　(운영체제명:　　　　　　)		
사용할 수 있는 프로그램	MS 워드 □　　　　　엑셀 □　　　　　파워포인트 □ 엑세스 □　　　　　바인더 □　　　　　아래아한글 □ 기타 (프로그램명:　　　　　　　)		
사용언어	C언어 □　　C++ □　　파스칼 □　　베이직 □　　코볼 □　　포트란 □		
사용기간	3개월 이상 □　　6개월 이상 □　　1년 이상 □　　2년 이상 □　　5년 이상 □		
자주 가는 인터넷사이트	http://		
기타			

자 기 소 개 서 (상세히 기재)

성장과정	
취미 특기	
결혼관 (미혼)	
직업관	
장래계획	
문화활동	
기타	

경 력 일 반

구 분	근무회사	업 종	기 간	근무부서	주요 담당 업무
1					
2					
3					
4					
기 타					

창 업 경 험

구 분	회사명	업 종	간략한 사업 설명
1			
2			
3			
기 타			

추 진 업 무 상 세

구 분	업무명	담당팀구성	중요업무	업무상세
1				
성과:				
2				
성과:				
3				
성과:				
4				
성과:				

• 기술직은 '추진업무' 와 '업무상세' 만 기록해도 관계 없음.

자 유 기 록

• '자유기록' 은 추진업무상세 중 중점 부각시킬 내용이나 연장기록란으로 활용할 수 있음.

[부록 6-2] 영문 이력서의 표준 형식과 작성 사례

A. 영문 이력서의 표준 형식

	표1. Chronological	표2. Functional	표3. Chronofunctional
연락처	Name Address Phone Number	Name Address Phone Number	Name Address Phone Number
기입할 항목	Objective ________ Experience ________ ________ ________ Education ________ ________ Personal ________ References ________ ________	Objective ________ Skill Area ________ ________ (Project) ________ (Sales) ________ (Marketing) ________ Experience ________ Education ________ References ________	Objective ________ Profile ________ Skill Area ________ (Project) ________ (Sales) ________ Experience ________ ________ Education ________ References ________
특징	검토하는 사람의 입장에서 가장 보기 편한 형태	과거가 있는 사람에게 정상 참작의 여지가 많은 형태	전문직이며 경력을 좀더 강조하기에 좋은 형태
Type	표1. Chronological	표2. Functional	표3. Chronofunctional

B. Chronological Type Sample

<table>
<tr><td colspan="2">Chronological Type Sample ① / Marketing</td></tr>
<tr><td colspan="2" align="center">Grace Park
Hwang Kum Apt. 201-105
282 Hwang Kum Dong
Daegu 706-040 Korea
(H) 82-53-273-7777
grpark@internetwork.net</td></tr>
<tr><td>Objective</td><td>Marketing Director Position in a Service Company.</td></tr>
<tr><td>Experience
1994-Present</td><td>King Distribution Co.
<u>Jr. Marketing Director</u>
Supervise Admins. in the Sales Division.
Provide administrative support for sales team.
Maintain daily work checking and monthly sales update.
Coordinate direct mailing for potential customers.</td></tr>
<tr><td>1992-1994</td><td>Juang Department Store
<u>Sales support personnel</u>
Maintained DB files for customers.
Prepared informative materials for marketing manager.
Performed a satisfaction survey with an Advertising magazine.</td></tr>
<tr><td>Education</td><td>Bachelor of Business Administration, 1992
Daehan University</td></tr>
<tr><td>Computer</td><td>Windows 98
Proficient in MS Excel, MS Access</td></tr>
<tr><td>References</td><td>Available upon request</td></tr>
</table>

Hope Kim

Dong San Apt. 301-701

1234 Heang Dang Dong

Seoul 105-070 Korea

(H) 82-2-717-7777

hokim@internetwork.net

Objective

Position of Vice Persident in Information center. A result-oriented Information System director with over 10 years of achievement in various industries. Known for dynamic leadership that estabilished employers as a Information leader in regional operation.

Experience

1993 - Present   Senior, information Support Centor, 21c informatiml Commuication
* Report to CIO(Chief Information Officer).
* Manage 20 Information centers in global areas.
* Develop a Netware that connected with the Information centers in the global area.

1991-1993   Junior Manager, IS department, Korea Co.
* Reported to General Manager in Korea Company.
* Design the Website of Korea Company.
* Established a data warehouse that composed of 180 data bases.
* Handled in data base of Web page for all advertising, promotions and events.

1987-1991   MK Shopping center, Seoul, Korea
Information personnel
* In charge of 5 distributors, 12 direct accounts and 3 sales staffs.
* Manage and maintain the Information of daily operations for shopping center.
* Developed database for three distribution channels which covered to national area.

Education

B.S., Daehan University, 1987 Major: Management Information

References Available Upon Request

Hope Kim
Dong San Apt. 301-701
1234 Heang Dang Dong
Seoul 105-070 Korea
(H) 82-2-717-7777
hokim@internetwork.net

OBJECTIVE

A responsible career opportunity in XYZ company as an Electronic Engineer.

EDUCATION BACKGROUND

M.S., University of London, 1997
Major : Electronic Engineering

B.S., Daehan University, 1995
Major : Electronic Engineering

WORK EXPERIENCE

Faith Electronics

1997 - Present

Project Engineer
Coordinate engineers in R&D laboratory with design, development modifications to new porduct.

* Train electronic technician in use of equipment.
* Working as a liaison between Manufacturing and R&D.
* Responsible for the preparation of test equipment.

summer 1994

Vision Electronics

Internship Students
* Assisted engineers working at test labs.

SOFTWARE SKILLS

Programming capability with Visual Basic, C^{++}, & SQL

REFERENCE

Available upon request

C. Functional Type Sample

Functional Type Sample ① / Marketing

Grace Park

Hwang Kum Apt. 201-105

282 Hwang Kum Dong

Daegu 706-040 Korea

(H) 82-53-273-7777

grpark@internetwork.net

Objective
* Young, highly motivated Marketing manager with 5 years experience in major conglomerate.
* Excellent record of achievements.
* Dedicated support to individuals in various situations.

Skills
* Able to provide administrative support for staff.
* Have a know how in Internet Marketing.
* Safely manage seminar type events.
* Could cooperate with media people.
* Expect in Windows 98.
* Have working knowledge in MS Excel & C++.
* Proficient in MS Word 7.0 & MS Access.

Experience

1994 - Present

King Distribution Co.

Jr. marketing Director

1992 - 1994

Juang Department Store

Sales Support Personnel

Education

Bachelor of BA,1992

Daehan University

References

Available upon request

Hope Kim
Dong San Apt. 301-701
1234 Heang Dang Dong
Seoul 105-070 Korea
(H) 82-2-717-7777
hokim@internetwork.net

SUMMARY

A result oriented young engineer with 3 years experience and overseas education. Capable of fluent communication in English.

SKILLS

* Outstanding communication skill in both Korean & English.
* Able to manage project in organized and timely manner.
* Train technicians with equipment to be ready for work.
* Maintain all equipment in perfect shape.
* Software Skills: Programming capability with Visual Basic, SQL & C++.

EDUCATION

M.S., University of London, 1997
Major: Electronic Engineering

B.S., Daehan University, 1995
Major: Electronic Engineering

EXPERIENCE

1997 - Present

Faith Electronics, Project Engineer

Summer 1994

Vision Electronics, Internship Students

REFERENCE

Available upon request

D. Chronofunctional Type Sample

Chronofunctional Type Sample ① / Marketing(No experience)

Grace Park

Hwang Kum Apt. 201-105

282 Hwang Kum Dong

Daegu 706-040 Korea

(H) 82-53-273-7777

grpark@internetwork.net

Profile

An excellent communication skill
in English; Knowledge of conversation Japanese; Possess a
legal mind and knowledge; likes sports and outdoor activities.

Skills

Outstanding communication skill in both Korean and English
Able to provide administrative support for marketing staff
organized way of thinking
Expertise in translation between Korean and English

Education

Daehan University, Daegu, Korea
Bachelor of BA, 2000(Expected)
Grade Point Average 3.5 on 4.0 scale
Courses include:

Management	Marketing
Finance	Market Research
Human Resource	Consumer Behavior
NIS	Advertising

First Women High School, Daegu, Korea
Received diploma in February, 1996

Work Experience
1995

Korea Department store   Temporary Employee
Worked at selling department for four months during
summer and winter vacation.
Translated marketing materials written in English.

Activities

Vice President, AIESEC Society Association of Int'l Exchange
Students in Business Area, 1999

Computer

Proficient in MS Access, MS Excel & C++

References

Available upon request

Grace Park
Hwang Kum Apt. 201-105
282 Hwang Kum Dong
Daegu 706-040 Korea
(H) 82-53-273-7777
grpark@internetwork.net

Profile	Young, highly motivated marketing manager with 5 years experience in a small institution. Excellent record of achievements; dedicated support to individuals in various situations are demonstrated.
Skills	* Able to provide administrative support for staff. * Have a know how in Internet Marketing. * Safely manage seminar type events. * Could cooperate with media people. * Expert in Windows 98. * Have working knowledge in MS Excel & C++. * Proficient in MS Word 7.0, MS Access.

Experience

1994-Present

King Distribution Co.
Jr. Marketing Director
Supervise Admins. in the Sales Division.
Provide administrative support for sales team.
Maintain daily work checking and monthly sales update.
Coordinate direct mailing for potential customers.

1992-1994

Juang Department Store
Sales support personnel
Maintained DB files for customers.
Prepared informative materials for marketing manager.
Performed a satisfaction survey with an Advertising magazine.

Education

Bachelor of Business Administration, 1992
Daehan University

Computer

Windows 98
Proficient in MS Excel, MS Access

References

Available upon request

Hope Kim
Dong San Apt. 301-701
1234 Heang Dang Dong
Seoul 105-070 Korea
(H) 82-2-717-7777
hokim@internetwork.net

SUMMARY

A result oriented young engineer with 3 years experiences and overseas education. Capable of analytic thinking; fluent communication in English.

SKILLS

* outstanding communication skill in both Korean & English.
* Able to manage project in organized and timely manner.
* Take a moderator role in a conflict situation.
* Maintain all equipment in perfect shape.
* Software Skills: Programming capability with Visual Basic, C++, Proficient in MS Excel & Access.

EDUCATION BACKGROUND

M.S., University of London, 1997
Major: Electronic Engineering

B.S., Daehan University, 1995
Major: Electronic Engineering

WORK EXPERIENCE

1997 - Present

Faith Electronics

Project Engineer
Coordinate engineers in R&D laboratory with designs, development and modifications to new product.
* Train electronic technicians in use of equipment.
* Working as a liaison between Manufacturing and R&D.
* Responsible for the preparation of test equipment.

Summer 1994

Vision Electronics

Internship Students
* Assisted engineers working test labs.

REFERENCES

Available upon request

자기소개서 Sample ①

Letter of self Introdution

Joseph Shin

I am a father of two children and married for 15 years. My children grew up in the same house I was born. As the last son of my parents, I have a big family including my parents and a younger sister in England. My elder brothers are all living in US.

When I graduated from a high school, my father retired from 40 years of service in a city official. At that time, my father wanted me to work at the same job he worked for, but I entered college instead. When I was young, I did't like my father's profession because it seemed to me no fun. In college, I looked for something exciting. Until I finished my first year, I did't find anything. So I joined Military Corps.

The life in Military wasn't boring at all. It won't take long to realize how happy I was in campus and with family. After two and half years, I came back to school. My friend said I was changed in very affirmative way.

I decided to major in Electronic Engineering. I was the best way to find a job after graduation. As I expected, ABC Corporation hired me when I was a sophomore student and provided a scholarship until I graduated.

In ABC, I started my career as a supervisor at production process in a semiconductor factory. While I was in ABC for five years, I have experienced a Production Area and a R & D process. I was also responsible for QC and QA activity.

In 1993, an ABC Semiconductor opened its factory in Kumi industrial complex. ABC offered me a Production Manager position that was a head of more than 100 employees. It was such a responsible position but I had to start from the scratch. I hired experienced engineers and trained them every night. In semiconductor production, minor mistakes could bring a million - dollar deficiency. While I was a PM, I improved the yield of 4 MB RAM up to 85% from 0%. When I recorded 85%, the average yield of industry was only 70%. Four years later, I became a Director, a head of a whole production.

Even though I achieved record breaking promotion, my company faced serious problem worldwide. We could not release a new product when our competitor did. Last month, my company decided to close the factories in Korea. They asked me to move to China factory but I would rather stay here. I could not leave my family.

I have been in assembly line for last 15 years at various positions. If your company hires me, I can immediately start to supervise your new line construction in Kyungju. I will be very useful especially in early stage because I have been through it once.

Thank you in advance for your consideration in reviewing my applications.

<u>End of Statement</u>

⟨signature⟩

Joseph Shin

Dec. 25, 1999

Hope Kim
Dong San Apt. 301-701
1234 Heang Dang Dong
Seoul 105-070 Korea
(H) 82-2-717-7777
hokim@internetwork.net

Mr. Benjamin Kang
Human Resources Manager
XYZ company
Suite 9000, KWTC
100 Ojang Dong, Chung Gu, Seoul, Korea

Dear Mr. Kang,

Friday's edition of Korea Times was an agreeable surprise. Your advertisement for a Financial Manager shined my day. For a long time, I regarded your company as a standard enterprise because your stable and steady growth was respected by most of financial managers in this industry.

Please examine my credentials carefully since they appear to be match for your advertisement.

* Graduated from Accounting department of Daehan University(CPA).
* 3 years experience in DEF accounting firm as an Associate Partner.
* Worked at Faith Accounting Firm in Los Angeles, LA for an year.
* 5 years in London company as a Chief Financial Officer.

I would welcome th opportunity for a personal interview to further discuss my qualification. As advised in your ad, I inform you that my current salary is somewhere in 90 million won plus range.

Please call me at my phone nbr. 717-7777. My secretary will take message if I am not available to take your call. I look forward to hearing from you soon.

Sincerely yours,

Hope Kim

7 장

새로운 사업 시작하기

정충영

현재 경북대학교 경영학부 교수이며, 경상대
학 학장을 역임했다. 대구남산교회 장로로 섬
기고 있으며, 경북대 기독교수 회장과 대구경
북 교수선교회 회장이며, '대구 사랑의 집 짓
기 운동' 에 앞장서고 있다. 그리고 『경영과
학』을 비롯한 10여 권의 저서가 있다.

창업이란 새로운 사업을 시작하는 것이다. 이 일은 결코 쉬운 일이 아니다. 창업을 해본 경험이 없다는 것이 그 첫 번째 이유이고, 모든 것을 자기 책임하에서 해야 되는 것이 그 두 번째 이유이다.

대개의 경우 부지런하고 정직하고 성실하기만 하면, 남에게 인정을 받을 수 있고 승진할 수 있으며 출세할 수 있다. 그러나 창업이란 정해진 규칙을 따르는 것이 아니라 스스로 규칙을 만들고 방침을 세우며 계획을 수립해 가야 하기 때문에 성공이란 쉽게 얻어지는 것이 아니다.

그러나 창업만큼 즐거운 일은 없다. 창업은 하나의 예술이 될 수 있다. 예술가가 그렇듯 자기의 기발한 아이디어와 숨은 잠재력을 발휘하고 꿈을 하나하나 현실로 구체화시키는 것이다. 예술가가 잠 없는 밤을 보내며 꿈의 실현을 위해 뒤척이듯 창업도 그러한 고뇌를 통해 가파른 고비 길을 넘어 대로에 이르게 된다. 이를 벗어날 수는 없다. 예술적 감각이나 재질 없는 사람들에게는 예술이 고통이 되듯 창업에 대한 열정과 창조성 없는 창업은 실패를 면하기 어렵다.

여기서 분명히 기억해야 할 사실은 이제 막 시작되는 21세기는 대기업의 대량고용은 더 이상 존재하지 않게 될 것이며, 자동화 기계와 공장자동화로 기계가 인간의 일을 도맡아 함으로써 인간은 일을 잃게 되는 위기의 시대로 진입한다는 것이다. 봉급자는 더 이상 안전하게 보장되는 철밥통 같은 자기 자리가 없다는 사실이다. 그러므로 창업은 21세기를 향해, 그리고 꿈의 실현을 위해 위대한 발걸음을 내딛는 것이라 말할 수 있을 것이다.

창업, 왜 하는가?

창업이란 무엇인가?

창업의 의의

창업이란 기업을 새로 시작하는 것을 말한다. 학문적으로는 기업의 목적을 달성하기 위하여 여러 가지 자원을 결합하여 산출하고 이를 통해 고객을 만족하게 하는 기업을 세우는 것을 말한다. 그러나 실무적으로 간단히 정의한다면 창업이란 개인 또는 집단이 자기 책임하에서 자금과 사람을 동원하여 사업을 새롭게 시작하는 것을 가리킨다.

기업을 새로 시작하는 것은 그렇게 쉬운 일이 아니다. 거기에는 많은 위험이 도사리고 있다. 실제로 창업을 하기 위해서는 장기간 사업을 분석하고 검토하여 계획을 세우고 이를 실행하기 위해 자금과 인력을 조달해야 하며 관공서에서 허락을 얻고 사업할 장소를 얻고 거래선을 확보하는 등 다양한 과정을 거쳐야 가능한 것이다. 그렇다 하더라도 그 사업의 성공은 전혀 다르게 결정이 되기 때문에 운영 측면을 고려하지 않으면 안 된다. 흔히 말하는 무한 경쟁에서 승리를 보장받는다는 것은 그렇게 쉬운 일이 아니다.

이 장에서는 거창한 사업을 염두에 두고 창업에 관한 것을 설명하지 않고 다만 하나의 직장을 택하는 것과 같은 소규모의 창업, 다시 말하면 적은 인력과 적은 자금으로 쉽게 뛰어들 수 있는 창업을 중심으로 설명하고자 한다.

우리가 커다란 이익을 얻으려면 그만큼 큰 위험을 각오해야 하지만 작은 이익을 목표로 한다면 위험은 그만큼 적어진다. 따라서 이 장에서는 소규모의 사업을 시작하려는 사람을 염두에 두고 설명하고 있음을 먼저 밝혀 둔다.

창업의 동기

앞에서는 창업이 무엇인가를 간단하게 설명했다. 그러면 왜 창업을 하려고 하는가 하는 동기를 생각해 보는 것이 좋겠다. 직장을 잃고 실직상태에 있는 경우는 직장을 찾아 취업하는 것이 일반적인 방법이다. 그러나 그렇지 못한 경우도 많다. 정년퇴직이나 조기명퇴 등으로 직장을 그만둔 경우는 나이가 많아 다시 취업하는 것이 불가능하다. 이러한 경우에는 창업이란 새로운 돌파구를 찾을 수 있을 것이다. 혹은 취직할 기회가 주어졌다 하더라도 이를 거절하고 자기가 지닌 큰 꿈을 실현하기 위해서 창업을 할 수도 있다. 이렇게 우리는 다양한 이유로 인해 창업을 한다.

그러나 중요한 것은 그 꿈 혹은 목표가 분명해야 한다는 점이다. 그냥 여기저기서 창업한다니 '나도 해보자' 하는 식으로 창업을 해서는 성공과는 거리가 멀다고 확실히 말할 수 있다. 바꾸어 말하면 온 마음과 정신이 다 창업을 위해 쏟아 부어질 때에만 착수할 수 있으며, 그때에만 창업에 뛰어들 수 있는 것이다. 그러나 그렇다 하더라도 성공하기 위해서는 객관적인 성공의 요건들이 갖추어지지 않으면 안 된다.

이제 창업의 동기가 어떠해야 함을 내적인 측면과 외적인 측면으로 나누어 설명하기로 한다.

창업을 위한 외적 동기

창업은 창업자의 신분에 변화를 일으킨다. 그러므로 이러한 변화를 위한 창업이 외적 동기에 해당한다. 정년퇴직을 하였거나 명예퇴직한 경우, 일이 없는 한가한 상태에 빠지게 된다. 혹은 학교를 졸업하고 사회로 진출하려고 하지만, 기업이 구조조정하고 있으므로 취업의 문이 좁아져 취업하기 어렵다. 1999년 7월 현재 젊은이들의 실업률이

12.5%에 이르고 있다고 한다. 이 경우 실업자 신분에서 벗어나기 위해 창업을 시도할 수 있다.

이러한 여러 가지 이유들은 모두 외적인 동기에 해당된다고 볼 수 있다. 외적인 동기는 개인의 주체적인 선택보다는 환경의 강요에 의해 동기가 주어진 것으로 볼 수 있다.

창업을 위한 내적인 동기

앞에서 살펴본 창업의 외적인 동기는 자신의 능동적인 선택보다는 환경이 창업을 선택하도록 한 것이므로 수동적인 것이라 볼 수 있으나 내적인 동기는 창업자가 지닌 내적인 욕구를 능동적으로 실현하기 위해 창업하는 경우이다. 예컨대, 현재 직장이나 어떤 조직에 근무하고 있으나 그의 역할에 만족을 얻지 못하고 그의 꿈, 혹은 비전을 실현하기 위해 직장을 그만두고 창업을 행하는 경우는 내적 동기에 의한 창업에 해당된다. 그는 그의 마음에 있는 강렬한 성취 욕구 혹은 자아실현의 욕구를 위해 창업하는 것이므로 그 창업은 더욱 적극적인 면을 가진다고 볼 수 있다.

창업의 동기는 크게 나누어 외적인 것과 내적인 것으로 나누어 볼 수 있으나 처음의 동기가 어떠하든지 창업을 시작하면 이는 성공으로 이어져야 한다. 그러기 위해서는 창업의 동기가 외적인 것에 머물러 있어서는 안 되고 그 동기가 내적인 것으로 바뀌어지지 않으면 안 된다. 다시 말하면 창업이 성공하기 위해서는 자아실현과 성취 욕구가 창업으로 연결되어야 한다는 것이다. 마음속에 적극적인 동기가 자리 잡지 못할 경우 우리의 재능 특히 잠재능력은 개발될 수 없기 때문이다.

심리학자들의 연구에 따르면 인간이 현재 사용하고 있는 능력은 그가 가진 능력의 1/10뿐이고 나머지 9/10는 숨겨져 있다고 한다. 이 숨겨진 능력(이것은 잠재능력이라 함)은 우리가 적극적으로 사고하고 행동할 때만 가능하다고 말하고 있다.

창업의 준비단계

창업은 수많은 절차를 거쳐 이루어진다. 기업은 그것이 속한 사회에 커다란 영향을 미칠 수 있는 것이기 때문에 법적인 요건도 충족되어야 하며 이익을 실현할 수 있기 위해서는 기업 자체도 매력이 넘치지 않으면 안 된다. 그러므로 기업 자체를 매력 있게 하여 성공하기 위해서 또 법적인 요건을 갖추기 위해서 여러 절차를 필요로 하는 것이다. 이제 이에 대하여 개략적인 설명하기로 한다.

창업은 사업 구상을 구체화한 것이라고 볼 수 있다. 다시 말해 창업은 사업 구상에서 시작하여 수많은 예비단계를 거쳐 이루어진다는 것이다. 이것은 구체적으로 다음과 같은 절차를 밟는다고 기억하면 좋을 것이다.

사업 구상과 아이디어의 발견

사업을 구상하고 이를 실현하기 위한 아이디어를 얻고 또 이것을 구체화하기 위해 경제성과 타당성을 거치게 된다. 조사에 따르면 수많은 아이디어 중 실현되는 것은 5%에 미치지 못하고 있다고 한다. 따라서 아이디어만 있으면 성공할 수 있다는 것은 공상에 지나지 않는다. 아이디어는 다음과 같은 질문을 던짐으로써 비교적 쉽게 얻어질 수 있다.

현재 만족되지 못한 욕구에는 어떤 것이 있는가?

성공하는 아이디어는 만족되지 못한 고객의 욕구를 충족시키는 제품이나 서비스와 관계된 것이다. 따라서 현재 사용되고 있는 제품이나 각종 서비스의 부족한 점을 보완하거나 획기적으로 만족시킬 수 있는 것을 찾아내는 것이다. 그러나 이러한 아이디어는 누구도 생각해 본 적이 없는 전혀 새로운 것일 필요는 없다. 누구나 다 생각하면서도 실현되지 않은 거라면 그것은 가치 있는 아이디어가 될 수 있다.

제품이나 서비스에 부족한 것이 없는가?

고객의 욕구란 다양한 것이며 이러한 욕구를 적시에 만족시킨다면 그것 자체가 훌륭한 아이디어가 될 수 있다. 현대에서는 신속성이 요구되기 때문에 고객의 만족되지 못한 욕구를 신속하게 해결하는 것 자체가 하나의 사업 아이디어가 될 수 있다. 따라서 현재 제품이나 서비스의 공급에 부족이 있다면 이를 충족시켜 주는 것이 하나의 사업 아이템이 될 수 있다.

경쟁에서 이길 수 있는가?

어떤 유리한 조건을 가진 경우에는 경쟁을 이길 수 있는 가능성을 확보한 것이 된다. 따라서 그러한 유리한 조건이 있는가를 판단하는 것도 훌륭한 사업아이디어에 속한다. 특허라든가 전매허가 등은 그러한 것 중의 하나이다.

업종의 선택

사업을 하기 위해서 반드시 고려해야 할 사항 중 하나는 제조업, 도소매업, 서비스업 중 어느 하나를 선택해야 한다. 어떤 특정한 제품이나 상품을 취급하기로 했다 하더라도 그 제품을 제조할 것인가 아니면 단순히 판매만 할 것인가를 결정해야 한다. 제조업, 도소매업, 서비스업 중 어느 하나를 결정하기 위해서는 다음 사항을 고려해야 한다.

자금의 조달 능력을 생각한다

업종의 선택은 그가 조달할 수 있는 자금이 얼마나 되는가에 따라 달라질 수 있다. 제조업의 경우는 다른 업종에 비해 더 많은 자금이 소요된다. 도소매업이라 하더라도 취급하는 상품이나 점포의 규모에 따라 소요되는 자금은 달라진다. 따라서 창업자는 자기 자금과 금융 기관으로부터의 차입 가능 금액 등을 충분히 고려해야 한다. 일반적으로는 조달 가능 자금액이 5억 원 이상의 경우에는 제조업, 1억-5억 원의 범위이면 소매업이나 개인 중심의 서비스업을 선택할 수 있을 것이다. 그러나 1억 원 미만이라도 창업할 분야는 얼마든지 있다. 이에 대해서는 다음에 자세히 설명할 것이다.

창업자의 경험이나 출신, 계통 등을 고려한다

생소한 분야보다는 과거 그 분야에서의 경험, 지식 등이 있는 분야를 선택하는 것이 좋다. 제조업의 경우는 제조업에 직접 근무한 경험이 있거나 간접적으로나마 깊은 인연이 있는 경우에 뛰어드는 것이 좋다. 왜냐하면 제조 분야는 전문성을 요구하기 때문이다. 그렇지 못한 경우는 도소매업이나 서비스업을 선택하는 것이 좋다. 그렇게 큰 전문성을 요하지 않을 뿐 아니라 쉽게 요령을 터득할 수 있기 때문이다.

개인의 목표와 취향을 고려한다

사업을 일단 시작하면 그의 일생이 거기 매달려야 하기 때문에 이를 쉽게 버리거나 다른 것으로 바꾸기 힘든다. 물론 버릴 수도 있고 바꿀 수도 있으나, 그것은 그에게 상당한 시간과 금액상의 손실을 입히게 될 것이다.

가장 좋은 것은 소질과 취향과 삶의 목표가 다 일치하는 것이지만, 그렇지 않다 하더라도 최소한 적성에 전혀 맞지 않든가 가치관이나 신념에 배치되는 업종은 피해야 한다.

사업 품목의 선정

어떤 사업 분야에서 어떤 업종을 선택하느냐에 따라 사업의 성공과 실패가 결정된다. 업종 혹은 사업 품목을 선택하기 위해서는 다음 몇 가지를 고려해야 한다.

- 적성에 맞는가?
- 경험이나 지식 혹은 소질을 살릴 수 있는가?
- 개업 시점에 어느 정도의 수익이 있을 것이라 기대되며 장래성은 있는가?
- 전문적인 지식이 얼마나 필요한가? 그런 지식이 없다면 어떻게 배울 수 있는가?
- 어떤 면허, 허가, 등록, 신고 등을 필요로 하는가? 그리고 그러한 조건들을 갖출 수 있는가?
- 필요한 자금을 조달할 수 있는가?

사업 규모의 결정

사업 규모는 지나치게 크거나 적어도 문제가 된다. 규모가 큰 경우는 이익이 커질 가능성이 있으나 자금이나 관리 능력에 무리를 줄 수 있다. 따라서 그 만큼의 위험이 도사리고 있는 것이 된다. 지나친 욕심은 언제나 금물인 것을 명심할 필요가 있다. 그러나 지나치게 적은 경우 안전하다는 측면은 있으나 이익을 남길 가능성이 그만큼 적은 것이다. 창업자의 능력을 고려해야 하고 은행이자율과 비교해 보는 것이 좋다. 적정 규모란 이론적으로는 명확하나 실제 사업 현장에서는 명확하지 못한 것이 일반적이므로 상당한 주의가 요청된다.

창업 멤버(동업자)의 결정

소규모인 경우는 본인 단독 혹은 가족들의 도움을 받아 창업할 수 있지만, 그렇지 않은 경우는 같이 창업할 멤버를 결정해야 한다. 창업 멤버는 두 가지 형태로 분류될 수 있다. 그 하나는 한 사람이 사업아이디어를 갖고 주도적으로 창업을 하면서 다른 멤버를 모으는 방식이고, 다른 하나는 여러 명이 공동으로 아이디어, 경험, 지식 등을 규합하여 공동으로 창업하는 방식이다. 후자의 경우는 의견의 불일치라든가 이익의 배분에 따른 내분 등을 일으킬 가능성이 많으므로 의견을 조절하거나 분란을 방지하는 장치가 있어야 한다. 특히 상호간에 현격한 신념이나 가치관에 차이가 있는 경우는 동업이 부적당할 것이다.

창업을 위한 법적 절차

창업을 하기 위해서는 법적인 절차를 밟아야 한다. 사실 창업을 하려는 대부분의 사람들은 과거에 이를 해본 경험이 없기 때문에 가장 어려운 것이 바로 법적인 절차를 밟는 일이다. 창업 초기에 제대로 사업자등록을 하지 않거나 제때에 소득신고를 하지 않으면 세 부담이 늘어날 수 있기 때문에 처음부터 세금 문제 등 관심을 두어야 할 데가 한두 가지가 아니다.

창업 등록 절차 및 서류

사람이 태어나면 출생 신고를 하듯 창업을 하려면 관할 세무서에 가서 사업자등록을 하게 된다. 창업등록은 사업을 시작한 날부터 20일 내에 관련 서류를 갖추어 사업장이 있는 세무서 민원 봉사실에서 하면 된다. 사업을 시작하기 전이라도 상품이나 장비를 구입하는 경우 세금계산서를 교부받을 수 있다. 이것은 객관적 자료를 첨부하면 사업이 개시되기 전에 사업자등록이 가능하기 때문이다.

또 부가가치세 과세사업과 면세사업을 겸하여 하는 경우는 부가세법에 따른 사업자등록만 하면 되고, 부가세 면세사업자는 소득세법(법인은 법인세법)에 의해 사업자등록을 하면 된다.

관련 서류

창업 등록을 위해 필요한 서류는 다음과 같다.

- 사업자등록신청서 1부.
- 사업허가증 사본 1부(음식점, 개인 택시 등 허가나 등록이 필요한 사업).
- 법인은 법인등기부등본 1부.
- 법인설립등기 전 또는 사업허가 전에 등록하고자 하는 경우에는 법인설립을 위한 발기인의 주민등록등본 또는 사업허가신청서사본이나 사업계획서.
- 공동사업자는 동업계약서 등이 필요.

사업자등록 때 유의 사항

- 특별소비세나 교통세 납세 의무가 있는 사업자가 관련법에 따라 개업이나 휴업, 변경 신고를 할 때는 부가세법에 따른 신고는 별도로 필요치 않다.
- 유흥음식업소나 식품잡화점 등 주류판매점을 해야 하는 사업자가 주류판매 사실을 담아 사업자등록증을 교부받은 경우에는 주류판매 사실을 재차 신고할 필요가 없다.
- 다른 사람 명의로 사업자등록을 하거나 허가증 사본을 붙이지 않

은 경우에는 사업자등록증을 받을 수 없다.

- 사업자등록번호를 한 번 부여받으면 특별한 경우를 제외하고는 평생 사용하게 된다. 다만 회사 이름이나 업태, 종목이 바뀌거나 사업장 이전, 법인 대표자 변경, 사업자 명의 변경, 공동사업자 구성원 또는 출자지분 변경 등의 사유가 발생하면 지체 없이 정정 신고를 해야 한다.
- 사업자등록을 하지 않으면 개인은 매출액의 1%(과세 특례자인 경우는 0.5%), 법인은 2%의 가산세를 추가로 부담해야 한다.

부가세

사업 규모에 따라 부가세는 천차만별이다. 연간 매출액 규모에 따라 부가세 과세 방식이 일반과세자, 간이과세자 및 과세특례자 등 3단계로 나뉘어진다. 이 구분은 다음과 같다.

- 일반과세자 : 연 매출액 1억5,000만 원 이상.
- 간이과세자 : 연 매출액 4,800만 원 이상-1억5,000만 원 미만.
- 과세특례자 : 연 매출액 4,800만 원 미만.

이 구분에 의한 부과세액은 다음과 같이 계산된다.

- 일반과세자 : 매출액에 10%를 곱한 뒤 매입세액을 뺀다.
- 간이과세자 : 매출액에 업종별 부가가치율과 10%를 곱한 금액.
- 과세특례자 : 매출액의 2%(대리 · 중개 · 주선 · 위탁매매, 도급은 매출액의 3.5%)

그런데 광업, 제조업, 도매업, 부동산 매매업 그리고 특별시와 광역시 및 시 지역에 소재하는 과세유흥 장소는 규모에 관계없이 일반과세자로 분류된다. 일반과세자만 세금계산서를 교부할 수 있으며, 매입과 관련해 거래를 증명하는 세금계산서를 받으면 세금계산서에 기재된 세액 전액을 내야 할 세금에서 공제하거나 환급받을 수 있다. 다만 소매업이나 음식·숙박업처럼 최종 소비자와 거래할 때는 영수증이나 신용카드 매출전표, 금전등록기 계산서를 내주어야 한다. 또 업종이 대리·중개·주선·위탁매매·도급업일 경우는 1,200만 원 미만인 사업자라야 과세특례자가 될 수 있다.

간이과세자와 과세특례자는 세금계산서를 뗄 수 없지만, 매입을 증명하는 세금계산서를 교부받으면 역시 20~30%(과세특례자는 20%)를 자기가 낼 세금에서 공제받을 수 있으나 납부해야 할 세금을 초과하는 경우 그 초과분은 환급받을 수 없다.

이 밖에 연간 매출액이 1억5,000만 원을 밑돌더라도 일반과세자로 세금계산서를 발급하고 싶으면 간이과세 적용 신고를 하지 않으면 안 된다.

사업자가 내야 하는 세금

창업 등을 통해 사업자로 변신하게 되면 사업에서 얻은 소득에 대한 소득세와 상품 거래 과정에서 부담해야 하는 부가세 등 두 가지 세금이 있음을 염두에 두어야 한다. 다만 가공되지 않은 식료품과 수돗물, 연탄과 무연탄 등과 같은 기초 생활 필수품, 인가나 허가를 받은 학원, 국민주택 규모 이하의 주택 등에 대한 국민 후생 용역, 도서·신문·잡지와 순수 예술행사 및 문화행사 등 문화 관련된 재화와 용역, 금융·보험 및 토지 같은 생산요소 등에 대해서는 부가세가 면제된다.

특별소비세 납부

특별소비세를 별도로 내야 하는 업종도 있다. 카바레나 나이트 클럽, 요정, 룸살롱 등 유흥업소와 귀금속 판매, 고급가구, 모피의류 등의 제조업체는 특별소비세를 내야 하며 신고는 부가세 신고와 별도로 매월 신고해야 한다.

공제제도

소득세의 경우 여러 공제제도가 있는데 영세사업자는 이듬해 5월 중 소득세 확정 신고를 하는 경우 공제 혜택을 받아 소득세를 내지 않는 경우가 많다.

원천 징수

사업을 위해 종업원을 고용하고 월급을 지급하는 경우는 급여금액에 따라 근로소득세를 원천 징수해서 납부해야 한다.

소자본 창업에 성공하기 위한 전략

소자본 창업 10계명

앞에서 우리는 창업은 쉽게 아무나 할 수 있는 것이 아니며 충분한 준비 없이 시작할 수 없음을 말했다. 다음은 흔히 말하고 있는 소자본으로 창업하려는 사람들이 지켜야 할 10계명을 제시한 것이다. 참고하시기 바란다.

1. 빚으로 창업하지 말라. 빚 갚고 이자 물면서 이익을 남기는 사업

은 잘 없기 때문이다.

2. 기대 수익을 낮춰 잡아라. 창업하는 사람들은 곧 성공이 올 것이란 기대로 장밋빛으로 물들기 쉽다. 기대 수익을 낮추어 잡고라도 채산성이 있어야 한다.

3. 장기투자가 예상되는 아이템은 포기하라. 장기적으로 돈을 조달하는 일은 그리 쉽지 않다. 현재 투자하는 자금만으로도 힘에 벅차다면 훗날의 투자액을 예측하고 조달하는 것은 힘에 겨운 일이다.

4. 다이어트 창업을 하라. 실속 있는 사업이 중요하다. 떠벌리면 그만큼 실속이 없다. 뚱뚱한 체중 만들기는 쉽지만 살 빼기는 정말 어렵다. 사업도 자칫 비대화되고 소용없는 비계만 늘어 몸 가누기가 어려워진다.

5. 다이어트 경영을 하라. 사장 소리는 들으면 공연히 많은 종업원을 거느리고 허세를 부리는 마음이 생긴다. 꼭 필요한 인원, 꼭 필요한 설비만 갖추어라. 투입하는 액수보다 더 큰 수익이 없다면 일단 재고하라.

6. 과시성, 거품소비 관련 사업에는 손을 떼라. 경제가 어려워지면 고객의 씀씀이도 짜게 된다. 중요한 것은, 현대인들은 더욱 합리적인 소비를 지향한다는 점이다.

7. 신종 사업보다는 틈새시장을 노려라. 새로운 사업은 위험이 도사릴 수 있다. 그러나 안정된 기존의 사업은 잠재적인 위험이 적다. 잘되는 사업에는 경쟁도 심하지만 잘되기 때문에 그만큼 세밀히 챙기지 못하는 구석이 있다. 그것이 바로 틈새시장이 된다. 떡이 많으면 고물도 그만큼 많이 떨어진다.

8. 현금 회전이 빠른 사업을 하라. 돈은 돌면서 돈을 만든다. 묵혀 놓은 돈은 도둑맞지만 돈은 돌수록 더 많은 돈을 만들어 낸다.

그러나 돈 따라 사람도 돌면 정신마저 돌게 된다. 가만히 서서 어느 사업에서 돈의 회전이 신속한가 따져 보는 것이 좋다.

9. 합리적인 소비에 맞는 업종을 택하라. 고객의 의식이 높아지고 있다. 특히 젊은이들의 사고가 합리적으로 바뀌고 있다. 소비자 운동이 더욱 고객의 합리적 소비를 이끌어 나가고 있다.

10. 가족형 사업을 하라. 먼 친척, 먼 친지를 끌어들이려 하지 말고 제 발로 뛰고 제 힘으로 일어서도록 하라. 혼자 힘에 겨우면 부부가 하라. 그리고 자녀들이 돕게 하라. 가족이 한마음 한 뜻이 되면 실패하지 않는다.

창업의 성공과 실패

창업에 실패하는 12가지 유형

경기 침체와 고용 불안으로 회사를 떠나 창업을 한 직장인 중 상당수가 실패하고 있다. 창업에 성공을 하기 위해서는 왜 그들이 실패했는지에 관해 아는 것도 중요하다. 실패를 피할 수 있는 교훈이 되기 때문이다. 컨설팅업체인 기업문화연구원이 발간한 『샐러리맨의 히든카드』란 책에서 반드시 실패하는 샐러리맨의 창업 유형 12가지를 제시하고 있다. 이를 간단히 소개한다.

- 일단형 : 원가 개념도 사업 계획도 없이 일단 사업을 시작한다.
- 안방 마님형 : 아내와 가족에게 맡기고 신경 쓰지 않는다.
- 자포자기형 : 사업은 시작했지만 해고 후유증으로 일손을 놓고 있다.
- 기브스형 : 고객에게 인사조차 하지 않아 단골을 확보하지 못한다.
- 사지선다형 : 한꺼번에 많은 일을 벌인다.

- 조령모개형 : 남의 말만 듣고 업종을 자주 바꾼다.
- 폼 잡기형 : 으시대며 좋은 차에 비서까지 둔다.
- 프리랜서형 : 자기 편의에 따라 오픈, 개점, 휴점을 밥먹듯 마음대로 한다.
- 한탕형 : 복권이나 경마장에 자주 가고 적은 돈에는 관심이 없다.
- 기웃기웃형 : 동문, 친구, 친척들만 찾아다니며 도움을 청한다.
- 철학자형 : 관념적인 사업 계획안만 만든다.
- 배짱형 : 사채, 융자 등 차입에 열중한다.

그리고 이 책에서는 창업에 성공하기 위해서 첫째 끈끈한 인간 관계, 둘째 도전과 인내정신, 셋째 순발력 등의 '히든카드'를 갖고 있어야 한다고 지적했다.

창업성공을 위한 7계명

《한국경제신문》(1998년 10월 28일)에는 소자본 창업의 성공을 위한 7계명을 소개하고 있다. 이를 옮겨 적으면 다음과 같다.

성공적인 창업은 어렵고도 쉬울 수 있다는 것이 한발 앞선 선구자들의 공통적인 경험담이다. 수많은 사람들이 창업 전선에 뛰어들었다가 쓴 고배를 마시곤 한다. 그러나 다음 7가지 계명을 명심한다면, 실패의 가능성을 낮추는 데 적지 않은 도움을 줄 것이다.

1. 작은 돈으로 시작하라. 처음에는 작게 시작하는 것이 좋다.
   사업을 하다 보면 누구나 수많은 시행착오를 겪기 마련이다. 무턱대고 퇴직금의 전부나 전재산을 창업자금으로 쏟아 붓는 것은 어리석은 일이다. 자칫 실패할 경우 재기할 수 발판마저 잃을 수 있기 때문이다. 처음 사업을 하려는 사람이라면 4,000만 원 정도를 기준으로 삼아 일을 벌이는 게 바람직하다.

2. 건강이 제1의 조건이다.

소자본 창업은 일반적으로 생활밀착형 업종이므로 튼튼한 몸을 바탕으로 부지런히 움직여야 성공할 수 있다는 얘기다. 전문가들은 자본이 부족하더라도 창업자가 성실하게 뛰면 성공의 길이 보다 빨리 열린다고 말하고 있다.

3. 가족이 함께 창업하라.

소자본 창업은 말대로 작은 자본을 투자해 그에 비례하는 수익을 얻는 사업이다. 종업원을 두고 사업을 하려 들면 적정한 영업 이익을 내기 힘들 수밖에 없다. 따라서 부부가 함께 일하면 일의 능률도 높이고 수익도 늘릴 수 있다는 점을 명심해야 한다.

4. 소비자 입장에서 생각하라.

평소 화장품 가게 근처에도 가 본 적도 없으면서 화장품 할인점 창업을 생각하는 것은 어불성설이다. 화장품 가게를 찾는 소비자 입장에서 고객이 원하는 상품은 어떤 것이며, 어떻게 매장을 꾸며야 좋은지 알고 있어야 성공할 수 있다.

5. 3D 업종을 공략하라. 소자본 창업이 크게 늘고 있다.

그만큼 경쟁이 치열해지고 있다는 얘기다. 남들이 나서지 않는 분야에 뛰어들어야 성공 가능성이 높아진다. 성공은 학벌이나 외모 성별에 따라 이뤄지지 않는다. 힘들고 더럽고 위험한 업종일수록 보다 빨리 좋은 결과를 얻을 수 있다.

6. 손님을 찾아 나서라. 공격적인 마케팅이 성공의 지름길이다.

가만히 앉아서 손님이 찾아오기만을 기다려선 곤란하다. 더 신속하게 상품이나 서비스를 판매할 수 있느냐가 성패의 관건이다.

7. 주위의 말에 귀기울여라.

창업 결정이나 사업을 진행하면서 과감성과 용기는 필요하지만,

맹목적인 도전이나 고집은 실패로 이어지기 쉽다. 주위 사람들이 모두 반대하는 업종에 뚝심만으로 뛰어들어 성공할 확률은 높지 않다.

흐름 파악 전략

사람에게 수명이 있듯 제품에도 수명이 있고 사업도 수명이 있다. 갓난아기가 자라 재롱 피우는 유년기를 지나 철드는 소년기가 되고, 혈기 왕성한 청년기를 거쳐 원숙한 장년기에 접어들었다가 얼마 뒤 석양에 해 넘어 가듯 허약해지는 노년기를 지나 인생을 하직하게 된다. 사업도 이러한 수명을 가진다. 왕성하던 사업 분야도 어느새 사양 분야로 전락하다 시장에서 자취를 감추고 새로운 사업 분야가 왕성하게 시장에서 두각을 나타낸다. 이러한 사업의 흐름을 볼 수 있으면 그것은 바로 사업의 성공으로 이어질 수 있다.

창업전문가들은 우리의 시장을 지배할 주요 사업의 흐름으로 대략 다음과 같은 7가지 분야를 제시하고 있다. 즉 시장에 떠오르는 사업 분야는 다음과 같을 것이라고 예상하고 있다.

3D 사업을 주목하라

여기서 3D란 딜리버리(Delivery), 디스카운트(Discount), 디아이와이(DIY)를 가리킨다. 딜리버리 사업이란 음식배달사업을 가리키는 것으로서 경제 위기로 인한 수입 감소로 외식비가 줄어들고 외식 대신 배달 음식이 이를 대신하게 될 것이라는 데 착안한 것이다. 실제 최근의 무한 경쟁은 한가롭게 장기간 음식점에서 시간을 보낼 여가를 빼앗아 가고 있으므로 경제 위기가 물러가더라도 이러한 경향은 쉽게 사라지지 않을 것이다. 이에 따라 족발, 보쌈, 해물탕, 야식 등 각종 음식배달사업이 호황을 누리고 있다.

디스카운트 사업이란 물건을 싸게 파는 사업을 가리킨다. 대형할인점 및 지역별로 가맹점을 두고 회원들에게 실질적인 할인 혜택을 주는 할인카드서비스와 쿠폰 사업 등이 이에 속하는데 앞으로 상당한 기간 디스카운드 사업이 유망 사업의 자리를 지킬 것이다.

DIY 사업에서 DIY란 자율서비스(Do It Yourself)를 나타내는 것으로서 셀프 세차장, DIY 컴퓨터 등과 DIY형 업종이 저렴한 가격을 무기로 시장을 넓혀 가고 있다. 최근에는 셀프 커피전문점에 이어 셀프 주유소, 셀프형 횟집, 코인 세탁소 등이 틈새시장을 파고들며 독자영역을 구축하고 있다.

컴퓨터 및 인터넷 관련 사업을 살펴라

정보화 사회로 급진전되면서 컴퓨터와 인터넷을 이용한 각종 비즈니스가 본격적으로 부상하고 있다. 소호(SOHO)라는 이름으로 각광받고 있는 이들 업종은 무엇보다도 창업비용 부담이 적은 것이 장점이다. 점포 없이 인터넷과 같은 네트워크를 이용해 상거래를 하기 때문에 1,000만 원 미만의 소자본으로 사업이 가능하다.

지난해 등장한 컴퓨터 공부방은 자택에서 PC를 이용해 초·중등학생들의 학습을 지도하고 최신 학습정보를 제공하는 일종의 초미니 학원이다. 자신이 살고 있는 주택공간을 영업 또는 사무공간으로 활용하면 되고 초기 투자비용으로 중고 컴퓨터 4-5대만 장만하면 사업을 시작할 수 있다.

또 인터넷을 통해 각종 서적을 판매하는 인터넷 서점도 유망하다. 서적판매는 상품이 표준화되어 있고 서적 정보만으로도 구매 의욕을 일으킬 수 있다는 점 때문에 인터넷 사업 가운데 성공 사례가 상대적으로 많이 나오고 있는 분야이다.

아웃소싱(outsourcing)이 이용되고 있다

기업들이 일상적인 관리업무를 외부 용역으로 대체하는 아웃소싱이 보편화되면서 각종 업무를 대행하기 때문에 대행업이 유망 사업으로 각광을 받고 있다. 백화점 혹은 관공서 청소, 경비, 안내, 파출부 등이 이 사업에 속한다. 최근에는 감원 선풍으로 대기업이나 정부에서 밀려난 유능한 인재들을 중소기업이나 국내에 진출한 외국 기업에 공급한다. 구직을 원하는 전문인력의 데이터베이스를 구축한 다음 이들을 원하는 기업에 알선해 주고 수수료를 받는다.

생활 지원형 서비스 사업이 활기를 띤다

여성의 사회 진출과 맞벌이 부부 증가로 가정생활을 편리하게 해주는 다양한 생활 지원 서비스 사업이 활기를 띠고 있다는 점이다. 쇼핑과 청소 등 가사노동을 대행해 주는 사업이 이 분야의 대표적 아이템이다. 산모에게 체형 관리, 산모 영양식, 신생아 돌보기 등 각종 서비스를 제공하는 산후 조리원도 생활 지원형 사업으로 주목받고 있다.

여가와 오락 사업이 성행한다

무한 경쟁으로 기업간의 격렬한 경쟁 이외에도 종업원간 학생들간, 모든 조직 구성원들이 다 무한 경쟁의 회오리바람을 벗어나지 못하고 있다. 이것은 사회의 스트레스로 작용하고 그 결과 이를 해소하고자 하는 여가와 오락 사업이 번창하고 있다는 것이다. 인터넷 게임방은 인터넷과 컴퓨터통신 시설을 갖춰 놓고 네트워크 게임, PC통신, 정보 검색, 문서 작성 등 사이버 공간에서 할 수 있는 다양한 서비스를 제공하고 있고 있어 현대인들에게 상당한 호응을 얻고 있다. 그리고 신세대들의 오락 추구 욕구와 스트레스 해소를 위한 폭발적인 인기를 모으며 번창하고 있다. 또 맥반석 찜질방도 수요가 늘고 있다. 이 일은 각종 만성질환과 스트레스에 시달리는 현대인들에게 맥반석에서 방출되는 원적외선을 쬐게 하여 건강을 증진시키는 사업이다.

신토불이 바람이 불고 있다

글로벌 시대가 되면서 외래 문물이 일상 속에 침투하는 것에 비례하여 우리 고유의 것에 대한 애착도 강해지고 있다. 특히 음식이 그렇다. 10여 종의 토속 어종을 산지로부터 직송, 싱싱한 횟감을 제공하는 토속회 전문점이나 알싸한 홍어의 옛 맛을 재현한 홍어 전문점이 속속 등장하고 있다.

알뜰 소비와 관련된 분야가 급성장하고 있다

IMF의 영향을 받아 검소한 생활로 회귀하는 경향에 영향을 받아 재활용(recycle), 수선(repair), 리필(refill) 사업이 유망 사업으로 부상했다. 중고재활용품은 컴퓨터, 가구, 의류에서부터 최근에는 헌 책, 스포츠용품, 에어컨, 난방기 등으로 종류가 다양화되고 있으며 의류, 책, 장난감, 가구 등 각종 중고 어린이용품을 취급하는 어린이 중고품 판매점도 등장했다.

성공을 위한 삼박자

일단 정해진 장소에서 점포를 경영하기로 했다면 더 이상 업종과 품목이나 입지를 말할 필요가 없다. 점포가 성공적으로 운영되기 위해서는 고객을 많이 끌어들이는 것이다. 오지 않는 고객을 상대로 제품을 판매하거나 서비스를 제공할 수 없기 때문이다. 고객을 끌어들이는 유일한 방법은 고객의 욕구가 만족되도록 하는 것이다. 물론 제품을 통해 고객이 만족을 얻을 수 있지만, 제품을 사용하기 전에 벌써 고객의 만족 여부가 결정될 수 있다. 그것은 바로 고객에게 베푸는 직접 서비스이다. 소점포의 경우는 발로 뛰는 홍보력, 구매욕을 일으키는 편안한 분위기, 감동적인 서비스가 성공의 삼박자이다.

발로 뛰는 홍보력

목 좋은 곳에 자리잡고 있지 않는 경우에는 고객들이 그 점포를 알 수 없다. 이를 알리는 것이 홍보이며, 그 힘이 바로 홍보력이다. 결국 홍보력이란 자기 상점을 알리는 능력을 말한다. 전단을 이용한 홍보, POP(구매 시점 광고)를 이용하는 법, 캐치프레이즈를 내거는 법, 캠페인을 활용한 점포 알리기 등 기업들이 사용하는 판촉전략이라든지 광고전략이 모두 홍보에 이용되는 방법이다. 대기업이나 소매점이나 물건 판매라는 측면에서는 차이가 없다. 그러나 소점포인 경우는 대기업처럼 대량으로 광고비를 지출할 수 없기 때문에 광고비 대신 발로 뛸 수밖에 없다. 그러나 어떻게 홍보할 것인가 하는 아이디어를 얻어 내는 것 그 자체가 바로 소점포 운영의 일부분이 된다.

구매욕을 일으키는 편안한 분위기

어두컴컴한 점포를 고객은 좋아하지 않는다. 어떤 점포는 경제적인 측면만 고려하여 절전을 강조하고 검소를 실천하려 하지만 그것은 잘못된 생각이다. 전기요금을 줄이기 위해 고객을 놓치는 것만큼 어리석은 일은 없다. 고객이 왕이라고 생각한다면 고객이 편안한 마음으로 들어오고 나갈 수 있어야 한다. 그것이 바로 고객을 놓치지 않는 가장 손쉬운 방법이다. 물건을 팔아 주는 사람만이 고객이 아니다. 누구나 다 물건을 살 가능성이 있기 때문에 그들은 잠재적인 고객이다. 한국의 점포는 선진국의 점포와 비교해서 어둡고, 물건의 진열이 고객 중심이 아니라 관리자 중심이란 단점을 갖고 있다. 점포는 무리하게 자금을 들여 호화롭게 하기보다는 깨끗하고 친근한 이미지를 받을 수 있도록 해야 한다. 판매 기술은 잠재 고객을 끌어들이고, 점포 분위기와 물건 포장은 손님의 지갑을 열게 한다.

감동적 서비스

점포가 나의 생계나 치부를 위한 것이라 여기면 고객은 봉이란 생각을 갖게 만든다. 오히려 고객을 위해 이 점포가 세워졌다고 믿고 선언할 수 있어야 한다. 고객 만족 없이는 점포가 존재할 이유가 없다는 확신에 이르게 되면 올바른 서비스가 실행될 수 있다. 예수님은 "남에게 대접을 받고자 하는 대로 남을 대접하라"고 말씀하셨는데 이것은 고객 만족의 방법의 요체이다. 고객에게 만족을 팔면서 물건을 끼워 준다고 생각하면 좋은 서비스를 행할 수 있을 것이다.

외식업을 위한 전략

쉽게 접근할 수 있는 창업의 업종으로는 외식업을 들 수 있다. 그러므로 외식업의 창업이 늘고 있는 것은 당연하다. 1,200개 사에 이르고 있는 국내 프랜차이즈 본사 가운데 외식체인업이 50%를 넘고 있다. 이같이 프랜차이즈 업종이 외식업에 편중되는 이유는 무경험자들도 할 수 있는 업종이라고 알려져 있기 때문이다. 외식업은 마진이 높고 특별한 기술 없이도 창업이 가능하며 먹는 장사는 망하지 않는다는 막연한 기대감이 있기 때문이다.

그러나 이제는 우리 고객들의 입맛도 까다로워졌기 때문에 과거처럼 무턱대고 식당을 찾지 않는다. 고객들이 음식 맛과 서비스가 어떠한지 요모조모 따지고 식당을 찾기 때문이다. 따라서 아무런 사전 지식이나 노하우 없이 외식업에 뛰어 들었다가는 십중팔구 실패하기 마런이다. 외식 프랜차이즈 사업을 준비하는 사람들이 점포를 운영하면서 반드시 알아 두어야 할 사항들을 열거한다.

표적 고객을 정한다

"먹는 장사는 망하지 않는다"는 말은 이제 통하지 않는다. 지금은 치열한 경쟁과 치밀한 계산이 있어야만 성공하거나 겨우 현상 유지를 할 수 있다. 먹는 장사를 하기 위해서는 누구에게 팔 것인가를 먼저 결정해야 한다. 남녀노소 누구나 다 좋아하는 음식은 흔하지 않다. 그러므로 어느 층의 고객을 상대로 음식을 만들 것인가 정해야 한다. 그 고객층을 표적(타깃) 고객이라 한다. 표적 고객을 학생으로 정했다 하더라도 초등학생, 중·고등학생, 대학생 중 어느 층을 택할지 정해야 하며, 직장인으로 한다고 하더라도 20-30대에 맞출 것인지, 30-40대를 겨냥할 것인지 나누어 판매 대상을 설정해야 한다.

표적 고객의 특성을 파악한다

표적 고객이 설정되면 그 대상의 연령, 직업 등을 고려해 그들의 특성을 예의 주시해야 한다. 고객들이 원하는 사항, 소비 성향, 용돈에서 외식으로 나가는 비용은 얼마나 되는지 고객 입장에서 바라보고 이해하도록 하는 것이 좋다. 그들의 먹거리들을 이해하고 그들의 행농 반경을 조사해 보면 큰 도움이 될 것이다. 표적 고객이 자주 모이는 지역을 찾아 점포를 물색하는 작업이 뒤따라야 한다.

매장의 매뉴얼화가 필요하다

음식 맛은 손에서 나온다는 말이 있다. 실제 유명 음식점의 경우 조리 방법은 당사자 이외에는 그 맛을 전수할 수 없는 경우가 많다. 그러므로 담당조리사가 이직하면 음식점 고유의 맛은 당장에 효과가 없어지게 마련이다. 조리사들이 조리법에 대한 정확한 기록을 남겨 두지 않기 때문이다. 대부분 식당이 정확한 지침 없이 그때그때 임기응변으로 운영하는 경우가 많다. 모든 조리 재료의 배합과 가열 및 계량 등 일정한 기준이나 정확성이 없다. 설령 있더라도 공개하지 않고 남에게 알려주지 않으며 비밀로 간직한다. 점포 운영상 반드시 필요한 사항인데 이를 알고 있는 주방장이나 주인이 없으면 고유의 맛을 잃어버린다.

이를 방지하는 것이 바로 매뉴얼화이다. 모든 것을 기록하도록 하는 원칙을 세워 둘 필요가 있다. 주인과 종업원 모두가 조리법, 서빙 등에 대해 알아야 한다. 점포주는 이러한 점들을 기록으로 남겨 매장 종업원들에게 교육을 통해 전달해야 한다.

고객의 입맛을 맞춘다

음식점의 기본은 역시 맛이다. 그러나 음식의 맛은 객관성을 유지해야 한다. 어느 피자 본사의 가맹 교육담당자는 다음과 같이 말한다. 가맹점주가 본사에서 조리 교육을 할 때 일부 가맹점주들은 "이것은 누구보다 내가 훨씬 잘 안다"며 고집을 부린다. 매뉴얼대로 청소나 매장의 운영 규칙을 가르치다 보면 "그건 누구나 알고 있는 사실이니까 더 나은 것"을 요구하며 규정을 어기는 경우도 허다하다. 일부 가맹점주는 "배워 보니 별 거 아니네" 하며 교육을 무시는 경향이 있다. 이것은 외식체인점주가 자기 자신을 과대 평가하거나 절차를 무시하고 건너뛰려는 성향을 가지고 있음을 보여 주는 것이다.

그러나 본사의 매뉴얼이 통하지 않으면 당장 자그마한 효과는 있을지 몰라도 직원 교육이나 음식의 맛은 서서히 망가지게 되며 돌이킬 수 없는 지경에 이르게 된다. 외식전문가들은 매장이 망가지는 시간이 한 달이면 이를 회복 기간은 보통 6개월 이상이라고 말한다.

매장에서 음식 맛은 철저하게 고객 위주로 해야 한다. 주방장 또는 가맹점주가 요리에 자신이 있다고 고객의 입맛을 무시하고 자신의 맛을 고집한다면 매장을 찾는 고객의 수가 그만큼 줄어들기 때문이다.

함부로 바꾸지 않는다

매장의 점주가 외부 사항에 너무 집착한 나머지 매장의 분위기나 판매 제품의 컨셉을 흩트려 놓는 경우가 가끔 있다. 예컨대 "어느 매장의 어떤 상품이 인기 있다", "어느 매장의 인테리어가 분위기에 맞더라"는 등의 말에 현혹돼 기존 체인 본사의 컨셉을 무시하고 매장을 그러한 소문이나 점주의 방식대로 이끌어 가려고 하는 경향이 있다. 그러나 이러한 일은 대단히 위험하다. 본사의 컨셉은 시행 착오와 오랜 경험 끝에 나온 것이기 때문에 그 원칙을 버리는 것은 잘못이다.

고객 유치 전략

기업의 성공 여부는 고객 유치 능력에 달려있다. "고객은 왕이다"라는 평범한 진리가 소자본 자영업에서도 결코 예외가 될 수 없다. 창업주는 어떻게 하면 더 많은 고객을 자신의 점포로 끌어들일 수 있는가 항상 생각해야 한다. 그 능력이 바로 성공으로 이어지기 때문이다. 아무리 우수한 아이템을 갖고 있더라도 서비스가 엉망이면 고객이 찾아올 리 없고 따라서 좋은 아이템도 아무런 도움이 되지 못한다.

압구정동에 위치한 한 맥주 체인전문점에서 점포를 연 직후 젊은 층과 직장들을 상대로 무료 시음권을 제공하였는데, 그 결과는 매출액이 20% 이상 증가하는 효과를 얻었다. 주변에 경쟁 업소가 많아 처음부터 다른 점포에서는 시도하지 않는 마케팅으로 젊은 층을 고객으로 잡을 수 있었고 점포 인지도를 높이게 된 것이다. 지금은 별다른 홍보를 하지 않는 데도 꾸준한 매출 실적을 올리고 있다.

이처럼 고객을 유도하기 위한 기본적인 몇 가지 전략이 있다고 한다.

점포의 입지, 지리 특성에 맞는 판촉을 전개하라

무턱대고 사은품이나 판촉 행사를 하다가는 들어간 비용도 못 건지는 경우가 허다하다. 독립 점포나 가맹점포 주변 상권의 특성을 파악한 후 그에 적합한 고객 서비스를 펼쳐야 한다.

개점 판촉을 소홀히 하지 말라

개점 판촉으로는 개점기념 사은품, 기념품, 전단지 배포 등이 효과적이며 배달 고객을 위한 메뉴 안내 등의 전단지도 필수적으로 홍보해야 될 사항이다. 점포의 위치나 판매 품목을 알리는 전단지를 돌리거나 안내장을 작성해 배포하는 일도 필요하다. 주변 사무실에서 발행하는 식권을 적극적으로 자기 점포로 유치하는 것도 좋은 방법이다.

고객층이나 위치에 따라 홍보전략을 다르게 펼쳐라

프랜차이즈 가맹점을 하게 되면 본사의 준비된 마케팅의 힘으로 홍보가 되는 경우가 많지만 독립점포 창업자는 모든 일을 혼자서 해결해야 하는 까닭에 더 철저한 고객 홍보전략이 필요하다. 학원가에 점포가 있는 경우에는 주로 젊은 층을 상대로 홍보를 해야 한다. 이들은 어느 한 곳에 머무르지 않고 유동성이 많기 때문에 점포로 유인할 수 있는 동기가 필요하다.

경제 활동을 하지 않고 단순 소비 계층이기 때문에 가격, 특히 제품의 양에 매우 민감하다. 이런 곳에서는 무료 시식권이나 할인쿠폰을 제공하거나 일정 금액 이상을 이용하면 금액을 보상해 주는 누적점수

제 등이 효과를 볼 수 있다.

전철역 또는 버스환승 등 역세권에 위치한 점포는 주로 출퇴근하는 고객이나 유동 인구를 상대로 판촉해야 하므로 다소 범위가 넓다. 많은 사람들을 대상으로 홍보해야 하므로 점포를 알릴 수 있는 풍선 배포나 사은권 및 즉석식 복권 등을 제공하면 효과를 볼 수 있다.

반면 주거 밀집 지역이나 이와 가까운 시장 지역에 위치한 점포는 고객의 재방문을 유도하는 판촉이 유리하다. 제품이 가능하다면 배달 판매에 목적을 두고 판촉전략을 세우는 것도 유리하다고 할 수 있다. 이런 지역은 대체적으로 입에서 입으로 소문을 내는 방법이 효과를 볼 수 있는 만큼 신규 고객 창출과 함께 내점 고객에게도 각별한 신경을 써야 한다.

사무실이 많은 지역에서는 물론 샐러리맨들이 주요 공략 대상이다. 직장인들이 늘 점심 메뉴를 선택하는데 고민하는 점을 감안해 오전 출근 시간에 그날의 점심 특선 메뉴를 미리 홍보하거나 신속한 배달을 위한 기동력이 요구된다.

저가만이 전략이 아니다

박리다매란 말이 있다. 이익을 적게 남기는 대신 많이 팔아 매출액을 높이자는 것이다. 그러나 박리다매가 꼭 유리한 것은 아니다. 가격이 낮으면 품질을 의심받을 수 있고 어떤 경우에는 고객을 얕잡아 본다는 인상을 줄 수 있다. 예를 들어 점포 1인당 판매 단가가 5,000원이라 가정할 때 5,000원 구매 고객에게 사은품을 제공하기보다는 6,000원 구매 고객에게 제공하는 것이 효과적이다. 같은 내점객 수에 비해 판매 단가를 높이는 것이 더욱 효과적이기 때문이다.

차별화 전략

우선 상품 자체를 타점포와 차별화해야 한다. 내 점포에서만 구할 수 있는 상품이라면 더욱 좋다. 일본의 경우 연예인 사진전문점을 예로 들 수 있다. 이곳에서는 인기 연예인들의 평상시 생활 모습을 사진에 담아 진열하고 판매하는 데 골목 안에 위치한 점포임에도 다른 곳에서는 구할 수 없는 사진들을 독점 판매하므로 아침부터 매장 앞에 줄을 서야 할 정도로 호황을 누리고 있다.

부가가치 전략

상품의 부가가치를 높이는 전략이 필요하다. 꽃집의 경우 단순히 꽃을 팔기보다는 독특한 포장 기술을 익혀 고부가가치를 노리는 것이 좋다. 시간대별로 가격을 달리하는 서비스를 제공하는 것도 매출을 올릴 수 있는 한 방법이다. 장사는 대개 오후 2시 이후부터 바쁘고 그 전에는 한가한 편이다. 이 시간대에 가격을 10-20% 싸게 파는 '조조할인' 서비스를 선보인다면 고객확보에 큰 도움이 된다.

복합매장 전략

단순히 한 업종만 고집하기보다 어울리는 것끼리 복합매장을 꾸미는 것도 좋다. 예를 들면 기존 카페에다 입구에는 꽃집을 차리는 꽃카페 , CD를 판매하는 CD카페, 전문 서적을 살 수 있는 북카페와 소형액자나 도자기 소품을 파는 커피 갤러리 등이다.

이벤트 전략

유동 인구가 많은 곳일 경우 계절마다 취급 상품을 달리하는 이벤트 숍을 꾸밀 수 있고 상품을 취급하면서도 주마다 혹은 2-3일에 한 번씩 디스플레이에 변화를 주는 것도 고매출 전략의 하나다. 또한 일정액 이상 구입하면 사은품을 준다거나 외진 곳에 있는 점포일 경우 입간판을 들고 서서 적극적으로 홍보하는 전략도 세워 봄직하다.

창업 업종의 선택

예비 창업자들은 수많은 사업 아이템 중에서 자신의 적성과 경력, 관심도 등을 고려해 한 단계씩 범위를 좁혀 나가는 것이 업종을 선택하는 하나의 방법이 된다. 업종 선정 과정에서 가장 주의해야 할 점은 "이 사업이 장사가 잘된다"는 말만 듣고 뛰어드는 경우이다. 일단 일시적인 유행인지 여부와 적정한 수요가 어느 정도인지, 경쟁자의 진입 가능 여부, 그리고 사회적 물의를 일으킬 만한 소지는 없는지를 충분히 검토한 후 사업 참여 여부를 결정해야 한다.

몇 년 전 어느 여름 조개구이 전문점이 등장하여 상당한 인기를 끌면서 새로운 사업 아이템으로 각광받으며 등장했다. 그러나 불과 6개월 여만에 거의 소멸되고 말았다. 그리고 1997년 전성기였던 전화방이 어떻게 되고 있는가 생각해 보면 반짝하다 사라지는 업종에 뛰어든 경우에 얼마나 피해가 큰지 이해할 수 있을 것이다. 다음 업종들은 소자본으로 창업할 수 있는 것들이다.

3,000만 원 이하로 창업할 수 있는 업종

양혜숙 한국여성창업대학원장의 의견을 중심으로 소개한다.
우선 먹거리 업종 중 샌드위치 전문점과 행사음식 택배점을 들 수

있다. 샌드위치 전문점은 사무실 밀집지역의 2-3평 공간에서 10여 가
지 샌드위치만을 만들어 파는 곳으로 아침을 거른 직장인들의 식사
대용이나 다이어트에 관심이 많은 젊은 여성들의 점심 대용식으로 인
기를 끌고 있다. 행사음식 택배는 아이 돌이나 부모님 생신, 집들이
등 각종 집안 행사 때나 개업식, 단체 야유회 때 음식을 주문하면 사
람 수에 맞춰 정성스레 만든 음식을 원하는 시간에 배달해 주는 것을
말한다.

다음은 유명아동복 할인매장을 들 수 있다. 경기 불황으로 아이들
옷값에 대한 가계 부담이 만만찮아 알뜰 주부들의 관심을 끌기에 충
분하다. 유명 브랜드 상품을 상권에 맞춰 납품받을 수 있으므로 직접
시장 물건을 사들일 필요 없이 비교적 쉽게 장사할 수 있다.

과학 실험 교실도 소자본으로 시작할 수 있는 사업이다. 말 그대로
유아와 초등학생들을 대상으로 과학실습을 위주로 하는 학원이다.

어린이 대상 업종 중 즉석 동화책방도 쏠쏠하게 재미를 볼 수 있는
업종이다. 즉석에서 동화책을 인쇄·제본해 주는 것으로 유치원생과
초등학생은 물론 어른들도 기념일 등에 선물로 많이 찾는다.

컴퓨터 공부방도 3,000만 원 이하로 창업할 수 있는 업종 중 하나
다. 퍼스널 컴퓨터(PC) 5-10대 정도 구입하면 체인 본사에서 교과진
도에 맞는 학습 프로그램 등을 지원해 줘서 학생들을 직접 가르칠 수
있다.

카펫·간판 청소 전문점도 있다. 카펫과 간판만을 전문으로 청소하
는 업종으로 대개 2인 1조로 움직인다. 단란주점, 노래방 등 유흥업소
및 카펫이 달린 사무실 등을 단골로 청소하게 된다. 투자비용은 차량
구입비 및 청소기를 포함해 3,000만 원 이내로서 투자비용 대비 수익
이 비교적 높은 업종이다.

5,000만 원 이하로 창업할 수 있는 업종

다음은 소자본 점포창업 전문 컨설팅업체인 '스타트 비즈니스'가
서울 수도권의 상권과 업종간의 상관 관계를 조사한 결과를 요약한
것이다(《한국경제신문》, 1999. 2. 3.).

점포창업은 부동산과의 궁합이 성패를 좌우한다. "어디에서, 어떤
장사를 시작해야 할까?" 생계를 꾸려 나가기 위해 장사를 시작하려는
소자본 점포창업자들의 가장 큰 관심이다. 전문가들도 해당 지역의
부동산 특성과 업종의 궁합이 잘 맞아야 성공 가능성이 훨씬 높다고
강조한다.

5,000만 원으로 수입 소갈비 구이점을 내려면 논현, 신사, 역삼 등
강남지역과 마포구 공덕동 등 오피스 타운으로 가야 한다. 소갈비살 1
인분에 6,500원하는 안주에 소주를 부담 없이 즐길 수 있는 직장인이
풍부해서다.

칼국수집은 30-40대 주부들이 많이 사는 대단위 아파트 단지 주변
에 내는 것이 안정적이다. 분당 등 수도권 5대 신도시를 비롯하여 수
지, 행신 등 신도시와 붙어 있는 택지개발 지구를 노려 볼 만하다.

양재역은 오락실과 홈패션점, 천호 지역은 보세의류점, 상계 지역
은 생활용품점과 중고의류점을 낼 만하고, 자전거 도로가 발달해 있
는 산본 신도시에선 자전거대리점이 잘된다.

상권도 마찬가지다. 아파트 단지를 비롯한 단독주택 단지, 재래시
장, 오피스 지역, 지하철 역세권, 초중고 주변, 대학가와 학원가, 고시
촌 등에 따라 영업 내용을 달리해야 한다.

여대 앞 상권에서는 김밥, 와플, 액세서리 전문점을 비롯하여 미용
실, 팬시 문구점이 호황 업종이다.

강남역 등 회사원들이 많은 지역의 경우 안경점, 문구점, 도시락 전

문점이 유망하며 학원가는 컴퓨터 게임방, 커피 전문점, 노래방 등이
잘 나간다.

부동산 가치가 있어야 장사도 성공한다. 상가점포 운영은 수익을
올리는 것 외에 커다란 부수입이 있다. 이른바 ‘시설비+알파’ 로 주어
지는 ‘프리미엄’ 이 바로 그것이다. 점포를 양도하는 경우 기존의 고객
을 확보해 주고, 상권도 형성해 오는 등 무형의 자산을 물려주는 데
따른 대가이다. 전문가들이 ‘점포 위치와 업종’ 중 위치 선택이 창업
성패의 절반 이상을 결정 짓는 것으로 평가하는 것도 이 때문이다. 즉
부동산 특성을 제대로 반영한 업종에 뛰어들어야 성공 가능성도 높
고, 추후 권리금 등을 챙길 수 있기 때문이다.

이를 위해 창업에 앞서 예상 수익률을 정한 후 최소 2개월 이상 충
분한 시간을 갖고 유동인구 등 부동산 시장을 철저히 조사해야 한다
고 지적한다.

점포는 목이 중요하다. 역세권에 위치하거나 민자역사들이 새로 들
어서며 관리가 잘된 점포가 중장기적으로 투자가치가 높다. 또 사람
들의 왕래가 빈번한 버스 정류장이나 지하철 입구, 보행자 전용 도로
변에 위치한 상가가 입지가 괜찮다. 이들 지역은 경기 회복 때 우선
회생할 가능성이 높고 권리금의 상승 탄력도 강하기 때문이다.

창업하면서 임대료 등 부동산에 들어가는 부담을 줄이기 위해선 가
능한 보증금을 낮춰야 한다. 이 경우 초기 자본이 덜 드는 것이 장점
이지만, 월세 부담이 그만큼 커진다는 것을 감안해야 한다. 총 임대료
중 납입 보증금을 뺀 나머지에 대해 연 2부 이자로 월세를 책정하는
것이 관행이기 때문이다.

그러나 소자본으로 생계를 꾸려 갈 사업을 시작한다는 점에선 이
방법을 고려할 수 있다. 스타트 비즈니스의 김상훈 실장은 “자본금이
적은 것을 감안해 한때 호황을 누리다 금방 식어 버리는 ‘빤짝 장사’

보다는 매출 신장이 더디더라도 꾸준한 업종이 낫다"고 말했다.

다음은 자본금에 따라 창업할 수 있는 업종을 나열한 것이다.

- 1,000만 원대 : 야식 배달업, 재고 처리 대행, 실버 인력탱크, 핫 도그 전문점, 창고형 문구 전문점, 떡볶이 전문점, 미니 주스 바, 스포츠 캐릭터용품점.
- 2,000만 원대 : 참숯 직화구이 통닭 전문점, 샌드위치, 향수, 농협 식품, 커튼 전문점, 아기 사진 합성업.
- 3,000만 원대 : 황태요리, 생라면, 배낭여행용품 전문점, 영상학 습 CD롬 체인점, 편의점 위탁 경영.
- 4,000만 원대 : 생활한복 전문점, 즉석 현수막 체인점, 14K 금 전 문점, 유리창 디자인업, 패션속옷 전문점, 집안 청소 대행업.
- 5,000만 원대 : 대중 활어횟집, 참치회, 가격파괴 삼겹살 전문점, 어린이 컴퓨터 전문학원, 남성피부전용 관리센터, 카페 예식장, 레스팅룸, 만화방, CD롬 타이틀 전문점.

한국창업개발연구원(02-501-2001)은 창업자금에 따른 사업 업종 을 다음과 같이 추천하고 있다(《한국경제신문》 1999. 2. 1).

(1) 창업자금 : 3,000-4,000만 원.

　　문의처 : 꼬망떼(0331-213-3956).

　　재생 카트리지 사업 : 카트리지를 재생해서 되파는 사업.

　　유망입지 : 사무실 밀집 지역.

(2) 창업자금 : 2,000-3,000만 원.

　　문의처 : 레이저뱅크(02-3465-1325).

　　길거리 커피, 키오스크 사업 : 가판대나 초소형 점포에서 고급 커피나

간식류를 판매.

　　유망 입지 : 사무실 밀집 지역, 지하철역 주변.

(3) 창업자금 : 1,500-2,000만 원.

　　문의처 : 스타라이트 에스프레소바(02-930-9652).

　　이동 카센터 : 자가 운전자를 회원으로 모아 자동차를 수리해 주는 사업.

　　유망 입지 : 전국 주요 상권.

(4) 창업자금 : 1,000-1,500만 원.

　　문의처 : 카마스(02-3412-2722) .

　　길거리 간식업 : 소형차량과 간단한 주방기구를 갖추고 호떡, 계란빵
　　　　다코야키(문어구이빵) 등을 판매.

　　유망 입지 : 유동인구가 많은 대로변.

(5) 창업자금 : 500-1,500만 원.

　　문의처 : 앙코물산(02-3281-0115).

　　무점포 욕실리폼업 : 욕실의 타일 세면기 욕조 등에 특수 코팅을 해서
　　　　광택을 내는 사업.

　　유망 입지 : 대단위 아파트 지역, 주택가.

(6) 창업자금 : 1,000-1,500만 원.

　　문의처 : 홈아트(02-565-4321).

　　즉석 명함방 : 고성능 프린터 스캐너 등을 사용해 즉석에서 명함과 스
　　　　티커 제작.

　　유망 입지 : 사무실 밀집 지역.

(7) 창업자금 : 1,300-2,000만 원.

　　문의처 : 서울코리아사무기(02-521-4900).

　　음식배달전문점 : 족발, 해물탕, 보쌈 등을 취급하면서 배달만을 전문
　　　　으로 하는 음식점.

　　유망 입지 : 아파트 밀집 지역.

(8) 창업자금 : 1,000-1,500만 원.

　문의처 : 남도해물탕(02-675-1115).

　컴퓨터 공부방 : 자택에서 PC를 이용해 학습지도를 하는 사업.

　유망 입지 : 대형 아파트 주변.

(9) 창업자금 : 1,500-2,000만 원.

　문의처 : 세종교연(02-780-3232).

　인터넷 서점 : 인터넷을 통해 각종 서적을 판매.

　유망 입지 : 전국 주요 상권.

(10) 창업자금 : 1,500-2,000만 원.

　문의처 : 엔터컴(02-3452-6410).

　헤드헌터업: 구직을 원하는 전문인력 데이터베이스를 구축하고 이들
　　을 원하는 기업에 알선해 주는 사업.

　유망 입지 : 사무실 밀집 지역.

(11) 창업자금 : 1-1억5,000만 원.

　문의처 : 유니코서치(02-551-0313).

　비즈니스 센터 : 소규모 사업자에게 업무 공간과 사업 지원 서비스를
　　제공.

　유망 입지 : 주요 대도시 사무실 밀집 지역.

(12) 창업자금 : 2억 원 이상.

　문의처 : 비스빌(02-236-7780).

　점포디자인 지원업: 소점포를 대상으로 로고 캐릭터 제작 등으로 매
　　출 증대를 지원하는 사업.

　유망 입지 : 전국 주요 상권.

(13) 창업자금 : 500-1,500만 원.

　문의처 : 신바람 나는 세상(02-549-5048).

　산후 조리원 : 출산직후의 산모에게 산후조리 서비스를 제공.

유망 입지 : 중소규모 아파트 상가.

(14) 창업자금 : 8,000-1억 원.

　　문의처 : 김영란산후 조리원(02-999-5471).

　　세탁편의점: 고객이 맡긴 세탁물을 공장에서 세탁한 후 배달.

　　유망 입지 : 소형 아파트 단지, 주택 밀집 지역.

(15) 창업자금 : 2,000-3,000만 원.

　　문의처 : 크린뱅크(02-637-5161).

　　인터넷 게임방 : 인터넷과 컴퓨터 통신시설을 설치하고 네트워크 게
　　　　임 등 다양한 서비스 제공.

　　유망 입지 : 대학가, 역세권, 대규모 아파트 주변.

(16) 창업자금 : 7,000-8,000만 원.

　　문의처 : 사이버 천국(02-501-2287).

　　퀵 마사지 사업 : 짧은 시간 동안 고객이 원하는 신체 부위를 안마해
　　　　서 피로를 풀어 주는 사업.

　　유망 입지 : 사무실 밀집 지역.

(17) 창업자금 : 7,500-9,000만 원.

　　문의처 : 퀵 스포츠 마사지(02-501-3963).

　　맥반석 찜질방 : 맥반석에서 방출되는 원적외선을 쪼이게 하여 건강
　　　　을 증진시키는 사업.

　　유망 입지 : 부도심 상권, 대도시 교외 지역

여성에게 유리한 업종

여성이라고 해서 창업하는 데 특별히 불리할 것은 없다. 오히려 소
점포를 운영하는 데는 남성보다 유리할 수 있다.

한국여성창업대학 양혜숙 원장은 여성들이 창업하기 좋은 유망업

종으로 다음 업종을 추천하고 있다(《경향신문》, 1997. 10. 19.).

샌드위치 전문점

일반 패스트 푸드점과는 달리 4-5가지의 샌드위치와 샐러드, 생과일 뷔페, 생과일 주스 판매를 겸하는 업종이다. 사무실 밀집 지역 중 젊은 여성 유동 인구가 많은 곳에 5평 이내 공간이 적합하다. 창업비용은 점포비용을 제외하고 1,500만 원 정도면 충분하다. 1일 10만 원 매출에 마진률 80%로 25일 동안 영업하면 월 200만 원의 매출 이익을 얻을 수 있다. 여기서 경상비(임대료, 관리비 등)를 제하면 월 150만 원 정도 순이익이 발생한다.

목욕용품 전문점

보디로션, 배스오일, 거품목욕제 등 목욕용품과 목욕 가운 · 수건 · 스펀지 등 관련 제품들을 한꺼번에 판매하는 곳이다. 젊은 여성 유동 인구가 많은 대로변이나 지하상가, 2,000세대 이상 아파트 밀집 지역 부근 상가 등이 있는 곳에 적합하다. 1일 50만 원 매출시 마진률이 30-40%로 월 430만 원 정도 매출이익이 생긴다. 10평 규모에 점포비용을 제외한 창업비용이 3,000만 원 정도 든다.

꽃 인테리어점

생화, 조화뿐만 아니라 액자, 장식소품 등 꽃과 관련된 인테리어용품도 함께 판매한다. 기존 꽃집이나 꽃 배달전문점에 인테리어 소품을 추가해서 부가가치를 낼 수 있는 업종이다. 점포는 2,000세대 이상 주택가와 아파트 밀집 지역, 여성 유동 인구가 많은 곳이 좋다. 투자비용은 10평 점포를 기준으로 점포비용을 제외하고 3-4천만 원 정도이다. 1일 평균 20만 원 정도 매출을 올리며 마진율 50%를 적용하면

월 300만 원 정도의 매출이익을 얻을 수 있다.

창업 사례

슈퍼마켓 운영

다음은 소창업에 성공한 사례를 《매일경제신문》(1999. 5. 20)에서 인용하기로 한다. 이 사례에서는 운영을 어떻게 하고 있는가를 살펴보는 것이 중요하다.

인천에서 한우물장터란 슈퍼마켓을 운영하고 있는 김 사장은 중소 자영업자로서는 드물게 POS 시스템을 도입해 매장을 운영하고 있다. 과학적이고 효율적으로 상품을 판매하고 재고 관리를 한 덕택에 창업 초기의 어려움을 딛고 이제는 연 20억 원의 매출을 올릴 정도로 안정적으로 점포를 해오고 있다. "창업 초기에는 주먹구구식으로 점포를 운영하다 보니 재고를 제대로 파악할 수 없었습니다. 물건은 잘 팔리는 것 같은데 나중에 따져 보면 밑지는 경우가 많았습니다."

김씨는 전문가의 조언으로 POS를 도입했다. 그는 "신라면이 하루에 몇 개가 들어오고 얼마나 팔렸는지, 재고는 몇 개나 남았는지 훤히 파악할 수 있게 된 후 손실이 줄어 마진이 높아지고 이익도 제법 내게 됐다"고 말한다. 과학적인 점포 운영 기법이 중소 슈퍼마켓의 불리함을 딛고 김 사장이 창업에 성공할 수 있게 된 원동력이었던 것이다.

점포 관리

같은 업종에 종사하더라도 김씨의 경우처럼 어떻게 매장을 운영하는가에 따라 매출과 수익이 달라진다. 물론 점포가 위치한 입지적 조건에 따라 매출액은 천차만별로 달라지지만, 더 근본적인 문제는 점포 운영에 달려 있다. 점주의 점포 관리 방법은 입지의 불리함을 극복하게 만들어 주기도 하며 좋은 입지를 죽이기도 한다. 점포 운영에 있어 제품의 수주, 발주 및 재고 관리는 필수적이다. 일반적으로 제품 판매는 열심히 하지만 재고 관리에는 등한시하는 점주가 많다. 이렇다 보니 매장관리는 주먹구구식일 수밖에 없다.

우선 제품 재고 관리를 위해서는 점포 내에서 사용되는 재료의 목록표를 작성해 날마다 제품 생산량과 연계하여 관리할 필요가 있다. 이를 위해 하루 판매 계획과 예측이 필요한데 이는 점포의 주변 상황, 매출과 직결되는 상황을 점검하면 어렵지 않게 파악할 수 있다.

이에 맞춰 사전에 제품의 수급과 발주에도 신경을 써야 한다. 매출액 예측은 점포 개점 후 약 15일이면 차후 매출이 가능하기 때문에 날마다 필요한 재료의 양을 점검해야 한다.

물론 이러한 자료를 준비하고 예측하려면 각 제품의 매뉴얼을 따라 소요되는 양이 정확히 파악돼야 한다. 제품 제조 매뉴얼이 필요한 것도 이 때문이다. 점포에서 사용되는 제품 항목을 종류별로 기록해 분류하고 리스트를 작성하는 것이 중요하다. 이때 제품의 포장 단위, 제조 회사, 유통 기한, 보관 상태 등을 점검해 일일장부를 만들어 기록하면 좋다. 식품 또는 외식업 점포 운영자는 여름철에는 특히 보존 기간과 보관법에도 더욱 각별한 신경을 써야 한다.

POS 도입

규모가 큰 레스토랑이나 패스트푸드의 경우 POS프로그램이 잘 갖추어져 있어 큰 문제는 없지만, 중소 체인점이나 개별 업소에서 이를 활용하기가 쉽지 않다. 그러나 못한다고 안 할 수는 없는 일이다. 시중의 금전등록기를 구입하여 사용해도 큰 문제는 없다. 다만 계산할 때는 항시 사용하여 정확한 계산과 영수증을 발급해야 한다. 보통 점포주의 주머니에서 계산이 이루어지면 매일매일의 정확한 매출이나 판매 제품의 판매비용을 알기가 곤란하다. 매장 안에서 금전 관리는 점포주가 먼저 철저히 하면 그에 따르는 종업원들도 공급에 손댈 수 없다. 매출의 정확한 집계, 제품의 판매비율, 시간대별 판매금액 및 품목 수 등을 애초부터 기록하고 분석하면 미래 상황을 예측하는데 도움이 된다. 이러한 자료는 곧 소비자의 기호를 나타내는 것이고 자기 점포의 인기 품목, 비인기 품목들이 일목요연하게 나타나게 되어 앞으로 점포 활성화에 많은 도움을 준다.

마진 관리

흔히 "앞으로 남고 뒤로 밑진다"라는 말이 있다. 이는 마진율에 집착한 나머지 고정성 및 유동성 경비를 계상하지 않고 마진율에 따라 업종을 선택하는데 그 잘못이 있다. 따라서 마진율이 높다고 반드시 최상이라고 봐서는 안 된다.

예를 들어 커피전문점의 경우 마진률이 90%라고 치자. 보통 점포주들은 대부분 매출이 그냥 다 남는 것으로 생각하고 그 외의 지출액에 대해서는 미처 생각을 못하는 경우가 많다. 물론 원가가 적게 들어가면 그만큼 수익성이 좋아지는 것은 사실이나, 낮은 만큼 다른 부대서비스가 있어야 한다. 마진율이 높고 낮음은 매장의 전체 매출에 따라 바뀔 수 있다. 매장에서의 마진율은 매출액에서 원가를 제한 후 고정경비인 임대료, 수도, 전기료, 관리비, 인건비, 수선유지비, 제세공과금 등을 추가로 뺀 나머지 금액으로 계산해야 한다.

점포를 개점하는 데 들어간 총비용의 월 2% 수익이 보장되면 일단은 성공적인 셈이다. 연리 24% 수익을 감안하면 은행금리보다 훨씬 높게 발생하기 때문이다.

일본에서 지금 뜨고 있는 아이템

장기 불황을 겪고 있는 일본에서도 요즘 소자본 창업 열풍이 불고 있다. 일본 소자본 창업의 특징은 각종 아이디어가 속출한다는 점이다. 다음 글은 《매일경제신문》(1999. 5. 12)이 소개하고 있는 내용이다. 일본에서 유행하는 사업은 짧은 시간 안에 한국에 직접 영향을 미친다는 점을 생각할 때 이를 참조할 필요가 있다고 본다.

일본의 창업 아이템 중 일부는 몇 개월 간격을 두고 우리 나라에 상륙해 인기를 끈다. 최근 일본에 등장해 주목을 받고 있는 새로운 사업 아이템 몇 가지를 소개한다.

모발 서비스업

한 조사에 따르면 우리 나라 성인 남자 중 23.3%가 탈모 증세를 보인 것으로 나타났다. 4명 중 1명은 대머리거나 대머리가 될 운명에 처해 있다는 얘기다. 사정은 일본도 마찬가지이다. 그래서인지 최근 일본에서는 모발 관리 서비스업이 성업 중이다. 모발 서비스업은 간단히 말해 대머리 또는 탈모 증세가 있는 사람들을 위해 모발을 잘 나게 해주고, 경우에 따라서는 인공 모발을 이식해 주는 사업을 말한다. 대표적인 일본의 모발관리 업체는 아트네이쳐인데, 이 회사는 '아트론 180'이라는 인공 모발을 개발해 다양한 방식으로 응용, 시술하고 있다. 이 제품은 특히 형상기억 기능이 있어 비나 바람 등에 노출되어도 자연적으로 복원되는 탄력성이 있어서 인기를 끌고 있다.

재활용 서점체인

이 사업은 고서적을 편의점 형태로 판매할 수 있을 것이라는 아이디어에서 탄생했다. 대표적인 기업은 지난 1991년 창업해 5년 간 114

개 점포를 전국 체인망으로 확대시킨 '북오프(book off)'사이다. 이 회사는 헌책을 정가의 10-15%에 매입해 정가의 50%에 판매한다.

특히 문고판과 재고도서, 만화 등 인기 품목을 취급하고 있어 가맹점이 계속 늘어나는 추세다. 우리 나라에 이런 형태의 중고서적 체인점은 없으나 최근 재고도서 전문체인점인 '한글피아'가 정가의 22%에 공급받아 가맹점에 35%의 가격으로 넘겨 일반인들에게 정가의 50%를 받고 파는 사업을 벌이고 있다.

위스키통을 재활용한 가구 판매 사업

위스키통을 재활용해 가구를 만들어 파는 사업이다. 도쿄에 있는 포레스트사는 위스키 제조업체인 산토리로부터 재료를 구입해 가구를 제작, 판매하고 있다. 4개월 만에 매출이 두 배로 증가할 정도로 인기를 모으고 있다. 원재료는 100년 이상 된 졸참나무이며 가구 완제품은 50-70년 동안 위스키통으로 사용된 것들이다.

서서 먹는 스테이크점

스테이크는 '비싼 음식'이라는 인식이 지배적이다. 그러나 일본의 'V1'이라는 회사는 500엔 짜리 스테이크를 판매해 눈길을 끌었다. 이 회사가 스테이크를 이처럼 싼 가격에 팔 수 있는 것은 의자 없이 식탁만 배치해 손님들이 서서 먹도록 하는 방식으로 인건비 등을 대폭 줄였기 때문이다. 판매대에서 고객이 직접 구입해 주문하는 시스템을 갖추고 있으며, 조리도 손님이 자신의 입맛에 맞게 직접 만들어 먹는다. 이 회사는 인건비 절약비용을 음식 장사에서 가장 중요한 '재료'와 '맛'에 집중 투자해 고객들의 평판도 좋다. 특히 바쁜 직장인들에게 서서 먹는 값싼 스테이크는 큰 인기를 끌고 있다.

골프 도우미, '포켓 캐디'

'포켓 캐디'는 말 그대로 호주머니 속의 캐디를 의미한다. 즉 캐디 역할을 해주는 작은 기계이다. 주요 기능은 골퍼의 타수를 자동으로 계산해 주고 비거리(飛距離)까지 측정해 준다. 또 그린에 공이 올라갔을 때 홀까지의 피트로 거리를 계산한다. 전체 코스를 돌았을 때 운동량을 측정해 맥주 몇 잔으로 소모된 칼로리를 보충하라는 익살스런 메시지도 전달해 많은 일본 골퍼들에게 사랑을 받고 있다. 이달 초에 디케디사가 개발, 시판하고 있는 포켓 캐디의 가격은 3,900엔 정도이다.

클리닝 서비스, 세탁 택배

일본에서는 노령화 등으로 인기를 끄는 사업들이 많다. 클리닝 서비스도 그중 하나. 스미모토상사는 도쿄 종합 신용 등 2개 회사와 공동으로 의류세탁업을 중심으로 택배 서비스 사업을 벌이고 있다. 현재 도쿄 부근에 7개 체인점을 운영하고 있으며, 3-4년 안에 점포를 1,000개로 늘릴 계획이다. 체인점 가입비용은 30만 엔에 불과하기 때문에 소자본 창업에 적합하다.

성냥 전문점 매치컬렉션즈

일본에서 성냥 수집붐이 불면서 성냥 전문점도 가파른 성장세를 보이고 있다. 지난 1991년 설립된 매치컬렉션즈는 메이지 시대의 성냥을 포함해 최근에 유행하는 패션 성냥까지 수천 종을 판매하고 있다. 특히 회사 설립자인 구로타 씨가 제작한 메이지 시대 성냥 복제품은 없어서 못 팔 만큼 인기를 끌고 있다.

최근 창업에 관한 서적만큼 인기 높은 책은 없을 것이다. 따라서 이 방면에 관한 서적도 다양하다. 150종 이상의 책이 시중 서점에 나와 있다. 이를 다 읽고 창업하거나 창업의 방향을 잡으려 한다면 아마 창업할 기회를 놓치고 말 것이다. 그러므로 창업에 대한 일반적인 서적을 읽고, 창업 분야를 몇 가지 선택한 후 그 분야에 관한 서적을 검토하며 확실히 한 후 창업 준비를 해나가야 한다. 참고로 시중에 나온 서적의 일부를 아래에 정리해 놓았다. 참고하길 바란다.

최장섭 외, 『IMF형 창업 10가지 실무전략』(S/W포함), 미래와경영, 1998.

양혜숙, 『맨손 창업 맞춤 창업 BEST74』, 가림출판사, 1998.

김병술, 『무역업의 창업과 경영』, 두남, 1998.

서종상 외, 『벤처 · 중소기업 창업실무』, 세학사, 1999.

홍성도, 『벤처기업 창업경영론』, 학문사, 1998.

백형기, 『벤처기업 창업과 경영전략』(S/W포함), 미래와경영, 1999.

방경일, 『(만화로보는)벤처창업 길라잡이』, 더난출판사, 1998.

하세용, 『사이버 비즈니스 창업하기』, 키출판사, 1999.

타시로 케이시, 『소자본 창업 노하우』, 중명, 1998.

동우상, 『아이디어와 PC 한 대로 시작하는 IP창업』, 전자신문사, 1998.

남경두 외, 『인터넷 창업 길라잡이』, 정보문화사, 1998.

김선영, 『일본 창업아이디어 발빠르게 따라잡기』, 민중출판사, 1999.

노정용, 『전자상거래 창업에 성공한 사람들』, 현실과미래사, 1999.

남영기 외, 『전자상거래와 창업』, 커뮤니케이션북스, 1999.

정대용, 『창업 성장전략』, 이십일세기북스새날, 1998.

서진형 편, 『(공인중개사)창업과 경영』, 부동산연구사, 1999.

신용하 외, 『창업과 벤처』, 극동기술경영연구원, 1998.

고지석, 『창업과 세금』, 한국세정신문사, 1999.

김광희, 『(돈이 솔솔 굴러 들어오는)창업마케팅』, 미래와경영, 1999.

황만순, 『창업실무』, 세경자료사, 1994.

켄박, 『창업 천국 미국을 배운다』, 행림출판사, 1998.

편집부 편, 『취업 · 창업 이렇게 도와드립니다』(실업가취업가이드 2),
　　　　매일경제신문사, 1998.

박영철, 『퍼펙트 창업론』, 서울경영컨설팅그룹, 1999.

장우상, 『한 권으로 끝내는 창업』, 진문사, 1999.

8 장

인터넷 비즈니스

이건창

현재 성균관대학교 경영학부 교수이고, 그루터기 교회의 집사로 섬기고 있다. 전공은 경영정보 시스템(MIS)이고 주요 연구 분야는 의사결정지원, 전자상거래, 지식경영 등이다. 특히 많은 기업체에서 수요예측, 인터넷 비즈니스와 관련된 초청 강의를 하고 있으며 미국 뉴욕과학원(New York Academy of Science), 미국과학진흥협회(American Association for the Advancement of Science) 초청 회원이기도 하다. 세계인명록(Who's Who in the World)에 1998년 이래로 등재되어 있다.

우리가 살고 있는 세상에는 반드시 직업이라는 것이 존재하기 마련이다. 이것은 누가 시켜서가 아니고 사람이 모인 곳에는 반드시 상거래에 대한 필요가 생기기 마련이고, 이러한 필요를 충족시키기 위한 다양한 유형의 직업이 자연스럽게 생겨난다. 예를 들어 사람들이 땀을 뻘뻘 흘리면서 등산을 하는 곳에는 자연스럽게 시원한 빙과류를 파는 장사가 생겨나는 것과 같은 이치이다.

이러한 견지에서 볼 때 최근 인터넷을 활용한 다양한 인터넷 비즈니스 유형이 등장하는 것도 같은 이유 때문이다. 인터넷이라고 하는 편리한 통신매체가 몇몇 전문가들에 의해서만 사용되던 몇 년 전과는 달리 지금은 일반인도 통신계정만 가지고 있으면 누구든지 쉽게 인터넷을 활용할 수가 있기 때문에 인터넷 활용이 점점 보편화되어 가고 있는 추세에 있다. 인터넷 비즈니스는 점포 마련 등 시설투자금액이 거의 들지 않기 때문에 손쉽게 시작할 수 있기 때문에 새로이 사업을 시작하고자 하는 사람들에게는 매우 매력적인 사업이 될 수 있다.

미국의 유명한 통신업체인 쓰리콤(3Com)의 사장인 멧칼프(Metcalfe)는 이러한 현상을 재미있게 설명하였다. 즉 어느 통신매체를 사용하는 사람의 수가 많아지게 되면 그 사용자 수의 제곱에 해당되는 것만큼 해당 통신매체 사용에 따른 효용도 증가된다고 지적하였다.

예를 들어 전화를 보자. 전화의 경우 전화를 사용하는 사람의 수가 많지 않을 때는 전화는 말 그대로 통화를 하는 수단 이상의 의미가 없었다. 그러나 전화를 사용하는 사람의 숫자가 점점 늘어감에 따라 전화를 단순히 통화만 하는 수단이 아니라 보다 다양한 필요, 즉 마케팅의 수단, 여론조사의 수단, 팩스 또는 컴퓨터통신의 수단으로 활용하는 사람의 수가 늘어가게 되었다. 이렇게 되자 이러한 필요를 갖는 사람들이 더욱더 전화를 가입하여 사용하게 되고, 이는 다시 또 다른 새로운 차원의 필요를 낳고 끊임없는 연관 관계를 맺어서 오늘날과 같이 전화를 사용하지 않는 사람이 없을 정도로 널리 사용하게 된 것이다. 이같이 특정 통신매체가 등장하여 널리 사용하게 될 때까지 일어나는 일련의 현상을 '멧칼프의 법칙'이라고 한다.

이렇게 많은 사람들이 인터넷을 쓰고 있다면 또한 자연스럽게 인터넷을 보다 유익하고 부가가치가 높게 활용하고자 하는 니즈(needs, 즉 필요)가 발생될 것이고 이것이 상거래로 나타난 것이 '인터넷 비즈니스'라고 말할 수 있다. 예를 들어 아마존(www.amazon.com), 델(www.dell.com) 등은 현재 인터넷에서 활동하고 있는 대표적인 신 비즈니스이다.

아마존은 기존의 서적 판매의 유형을 완전히 뒤바꾸어 놓은 비즈니스로서 인터넷으로 검색하여 자기가 사고자 하는 책을 선택하고 신용카드 번호만 입력하면 원하는 장소로 책이 배달되는 형태를 가지고 있다. 즉 책을 구매하고자 하는 사람들이 일일이 시간을 허비해 가면서 책방을 가지 않아도 된다는 장점 외에도 사고자 하는 책 목록을 매우 손쉽고 빠르게 찾아볼 수 있다는 점이 사용자들의 관심을 끄는 주요 이유 중의 하나이다.

한편 델은 인터넷에서만 컴퓨터를 주문받고 이를 판매하는 회사이다. 따라서 사용자들은 인터넷을 통하여 자기가 원하는 사양의 컴퓨터를 마음대로 주문할 수 있고, 배달 역시 원하는 장소로 해주기 때문에 컴퓨터 판매에 관한 기존 유통망을 통하지 않고도 얼마든지 소비자들에게 다가갈 수 있는 잇점이 있다.

이같이 인터넷이라고 하는 새로운 문명의 이기를 이용하여 기존의 비즈니스 유형과는 전혀 다른 새로운 유형의 비즈니스를 창조하는 것은 비용 면이나 시간 면에서 기존의 비즈니스 유형보다 훨씬 효과적이다. 이러한 인터넷 기반의 기업 활동을 총칭하여 인터넷 비즈니스 또는 전자상거래(Electronic Commerce)라고 부른다.

이러한 인터넷 기반의 상업 활동을 하는 기업들은 대부분 적은 인력과 비용으로 가상의 공간에서 기존의 기업들이 예상할 수 없었던 고부가가치들을 창출하고 있다. 왜냐하면, 인터넷은 광고, 홍보, 소비자 지원체제, 유통채널, 조직 내외의 통신수단 등 광범위한 분야에서 기업들의 경쟁력을 강화하기 위한 수단으로 사용할 수 있기 때문이다. 따라서 인터넷을 이용한 기업활동은 궁극적으로는 기존의 비즈니스가 앞으로 나아가야 할 미래의 방향을 제시하고 있다고 볼 수 있다. 이와 같은 인터넷 기반의 전자상거래의 진면목을 파악하기 위해서는 먼저 여기에 대한 정의와 특성, 그리고 등장 배경들을 살펴보아야 할 것이다. 또한 현재 국내외에서 인터넷 비즈니스의 특성을 십분 활용한 미래 지향적인 비즈니스 유형을 정리해 볼 필요가 있다.

인터넷 비즈니스 정의 및 등장 배경

인터넷 비즈니스에 대한 8가지 정의

인터넷을 활용하는 정보 서비스 중에서 최근 가장 유망한 분야로 급부상하고 있는 것이 인터넷 비즈니스다. 그런데 이러한 인터넷 비즈니스에 대해서는 많은 사람들이 정의를 내리려고 하고 있지만 확실하게 어떠한 정의가 내려진 상태는 아니다. 왜냐하면 인터넷 비즈니스라는 단어 자체가 여러 가지 의미로 사용되고 있고 그 관련 분야 또한 너무나 방대하기 때문이다. 그렇지만 확실한 정의가 내려져 있지 않다고 해서 이를 이해하기 어려운 것은 아니다.

인터넷 비즈니스에 대한 정의를 내리기 전에 기존의 연구자들은 인터넷 비즈니스에 대해서 어떠한 정의들을 내리고 있는지 몇 가지 정의들을 살펴보자.

첫째, 인터넷 자원을 활용하는 무역, 유통, 금융, 서비스 등의 상거래를 말한다.

둘째, 기업간 혹은 기업 내의 모든 거래 업무를 컴퓨터를 통해 수행할 수 있도록 전자금융, 전자자료교환(Electronic Data Interchange: EDI), 전자우편 등의 서비스를 총제적으로 지원하는 종합정보시스템을 말한다.

셋째, 인터넷상의 쇼핑몰을 통하여 상품이나 서비스를 소비자에게 판매하는 상거래를 말한다(자료 : 《전자신문》, 1997년 1월 1일).

넷째, 네트워크와 컴퓨터를 이용한 상거래를 말한다(자료 : 월간 *Internet* 1996년 9월호).

다섯째, 여러 가지 개별적인 기술을 통합해서 상거래와 관련된 기술정보와 제반 교역에 필요한 정보를 자동적으로 교환한다. 그리고, 이를 통해서 상거래 방식을 재창조하고 그에 따른 비용 절감과 고객 만족을 이루는 행위를 말한다(자료 : 월간 *Internet* 1996년 10월호).

여섯째, 기업이 인터넷이나 네트워크를 이용하여 행하는 상거래를 의미한다(자료 : 《전자신문》, 조사부).

일곱째, 비용은 줄이면서 서비스의 질을 높이고 서비스를 더욱 빨리 제공하고자 하는 기업과 판매자, 소비자의 욕구를 충족시킬 수 있는 현대 비즈니스의 새로운 방법론이다. 또한 이 용어는 개인과 기업의 의사결정을 돕기 위해 컴퓨터 네트워크를 이용하여 정보를 검색하는 것을 가리키기도 한다(자료 : Kalakota & Whinston, *Frontiers of Electronic Commerce*, Addison & Wesley, 1996).

여덟째, 기업내 혹은 기업과 기업간 거래관계의 모든 프로세스를 전자적으로 처리하는 것이다.

이와 같은 몇 가지 정의들은 인터넷 비즈니스가 단순한 상거래의 차원을 넘어서 모든 산업 분야에서 이용되고 있음을 의미한다. 그러므로 여기에서는 인터넷 비즈니스를 다음과 같이 정의를 내리고자 한다.

"네트워크나 인터넷상의 가상공간을 통하여 개인 및 기업을 포함한 모든 상거래 주체간에 이루어지는 상거래 관련 행위".

그러면 이제 우리가 이러한 정의를 갖고 있는 인터넷 비즈니스를 바라볼 때 어떠한 시각에서 접근해야 제대로 접근할 수 있겠는가? 여러 가지 접근 방법이 있겠지만 우선 다음과 같이 좁은 의미와 넓은 의미 두 가지 시각에서 접근해 볼 수 있다.

첫째, 좁은 의미의 인터넷 비즈니스는 단순히 가상점포와 쇼핑몰 정도를 의미한다.

둘째, 넓은 의미의 인터넷 비즈니스는 칼스(Commerce At Light Speed : CALS) 구축 등을 통한 가상점포와 쇼핑몰을 포함한 제조업, 소매업, 은행, 금융, 출판, 연예, 광고, 기술 제휴, 인력 채용, 증권, 교육 등의 모든 가치 창출이 가능한 서비스에 대해서 가상공간상에서 이루어지는 상거래 행위를 의미한다.

위와 같은 두 가지 시각 중에서 어떠한 시각이 정확한 시각이라고 말할 수는 없다. 그러나 현재 우리의 주변 시장 환경을 바라볼 때, 인터넷 가상공간상에서 이루어지고 있는 인터넷 비즈니스는 넓은 의미로 해석해야 옳을 것이다.

앞으로 이러한 시각에 입각해서 살펴보게 될 인터넷 비즈니스는 여러 가지 목적을 가지고 있겠지만, 크게 다음과 같이 6개 정도의 목적을 갖고 있다(자료 : *Oracle Electronic Commerce Strategy*, 오라클 기술백서, 1997. - http://www.oracle.co.kr/headline/ecwp.html).

- 다양한 고객층을 상대로 한 매출의 증가.
- 매출을 위해 소요되는 원가 및 광고비 등의 비용절감.
- 제품의 수명 주기 단축.
- 고객의 요구에 대한 신속한 반응.
- 고품질의 온라인 서비스 제공.
- 범세계적인 고객 지원.

이러한 목적을 가지고 출발한 인터넷 비즈니스의 등장 배경을 살펴
보자.

등장 배경

현대 사회에서는 정보기술의 급속한 발달에 따라 산업구조 및 소비
자 의식도 함께 변화되었다. 10여 년 전까지만 하더라도 컴퓨터를 단
지 소수의 전문가들만이 전문적인 목적을 위하여 사용하는 도구로 인
식하고 있었다. 그러던 것이 1980년대 초에 개인용 컴퓨터가 출현하
면서부터 정보기술의 발전과 함께 처리 속도와 메모리 분야의 눈부신
성능 향상을 통하여 개인용 컴퓨터의 이용률이 급격히 증가하였다.
이러한 영향에 의해서 대부분의 기업에서는 컴퓨터가 필수적인 사무
용 도구가 되었다. 뿐만 아니라 거듭되는 컴퓨터 가격의 하락으로 인
해서 개인용 컴퓨터는 이제 가전제품이 되어 버렸다(이재규 & 조영희
1997).

가정에 컴퓨터가 급속하게 보급됨으로 인해서 사용자들은 가정에
서 편안하게 쇼핑을 하고 싶어하게 되었다. 이러한 목적과 배경에 의
해서 인터넷 비즈니스가 탄생하게 된 것이다. 그러나 어느 한순간에
갑자기 인터넷 비즈니스가 시작된 것은 아니다. 인터넷 비즈니스가
태동하기까지에는 여러 가지 모양의 정보 교환 도구들이 사용되었다.
가장 기본적인 것으로는 먼저 전자자료 교환을 들 수 있다. 전자자료
교환은 원래 기업 내부의 부서간 자료 교환을 네트워크를 통하여 자
동으로 처리하던 것을 의미한다. 기존의 전자자료 교환은 일반적으로
부가가치 통신망(Value Added Network : VAN) 등의 전용 네트워크
상에서 이루어졌다.

그러나 인터넷의 급속한 보급에 따라서 인터넷상에서도 전자자료

교환 실현이 가능하게 되었다. 특히 웹서버를 통하여 정보를 자유롭게 검색 및 발신할 수 있게 됨으로써 새로운 가능성이 보이고 있다. 각 기업은 이러한 정보 교환 기능을 이용하여 인터넷상에 홈페이지를 통하여 자사의 온라인 광고를 할 수 있게 되었다. 더 나아가 인터넷을 통하여 기업 전반에 대한 업무정보 즉 수발주 업무, 재고 관리, 조회 등에 관련된 정보를 세계 어디에서든지 교환할 수 있게 된 것이다. 결국 기존의 전자자료 교환 네트워크와 인터넷의 이러한 개방성을 통합하여 글로벌 네트워크(Global Network)를 구축할 수 있게 된 것이다. 이러한 정보 교환 기술의 발전에 따른 소비자와 기업 그리고 산업의 변화를 간단히 나타내면 〈도표 8-2〉와 같다.

도표 8-2 정보기술의 발전에 따른 소비자와 기업, 산업의 변화

풍부한 정보를 얻는다
시간에 구애받지 않고 물품을 구입할 수 있다
거리에상관없이 물건을구할 수 있다

소비자의 변화

거래의 합리화
생산, 유통, 판매비 등의 비용 절감
완전한 자유 경쟁 체제

기업의 변화

산업의 구조적 변화

경제의 활성화
국제 경쟁력의 강화
유통의 변혁
새로운 가치 창출

　앞에서는 인터넷 비즈니스의 등장 배경을 간단하게 소개했는데, 이제부터 인터넷 비즈니스와 관련된 몇 가지 기술의 변화 과정을 살펴보면서 인터넷 비즈니스의 자세한 등장 배경을 살펴보자.

전자자료 교환(Electronic Data Interchange : EDI)

　인터넷 비즈니스가 지금의 형태로 발전하기까지는 전자자료 교환이라는 기초가 있었다. 전자자료 교환을 기준으로 사업자 또는 공급자들은 각자의 개별적인 네트워크를 구축하였고 이를 통하여 주문, 청구, 지불 등의 작업을 처리했었다. 전자자료 교환이 어떻게 오늘날의 인터넷 비즈니스로 발전했는지 그 과정을 그림으로 나타내면 다음과 같다.

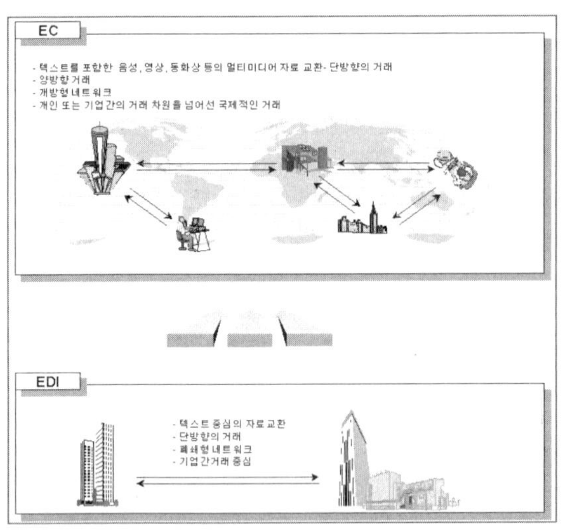

그림 8-1. 전자자료 교환에서 인터넷 비즈니스로의 변천

인터넷 비즈니스와 칼스

최근 인터넷에 인터넷 비즈니스와 거의 동일한 의미로 칼스라는 개념이 도입되어 사용되고 있는데, 본래의 의미는 인터넷 비즈니스와는 다른 것이었다. 그렇다면 그 본래의 의미는 무엇이었으며 어떻게 인터넷 비즈니스와 동일한 의미로 사용되고 있는지에 대해서 알아보기로 하자.

1982년 미국 와인버거 국방장관은 군수물자 획득 및 운영비 절감 방안을 강구할 것을 연구진에게 지시했다. 바로 이 연구 결과에 의해서 칼스는 태동되었다. 그때까지 미 육군은 우수한 통신 장비를 보유하고 있음에도 불구하고 무기 하나를 관리하기 위해서 산더미 같은 서류를 관리해야만 했었다. 이러한 사정은 해군 및 공군의 경우에 있어서도 마찬가지였다. 이에 따른 비용도 실제 무기 구입 비용보다 더 많이 소비되었다. 미국에서는 이러한 모든 무기 구입 및 유지 관리와 관된 자료를 전산화하기로 결정했다. 이때 칼스는 군수지원 전산화의 개념으로 출발했으며 계속해서 다른 의미로 변천되었다. 그 과정을 단계별로 요약하면 다음과 같다.

1단계 : 군수 지원 전산화(Computer Aided Logistic Support)
　　　미 국방성이 효율적인 무기 조달 및 정비 유지를 위해 모든 정보를 통합 관리할 수 있도록 만든 자료처리 환경을 의미한다.

2단계 : 무기 획득 및 군수 지원 전산화(Computer-aided Acquisition & Logistic Support)
　　　여기서 칼스는 단순한 무기 조달 및 정비 유지가 아니라 총체적인 군수 지원을 의미한다. 이러한 시스템에서는 기술정보를 한번 입력하여 구축된 데이터베이스는 모든 관련 업체들이 공유할 수 있다. 그러므로 정보의 재입력이 필요 없게 되어 업무 혁신과 함께 전체적인 비용 절감 효과를 거둘 수 있다.

3단계 : 통합 수명 주기 지원 전산화(Continuous Acquisition & Life-cycle Support)

칼스의 응용 분야가 군수 지원이라는 특수한 영역을 떠나서 광범위한 제품 수명 주기 지원으로까지 확대되었다. 제품의 발주, 수주, 구매, 개발, 제조, 유통, 폐기 등의 전 순환 과정을 관리할 수 있도록 지원해 주는 제품의 총체적 관리를 의미한다. 이러한 개념이 제조업을 포함한 모든 산업 분야의 산업정보화 전략으로까지 발전하게 되었다.

4단계 : 광속의 거래 칼스(Commerce At Light Speed: CALS)

여기서는 칼스가 통신에 의한 정보전달 과정에 주목하고 있다. 각국의 국가 정보통신망 초고속화 계획과 인터넷 사용의 확산과 더불어 전세계를 연결하는 초고속 통신망의 기반 환경이 실용화 단계에 도달함으로써 광속과 같이 빠른 초고속 인터넷 비즈니스 개념으로 바뀌었다.

인터넷 비즈니스와 인트라넷(Intranet)

최근 인터넷 비즈니스를 위한 기반으로 인터넷에 이어서 인트라넷이 많은 관심을 끌고 있다. 왜냐하면 인트라넷이 기업의 정보 기반으로 확실하게 될 전망이기 때문이다. 인트라넷은 기업, 연구소, 정부 등의 모든 조직에서 처리되는 업무를 인터넷상 환경에서 처리할 수 있도록 개선한 혁신적인 업무 기반이다. 그리고 인트라넷이 가지는 가장 큰 특징은 인트라넷은 인터넷을 기반으로 했기 때문에 인터넷과 동일한 특징들을 가지고 있다는 것이다. 예를 들면 다음과 같은 것들이 있다.

첫째, 이기종 컴퓨터간의 통신 및 접속 프로토콜인 TCP/IP를 지원한다.

둘째, LAN을 기반으로 통신망이 구축되며 인터넷과 동일한 환경하에서 브라우저 및 그룹웨어를 사용할 수 있다.

셋째, 인터넷을 기반으로 하였기 때문에 인터넷과 동일한 개방성을 가진다.

다섯째, 여러 가지 형태의 멀티미디어 정보를 외부 사용자들과 자유롭게 교환할 수 있다.

오라클(Oracle)이나 마이크로소프트(Microsoft), 네트스케이프(Netscape), 썬마이크로시스템스(Sun)등에서는 이러한 시장성을 미리 파악하고 인터넷 비즈니스를 인트라넷상에서 구현할 수 있는 소프트웨어 개발을 적극 추진하고 있다. 그러므로 첨단 정보 전쟁이 이루어지고 있는 현 시대에 기업들이 살아남기 위해서는 인트라넷을 기반으로 한 인터넷 비즈니스를 전략적으로 개발하는 것이 다른 기업과의 경쟁에서 우위를 점할 수 있는 가장 확실한 방법이다. 뿐만 아니라 인터넷 비즈니스의 보습이 정확히 드러나지 않은 현 시점이 인터넷 비즈니스에 투자할 수 있는 가장 적절한 시기일 것이다.

인터넷 비즈니스와 정보통신

기존의 데이터 통신은 주로 기업 내부 또는 기업간의 업무 목적으로만 사용하였다. 이러한 시스템은 폐쇄된 형태의 데이터 통신의 가장 대표적인 형태라고 말할 수 있다. 그러나 1960년대와 1970년대에

미 국방부에서 군사 명령과 통제를 안전하게 수행할 목적으로 인터넷 (Internet)의 전신인 알파넷(ARPANet)을 창설하였다. 이것이 1980년 대에 들어서면서 인터넷으로 발전하여 군관계자들뿐만 아니라 일반 사용자들도 사용 가능하게 되었다. 이러한 배경하에서 만들어진 인터 넷에 보다 많은 세계 각국의 사용자들이 연결을 시도하면서부터 인터 넷이 국내외의 연구와 교육 목적으로 사용되기 시작하였다. 인터넷은 기존의 폐쇄형 데이터 통신 시스템과는 달리 개방형 데이터 통신시스 템이다. 그리고 이렇게 인터넷이 급속도로 발전함에 따라 다양한 사 용자의 하드웨어 플랫홈을 지원할 수 있는 새로운 통신 프로토콜을 필요하게 되었다. 이러한 요구에 부응하여 TCP/IP(Transmission Control Protocol/Internet Protocol) 프로토콜이 탄생하였다. TCP/IP 프로토콜을 사용하여 알파넷이 다양한 시스템을 연결하는 개방형 시 스템으로 발전하게 되었다. 이와 같이 인터넷은 오픈된 형태의 통신 으로 그 전파 속도가 급속도로 증가되었으며 일반 사용자가 쉽게 접 근할 수 있는 웹, 브라우저 등의 인터넷 정보 도구들도 함께 개발되었 다. 이러한 발전 과정을 요약하면 다음과 같다.

- 1969년 : 미 국방성에서 군사목적의 ARPANet(Advanced Research Projects Agency) 창설.
- 1981년 : ARPANet이 일반용 ARPANet과 군사용 MILNet으로 분리.
- 1982년 : ARPANet에서 TCP(Transmission Control Protocol)/IP (Internet Protocol)을 채택.
- 1986년 : T1으로 NSFNet(National Science Foundation) 구축.
- 1991년 : T3로 NFSNet 구축.

인터넷 비즈니스의 특성과 장단점

인터넷의 10가지 특성

인터넷 비즈니스에 대한 특성을 살펴보려면 인터넷 비즈니스의 근간을 이루고 있는 인터넷의 특성을 먼저 살펴보아야 할 것이다. 인터넷은 다음과 같은 특징을 가지고 있다.

첫째, 인터넷은 양방향 통신 환경을 지원한다. 이는 월드 와이드 웹(World Wide Web: WWW)이라는 수단으로 구체화된다. 월드 와이드웹은 줄여서 흔히 웹이라고도 부른다.

둘째, 인터넷은 인터넷 표준기구들에 의해 개발된 개방형 표준에 근거하고 있다. 대부분의 사용자 및 개발자들은 이러한 개방형 표준을 선호한다. 결론적으로 인터넷은 이러한 개방형 표준을 통하여 각종 정보가 연결된 개방형 정보망이다. 기업들은 이 정보망을 통해서 정보를 효율적으로 획득할 수 있다.

셋째, 인터넷은 가상기업을 가능하게 한다. 실제 공간이 필요 없이 인터넷상에서 가상공간을 확보하여 24시간 서비스가 가능하므로 기업의 상거래를 확대할 수 있다.

넷째, 수많은 응용 프로그램과 관리용 프로그램들이 저렴한 가격에서 개발되고 있으며 이러한 프로그램을 몇몇 서버에 설치하는 경우 기존의 서버/클라이언트 환경에서보다 훨씬 저렴한 가격으로 사용할 수 있다.

다섯째, 고객에 대한 셀프 서비스가 자동적으로 이루어지므로 빠르고 정확한 거래가 이루어진다.

여섯째, 일반적인 상거래에서 고질적으로 발생하는 병폐 중의 하나인 중간거래에 드는 시간과 비용이 줄어든다.

일곱째, 지역적 한계를 극복하고 넓은 접근성을 유지할 수 있다. 따라서 다양한 고객층을 확보할 수 있다.

여덟째, 인터넷을 활용하기 위한 웹 기술을 배우고자 할 때 낮은 교육비용으로도 이러한 기술들의 사용법을 익힐 수 있다.

아홉째, 사용자들의 즉각적인 반응을 유도할 수 있다.

열째, 기존의 정보 시스템에서는 사용자들에게 필요한 정보를 제공하기 위해서 많은 시간과 장비가 소모되었다. 그러나 인터넷 체제하에서는 사용자 스스로가 필요한 정보를 즉각적으로 찾아볼 수 있는 셀프서비스가 가능하다.

이러한 다양한 특성으로 인해 인터넷은 전세계의 다양한 사용자 계층으로부터 많은 관심을 받고 있을 뿐만 아니라 연구의 대상이 되고 있다.

인터넷 비즈니스의 장점과 필요성

인터넷 비즈니스는 구매자, 판매자 모두에게 많은 장점을 제공하는 차세대 기술을 활용한 새로운 형태의 상거래이다. 또한 인터넷 비즈니스는 전통적인 상거래상에서 발생하는 여러 가지 문제점을 개선하는 해결책으로서 이용할 수 있다. 인터넷 비즈니스의 장점을 구매자와 판매자 측면에서 정리해 보면 다음과 같다.

구매자 측면

첫째, 구매자 측면에서는 시간적인 제약이 없다는 장점이 있다. 전통적인 상거래에서 백화점의 개점 시간은 주로 낮 시간대이다. 그러나 구매자는 주로 낮에는 직장에서 일을 하고 있으므로 직장인으로서 낮 시간에 구매하는 것은 어렵다. 그리고 밤에는 백화점의 폐점 시간

이후이므로 구매가 불가능하다. 인터넷 비즈니스상에서는 시간적인 제약이 없으므로 밤에도 구매가 가능하다.

둘째, 구매자가 상점까지 직접 방문하지 않고 어느 곳에서나 구매가 가능하다. 요즘과 같이 교통 문제가 큰 문제로 등장하는 시기에 상점을 방문하지 않음으로 해서 구매자의 시간을 절약할 수 있다. 또한 장소의 제약이 없으므로 직장 내에서도 PC를 통하여 구매 주문이 가능하다.

판매자 측면

이번에는 판매자 측면에서의 장점을 살펴보자.

첫째, 상거래를 위한 물리적 공간을 확보할 필요가 없다. 즉 재고를 비치해 두어야 하는 부담을 줄일 수 있고 상품을 물리적으로 진열할 필요가 없으므로 매장 공간을 확보하지 않아도 된다. 그리고 사업 확장을 위한 분점을 개설할 필요가 없고 추가 매장 설립이 필요 없다.

둘째, 24시간 365일 계속해서 고객에게 서비스를 제공할 수 있다.

셋째, 제조업체에서 직접 매장을 개설할 경우 중간 물류 비용을 줄일 수 있다.

넷째, 기존의 전통적인 매장은 관리를 위해서 많은 인원이 필요하지만, 인터넷 비즈니스상에서는 이러한 관리인원을 대폭 축소시킬 수 있다.

다섯째, 적은 자본으로 매장을 개설할 수 있으며 운영비용의 최소화를 얻을 수 있다.

이와 같이 인터넷 비즈니스는 구매자, 판매자 양자에게 많은 장점을 제공하는 차세대 상거래이다. 그렇다면 이번에는 인터넷 비즈니스가 가지고 있는 단점과 이에 따른 개선 방안에 대해 살펴보기로 하자.

단점과 개선 방안

인터넷 비즈니스는 앞에서 소개한 많은 장점들을 가지고 있는 반면에 다음과 같은 단점 및 해결해야 할 과제들을 가지고 있다(자료 : http://bora.dacom.co.kr/~kafil/seminar/4-2.htm).

첫째, 고객을 직접 대면하지 않고 상품을 판매해야 하므로 상품의 기능과 특성을 만족스럽게 설명할 기회를 잃을 수 있으며, 상품에 대한 구매 의사 결정시에 직접 상품을 만져 보고 시험해 볼 수 없으므로 상품의 품질에 대해 신뢰를 갖지 못하는 경우가 발생할 수 있다.

둘째, 상품을 구매 주문한 후 대금을 지불할 때 현실 세계에서는 고객과 상인간에 매장에서 서로 주고받으면 되지만, 가상공간에서는 여러 가지 지불 수단과 기술적 방법을 동원해 전자 지불 방식을 취해야 한다. 이 과정에서 금융정보 처리시에 통신상의 보안 문제가 발생할 수 있으므로 고객의 불안감을 해소하기 위한 대책이 기술적으로 마련되어야 한다.

셋째, 배달의 문제도 난제이다. 가상공간상에서 특정 상품을 선택해 구매 의사를 결정, 대금을 성공적으로 지불했다 하더라도 구매한 물건이 정확한 시간에 지정한 장소에 배달되지 않으면 고객은 불만을 토로할 것이다. 이를 위해 가장 최소의 비용으로 단시간에 상품을 배달하는 방법이 고안되어야 한다.

넷째, 구입한 물품에 대한 고객의 서명이 제대로 이루어지는지를 정확히 알 수 없다.

다섯째, 신용장 또는 문서의 위조나 변조가 있는 경우 식별이 거의 불가능하다.

여섯째, 거래 정보의 노출과 함께 고객 정보가 노출될 수 있다.

이러한 단점 또는 문제점들을 해결하기 위해서는 다음과 같은 개선 방안들을 제시할 수 있다.

첫째, 고객과 점원이 직접 대면하지 않는 대신 고객의 상품 선택을 도울 수 있는 고객도우미 기능이 있어야 한다. 인터넷 비즈니스에서는 일반적으로 점원과 고객이 직접 대면하지 않은 상태에서 고객이 원하는 사양의 상품을 화면을 통하여 주문한다. 이 경우 각 상품에 대한 고객의 전문지식 수준이 고객에 따라 다르므로 각 고객에 대응하는 응대 방법을 시스템에서 제공해야 한다. 다시 말해 전문적 세일즈맨을 대신하는 고객도우미가 있어야 한다는 것이다.

한편 고객이 원하는 상품을 결정했다 하더라도 여러 가지 유사 상품 중에서 가장 적정한 상품을 선택하도록 유도할 수 있어야 한다. 예를 들어 고객에 따라 가장 값싼 상품을 고를 수도 있고, 혹은 선물을 구매한다든지 하는 구매 목적에 따라 비용과 상관없이 최상 품질의 상품을 원할 수도 있다. 이 경우 시스템이 자동적으로 가장 적절한 상품을 찾아서 고객에게 보여 줄 수 있다면 고객은 인터넷 비즈니스상의 거래에 대해 만족할 것이다.

둘째, 상품의 실제 모양과 성능을 실험해 보지 않은 상태에서 소비자가 상품을 구입하게 되므로 이에 대한 확실한 품질보증 방법이 있어야 한다. 상품에 대한 품질보증 문제는 전통적인 시장에서보다 더욱 중요한 의미를 가진다. 인터넷상에서 제공하는 상품에 대한 품질보증이 확실하게 제공된다면 소비자들은 마음놓고 가상시장에서 상품을 구매할 것이다.

현재 인터넷상의 몇몇 상점들 예를 들어, 소프트웨어 상점의 경우 사용자들이 대금을 지불하기 전에 상품을 미리 받아서 사용해 본 후에 마음에 들지 않으면 상품을 반납하고 원하는 상품일 경우에만 대금을 지불하는 예도 있다. 한편 반납된 상품의 처리와 취소된 상품의 처리에 대해서도 적절한 서비스가 제공되어야 할 것이다.

셋째, 소비자가 주문한 물건을 신속하고 정확하게 원하는 시각에 그리고 원하는 장소에 배달하기 위해서 기존의 택배 시스템 또는 운송 시스템과 자동으로 연계될 수 있어야 한다. 뿐만 아니라 운송시 물건의 손실에 대한 법적 제도가 구체적으로 마련되어야 할 것이다.

넷째, 고객의 서명을 확인할 수 있는 응용 시스템이 개발되어야 한다.

다섯째, 문서의 위조나 변조 그리고 거래 정보의 노출을 막을 수 있는 인증기관의 검증을 마친 보안 시스템이 필요하다.

이와 같은 장점과 단점들을 고려할 때 인터넷상에 새로운 상거래 형태로 등장한 인터넷 비즈니스가 성공하려면 결국 유통, 경영, 금융, 무역 방식의 전체적인 구조변화가 필요하다는 것을 알 수 있다. 인터넷 비즈니스에 대비하는 개인과 기업에게는 기회가 올 것이고 대비가 없는 개인과 기업에게는 위기가 올 것이다. 또한 제조업과 유통업은 새로운 마케팅 전략이 필요하게 될 것이다.

인터넷 비즈니스 분류와 사례

본서에서는 다음과 같이 인터넷 이용 목적, 홈페이지 운영 형태, 홈페이지에서 제공하는 제공물의 형태를 기준으로 인터넷 비즈니스의 유형을 분류해 보기로 한다. 이러한 기준들을 사용한 결과 〈도표 8-3〉과 같이 이용 목적, 웹서버의 운영 형태, 그리고 홈페이지 제공물 등에 따라 인터넷 비즈니스의 유형을 분류해 보았다(자료 : 이석호, 『국내 기업들의 인터넷을 이용한 마케팅 활동과 유효성 평가 실태에 관한 연구』, 석사학위논문, 1996).

이용 목적	웹서버 운영	홈페이지 제공물
판매집약형	* 자체운영	제품
		서비스
	** 대리운영	제품
		서비스
정보전달형	* 자체운영	기업정보
		소비자정보
		연예정보
	** 대리운영	기업정보
		소비자정보
		연예정보

* 자체운영 : 기업 내에 자체적으로 웹서버를 가지고 이를 운영하는 경우.
** 대리(Agency)운영 : 기업 내에서 웹서비스 업체를 통하여 홈페이지를 운영하는 경우.

〈도표 8-3〉에서 보면 인터넷 비즈니스의 유형을 분류하기 위한 기준을 단계별로 다음과 같이 사용한 것을 알 수 있다.

1단계 : 인터넷 이용 목적에 따른 분류—기업이 인터넷을 이용하는 목적에 따라서 크게 판매집약과 정보전달형으로 두 가지로 분류하였다.

2단계 : 인터넷 홈페이지 운영 형태에 따른 분류—인터넷 홈페이지를 개설하고 운영하는 주체가 누구인가를 중심으로 분류하였다. 여기에서 자체적으로 웹서버를 운영하는 자체 운영

형과 웹 서비스 업체 즉, 대리인을 통해서 서비스를 제공하는 대리운영형으로 분류하였다.

3단계 : 홈페이지에서 제공하는 정보 및 제품의 형태에 따른 분류—
각 홈페이지에서 제공하는 정보 및 제품 다시 말해서 제공물의 유형에 따라 제품, 서비스, 기업정보, 소비자정보, 연예정보 등으로 나누었다.

따라서 이러한 분류체계를 염두에 두고 각각의 분류유형에 따라 직접 운영되고 있는 사례들을 살펴보기로 하자. 실제 사례들은 무척 많다. 그러나 여기에서는 각각 2-3개 정도의 사례만을 소개하기로 한다.

판매집약형

자체운영 - 제품

인터넷 비즈니스에서 가장 경쟁력 있는 홈페이지를 구축하려면 아마도 자체적으로 홈페이지를 운영할 수 있는 기술력을 보유하고 있어야 할 것이다. 이러한 기술력을 보유하고 있어야만 자신이 원하는 형태로 다양하게 정보를 제공할 수 있을 뿐만 아니라 최신 정보를 신속하게 추가 또는 수정할 수 있기 때문이다. 이렇게 자체적으로 홈페이지를 구축하여 운영하면서 제품정보를 제공하는 업체들을 소개하면 다음과 같다.

• 교보문고(http://www.kyobobook.co.kr/)

• 롯데 인터넷 쇼핑(http://internet.shopping.co.kr/)

자체운영 - 서비스

자체적으로 홈페이지를 운영하면서 제품 관련 또는 정보 관련 고부
가가치 서비스를 중점적으로 제공하는 업체들이 있다. 이러한 서비스
제공 형태의 홈페이지는 현재 인터넷의 특성상 가장 많은 비중을 차

지하고 있다. 예를 들면 다음과 같은 것들이 있다.

• 신라호텔(http://www.shilla.samsung.co.kr/)

• 아이네트(http://www.iworld.co.kr)

• 유니텔(http://www.unitel.co.kr)

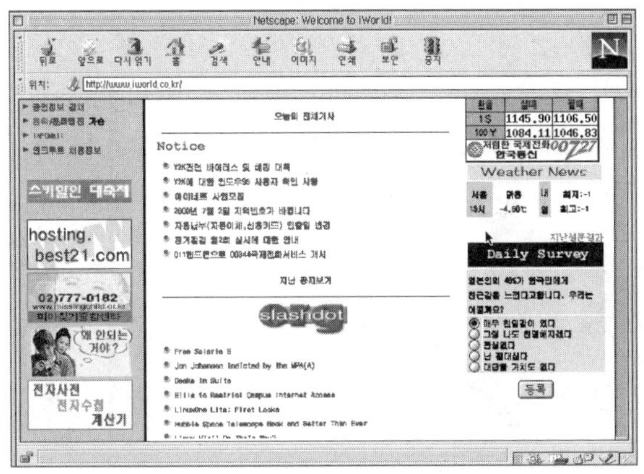

대리운영 - 제품

홈페이지의 실질적인 운영은 대리인에게 맡기고, 기업자체에서는 제품정보를 주로 제공하는 형태를 의미한다. 이때 대리인은 일반적으로 인터넷 접속 서비스 또는 인터넷 서버 연결 서비스를 제공하는 업체를 말한다. 따라서 정기적으로 홈페이지 사용료 등을 지불해야 하는 불편함이 있을 수 있다. 예를 들어 다음과 같은 것들이 있다.

• 갑을개발(http://bora.dacom.co.kr/~kabool96/)

• 남아 트레이딩(http://bora.dacom.co.kr/~kiho/)

대리운영 - 서비스

대리인을 이용하여 홈페이지를 운영하면서 정보나 특정 고부가가
치의 서비스를 전문적으로 제공하는 업체를 말한다. 이 경우는 전문

서비스 업체가 인터넷 서비스 업체를 이용하는 경우이기 때문에 실제 적으로 사무실 없이도 서비스 업체를 운영할 수 있다는 장점이 있다. 따라서 최근에 많이 등장하고 있는 벤처기업들이 주로 택하고 있는 인터넷 서비스 형태이다. 예를 들어, 다음과 같은 것들이 있다.

- 어뉴텍 코리아(http://anewnet.co.kr/)

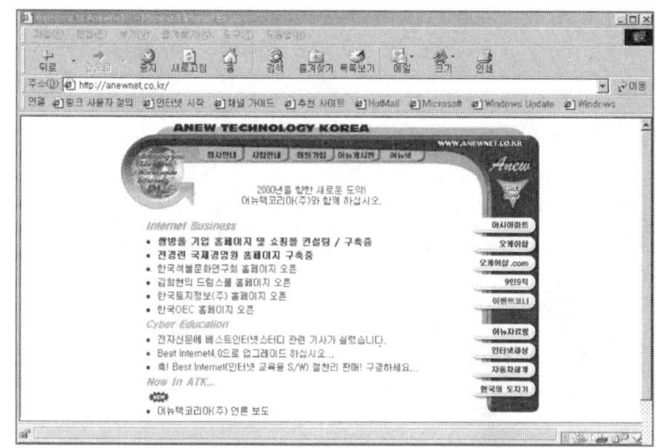

- 중고차 시장(http://www.chollian.net/quickgo/
  ~carshop/index-1.html)

정보전달형

자체운영 - 기업정보

자체적으로 홈페이지를 구축하여 운영하면서 기업에 관한 정보를
제공하는 형태로서 초기에는 주로 기업 홍보나 광고 목적으로 사용되
었으나 최근에는 계열사 또는 관련 기업과의 정보 교환용으로 확장되
고 있다. 이들 업체들을 소개하면 다음과 같다.

- 금호그룹(http://www.kumho.co.kr/)

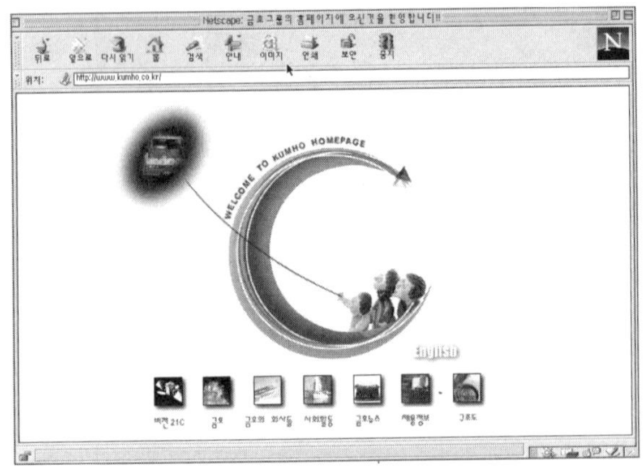

- 삼성그룹 (http://www.samsung.co.kr/)

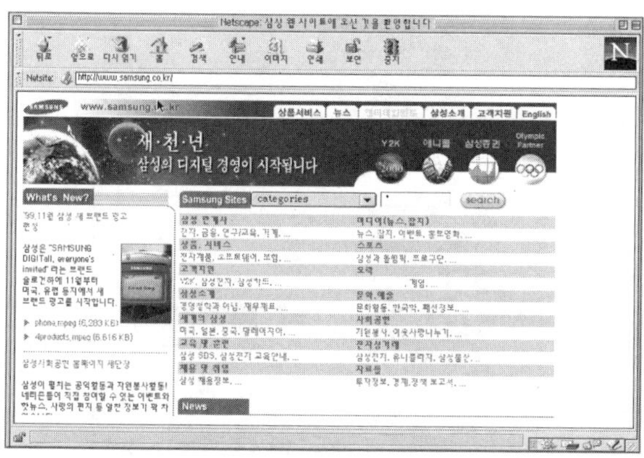

자체운영 - 소비자정보

이러한 형태는 소비자들이 원하는 정보를 직접 제공하므로 소비자
들과 쉽게 친해질 수 있다는 장점이 있다. 홈페이지를 자사에서 소비
자 관련 정보를 중점적으로 제공하는 형태를 의미한다. 이때 더 빠르
고 정확한 소비자 정보를 제공하는 것이 성패의 핵심 조건이라 할 수
있을 것이다. 예를 들어 다음과 같은 것들이 있다.

- 일주데이터시스템(http://www.ilju.co.kr/)

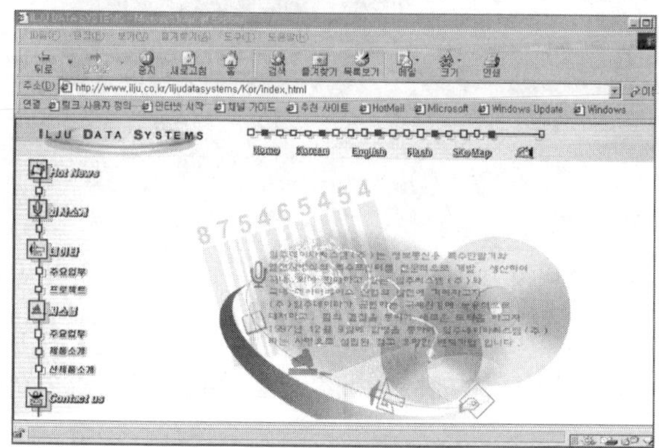

• 인천국제공항(http://www.airport.or.kr/)

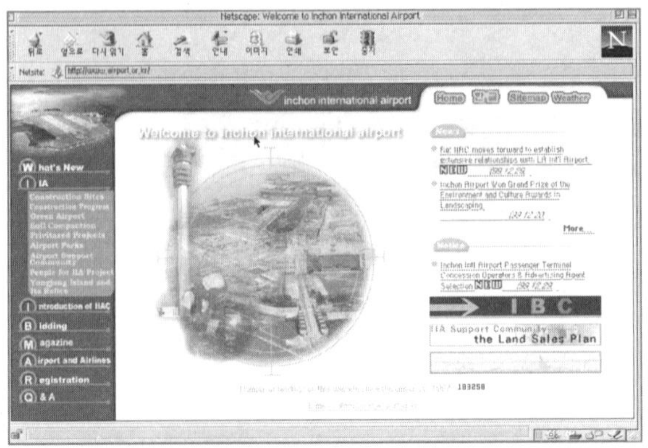

• 한국컴퓨터(http://www.kci.co.kr/)

자체운영 - 연예정보

앞에서 소개한 소비자 정보와 비슷한 성격을 가지지만 소비자 정보의 범위가 너무 광범위하므로 이들 중에서 선택한 정보를 분류하여 표시한 형태이다. 이러한 형태는 자체적으로 홈페이지를 운영하면서 일반 사용자들이 여가 시간을 즐길 수 있는 각종 광고 및 모임 그리고 연예정보 등을 제공한다. 모임 또는 연예정보를 제공할 때 각종 광고를 사용자들이 볼 수 있도록 함으로써 자연스럽게 소비자에 대한 잠재적인 마케팅이 이루어진다. 예를 들어 다음과 같은 것들이 있다.

- LGAD (http://www.lgad.co.kr/)

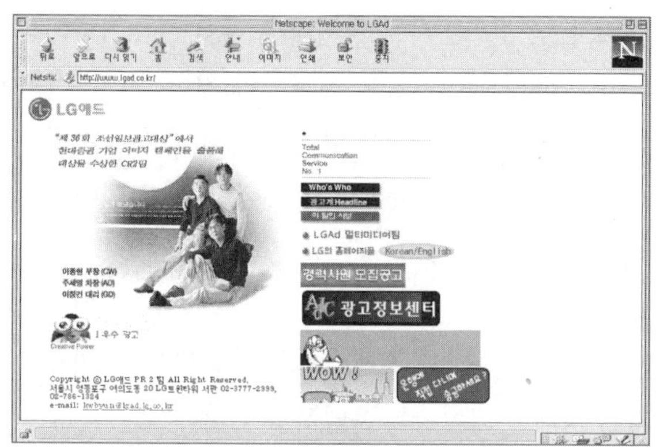

- 금강기획 (http://www.diamond.co.kr/)

위의 금강기획에서는 MIS(Marketing Information Service)를 개설

하고 있다. 이 시스템은 신문기사, 광고 캠페인 및 국내외 마케팅 사례 등의 정보를 데이터베이스로 구축해 놓고 사용자들에게 서비스하고 있다.

대리운영-기업정보

자체적으로 홈페이지를 운영하지는 않지만 인터넷 서비스 업체 등을 통하여 간접적으로 서비스하는 업체들은 주로 중소기업이나 일반 사업자들이다. 이러한 홈페이지들은 실험적인 것이 대부분이지만 특수한 경우에는 소비자들로부터 좋은 반응을 얻어서 크게 성장하는 경우도 있다. 왜냐하면 기업의 실제적인 건물이나 공장 없어도 서비스가 가능하기 때문이다.

노보텔의 경우 홈페이지가 두 개인데 첫 번째 것은 초기의 것으로 iworld사에서 대리운용 형태로 홈페이지를 사용했으나, 최근에는 두 번째 홈페이지인 자체 홈페이지를 운영하고 있다.

- 노보텔 엠버서더(http://members.iworld.net/amba000/) (http://ambassadors.co.kr)

대리운영 - 소비자정보

　인터넷 서비스 업체를 통하여 홈페이지를 대리 운영하면서 소비자들이 궁금해하는 일상 생활의 정보들을 주로 제공한다. 예를 들어 다음과 같은 것들이 있다.

* 방지거병원(http://www.francisco.co.kr/Frame/ frame.htm)

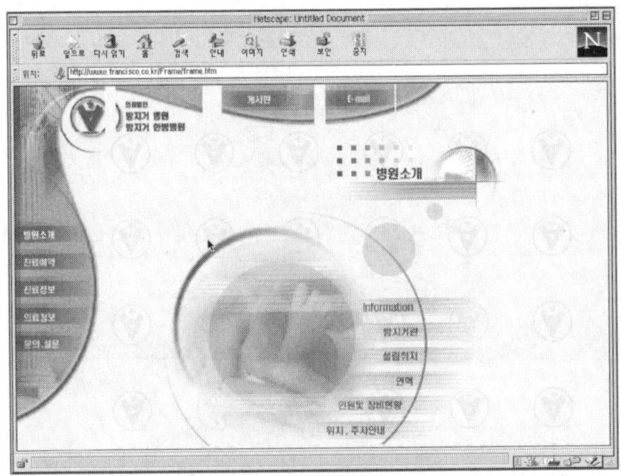

* 일송외식산업개발(http://bora.dacom.co.kr/~ilsong/)

대리운영 - 연예정보

인터넷 서비스 업체를 통하여 홈페이지를 대리 운영하면서 연예정보를 중점적으로 취급한다. 예를 들어 다음과 같은 것들이 있다.

- 시네시티(http://www.shinbiro.com/~cinepark/home.htm)

- 배봉 프로덕션(http://my.netian.com/~baebong-co/)

이와 같이 인터넷 비즈니스의 유형들과 각각의 유형에 따른 사례들을 살펴보았다. 앞에서도 설명한 바와 같이 인터넷 비즈니스는 최근에 등장한 이슈일 뿐만 아니라 아직까지 정형화된 분류 기준이 설정되지 않은 상태이다. 하지만 이러한 인터넷 비즈니스 유형을 나름대로의 분류 기준을 통해 분류해 봄으로써 현재 인터넷 비즈니스가 어떤 형태로 소비자와 생산자들에 의해 활용되고 있으며, 앞으로 인터넷 비즈니스가 어떻게 발전할 수 있을지 예측해 볼 수 있을 것이다. 그리고 더 나아가서 새롭게 인터넷 비즈니스를 시도하는 사용자들에 대해서는 사업 구상을 하는 시점에 있어서 구체적인 개발 계획을 세울 수 있는 중요한 정보가 되리라 생각한다.

도움이 되는 자료

다음은 인터넷 비즈니스를 이해하는 데 도움이 되는 책자들이다.

권순범, 김진호, 양광민, 오창호, 최종욱, 『인터넷이 기업경영을 바꾼다』, 영진출판사, 1998.

이석호, 『국내 기업들의 인터넷을 이용한 마케팅 활동과 유효성 평가실태에 관한 연구』, 석사학위 논문, 1996.

《주간매경》, 1997년 10월호, 11월호.

국내 쥬요 URL

금강기획 홈페이지(http://www.diamond.co.kr/)

데이콤 홈페이지(http://www.dacom.co.kr/)

메타랜드 홈페이지(http://www.metaland.com/cgi/shc_top.cgi)

비씨카드의 홈페이지(http://www.bccard.co.kr/Shopping/)
사이컴 그룹 사이트(http://www.ibl.co.kr/)
삼성화재 홈페이지(http://www.sli.samsung.co.kr/index2.html)
애니서치 홈페이지(http://www.anysearch.com/)
어뉴텍 코리아 홈페이지(http://www.anewnet.co.kr)
인터넷코리아(http://www.ink.co.kr/)
유니텔 홈페이지(http://www.unitel.co.kr/)
천리안 홈페이지(http://www.chollian.dacom.co.kr/)
코텍의 홈페이지(http://www.kortex.co.kr/) – contents provider
피씨라인 홈페이지(http://www.pcline.co.kr/)
KINFO 사의 홈페이지(http://www.kinfo.co.kr/title/cyber.html)

해외 주요 URL

아마존 가상서점(http://www.amazon.com)
알래스카 관광안내 사이트(http://www.alaskan.com/#JW)
캐세이퍼시픽 항공사 홈페이지(http://www.hk.cathaypacific-
    air.com/)
클럽메드 홈페이지(http://www.clubmed.com/)
Booz Allen & Hamilton사의 홈페이지(http://www.bah.com/)
CNN 홈페이지(http://www.cnn.com/)
Graphic, Visualization & Usability Center
    (http://www.gvu.gatech.edu/user_surveys/survey-1997-04/)
Onsale 홈페이지(http://www.onsale.com)
SFNB 홈페이지(http://www.sfnb.com/)
Travel Source 홈페이지(http://www.travelsource.com/)

9 장

저금리 시대의 재테크

최신호

연세대학교 경영학과 졸업 후 한국외환은행
을 거쳐 현재 대우증권 마케팅부 부장으로 근
무하고 있다.

한국 경제가 IMF의 관리를 받게 된 이후 일반인들에게 나타난 가장 큰 변화는 경제에 대한 관심도일 것이다. 실업이 늘어나고 은행과 대기업들이 문을 닫는 세상이 되면서 자기 재산을 보호하고 나아가 재산을 늘리겠다는 욕구가 더욱 커졌다.

웬만한 사람들의 머리 속은 늘 여유 돈을 어디에 투자하는 것이 좋은지, 지금 집을 사는 것이 좋은지, 증권투자를 해야 할지, 예금은 어느 은행을 이용해야 할지 고민으로 가득 차 있다. 이른바 재테크 시대에 경제 정보를 읽는 방법, 금융상품을 선택하는 방법, 투자의 원칙 등을 세워 놓지 않으면 혼란만 가중될 뿐 정작 돈을 벌기 어려운 상황이 되어 버리고 말았다.

특히 퇴직자들은 퇴직금으로 받은 목돈을 손에 쥐고 있지만, 이를 어떻게 투자할지 몰라 당황하게 된다. 7% 남짓한 예금 금리로는 만족할 수 없어 무리한 주식투자나 파이낸스사 등 유사 금융기관에 맡겼다가 퇴직금마저도 날려 버리는 낭패를 보았다. 이 장에서는 최근 달라진 금융환경하에서 여러 금융상품들에 대하여 살펴보고, 투자 요령에 대하여 논의해 보고자 한다(참조 : 3장 줄어든 재정으로 살아가기, "퇴직금을 안전하게 투자하라" 편).

달라진 환경

IMF 이후 안정적인 경제 활동이 존재하지 않는다는 것이 증명됐다. 투신사에 돈을 맡기면 원리금이 보장된다는 생각도 무너졌다. 은행은 망하지 않는다는 대원칙도 무너졌다. 대기업이 문을 닫는 것도 이미 자연스러운 일이 되었다.

일반인들은 흔히 안전하게 돈을 불리는 방법을 찾는다. 그러나 안전한 투자는 모순된 말이다. 투자는 정도의 차이가 있지만 늘 위험이 따른다. 올바른 재테크는 일종의 위험관리다. 돈을 투자했을 때 파생

되는 투자 위험을 충분히 고려하고 투자를 결정해야 한다. 그런 면에서 재테크의 개념을 '돈을 버는 방법'에서 '돈을 관리하는 방법'으로 변화시킬 필요가 있다.

재테크, 돈을 관리하는 방법

전통적으로 돈을 번다는 것은 노동하고 그 대가를 받는 것이다. 월급을 타거나 사업을 해서 이익을 남기는 것 등이다. 재테크는 이렇게 벌어들인 돈을 어떻게 관리할 것인가에 대한 각종 정보라고 할 수 있다.

예를 들어 은행에서 돈을 빌릴 때 어떤 은행의 금리가 유리한지 고민하는 것도 재테크다. 세금공제를 받기 위해 영수증을 모아 놓는 것도 하나의 재테크인 것이다.

돈을 불리기 위해서 각종 금융상품에 가입하게 된다. 근로자우대저축·신탁, 주택청약부금, 가계우대정기적금, 신종적립신탁, 증권·투신사의 공사채형 상품, 주식형 상품, 뮤추얼펀드, 보험, 실권주 투자, 주식투자, 증권저축 등 수많은 금융상품들이 넘쳐 나고 있다.

재테크에 뛰어난 사람은 이 많은 상품 중에 자신의 상황에 가장 적합한 것을 제때에 선택하는 사람이다. 단순히 돈을 벌겠다는 욕구를 앞세우기보다는 자신이 운용할 자금의 규모, 운용 기간, 수익률, 위험도 등을 종합적으로 판단해서 상품을 선택한다.

재테크에 뛰어난 사람은 다른 사람의 말만 듣고 상품을 선택하지 않는다. 다른 사람에게 유리한 상품이 나에게는 맞지 않는 경우가 많다. 예를 들어 일년짜리 뮤추얼펀드에 가입했다고 하자. 뮤추얼펀드는 높은 수익률을 기대하며 인기를 끌었다. 그러나 이 상품은 원금이 보장되지 않고 중도에 돈이 필요할 경우 환매에 따른 불이익이 따른다. 재테크의 대원칙은 반드시 자신이 판단하고 자신의 상황에 맞게 투자하는 것이다. 특별히 퇴직금은 원금을 날려서는 가족의 생존이 위협을 받을 수 있기 때문에 안전성을 최우선으로 해야 하는 것임을 유의하자.

재테크의 철학

주식으로 많은 돈을 번 사람 얘기가 신문에 등장하는 경우가 있다. 그 사람은 재테크에 귀재인가? 아니다. 그는 투자의 귀재일 뿐이다. 자금운용 관련 전문적 지식과 테크닉 그리고 당한 운과 배짱이 있어서 주식투자에 배팅한 것이고 결과적으로 성공한 것일 뿐이다.

내가 그 사람처럼 주식투자에 성공한다는 보장은 없다. 재테크는 내 재산의 활용도를 100%, 200% 높이기 위한 전략이다. 재테크는 돈을 벌어 주는 비법이 아니다. 여기저기서 쏟아지는 재테크 정보, 금융상품 정보를 읽는 잣대는 그 정보가 재산 활용도를 극대화하기 위한 재테크 정보인지, 전문적인 투자를 위한 정보인지, 무분별한 투기를 위한 정보인지 구분하는 것이다.

금융상품의 의의

금융시장

일반적으로 경제 활동을 영위하고 있는 사회에서는 자본을 축적한 경제주체와 이들 자본을 활용하여 생산투자의 기회로 삼으려는 경제주체가 있다. 따라서 서로의 필요에 따라 자본의 잉여 상태에 있는 주체와 부족한 상태에 있는 주체들간에 자본의 과부족을 해결하게 되는데 이런 일련의 과정을 금융이라고 한다. 금융시장은 자본의 축적과 이의 효과적인 배분을 해줌으로써 경제의 기본질서를 제공하고 각 부문이 원하는 경제 활동을 효율적으로 할 수 있도록 한다.

중앙은행에 의해 공급된 통화 및 신용이 거래되거나 재창출되는 금융시장은 가계, 기업, 정부 등 경제주체들의 경제 활동에 기반이 되며, 이들간의 자금의 수요와 공급에 의해 이자율이 결정되고 이 이자율은 저축의 동원과 자본의 배분에 결정적인 역할을 하게 된다.

자금의 차입을 원하는 사람들과 대출을 원하는 사람이 개별적으로 서로 연결되어 상호 원하는 금융거래를 한다는 것은 어려운 일이다. 금액, 이자, 만기, 위험 부담 등의 조건이 서로 다르기 때문에 모든 조건이 일치하는 차입자와 대출자의 연결은 쉽지 않기 때문이다. 이러한 제한을 제거하고 차입자들이나 대출자 모두에게 원하는 금융거래를 용이하게 해주는 것이 바로 금융시장의 역할이다.

금융기관

자금의 차입자와 대출자간에 금융거래를 용이하게 해주는 것이 금융시장의 역할이라면, 이와 같은 역할은 금융시장의 주역인 금융기관들의 중개 기능에 의해 이루어진다. 가계와 같이 자금의 잉여 상태에 있는 주체들은 저축의 형태로 자금을 공급하게 되는데 이 저축 행위는 금융기관을 통하여 이루어지며, 또한 자금을 필요로 하는 주체들도 금융기관을 통하여 차입하게 된다.

금융기관은 가계나 기업들의 저축 즉 자금의 공급에 대하여 수요자의 역할을 하게 되는데, 은행이 일반예금을 받는 것이 이러한 행위에 해당된다. 금융기관은 이렇게 축적된 자금을 이용하여 자금의 공급자로서의 역할을 하게 된다. 즉 가계나 기업에 자금을 융자해 주거나 주식, 채권 등의 유가증권을 매입함으로써 자금을 공급하게 되는 것이다.

이렇게 하여 결국 자금은 저축자들의 손에서 금융기관을 거쳐 자금의 수요자들에게 전해지는데, 금융기관은 중간에서 중개 행위를 통해 자금의 저축과 차입을 분리시키고 표준화시킴으로써 저축자들과 차입자들로 하여금 자금의 규모나 만기일 등에 원하는 금융거래를 할 수 있게 한다. 이와 같이 금융기관은 자금의 수요자와 공급자로서의 역할을 수행하며 시장 형성을 하여 이자율이 결정되게 함으로써 자금에 대하여 공정한 가격을 형성시킨다.

금융상품

일반적으로 가계나 기업의 저축은 금융시장에서 자금의 주요 공급원이 된다. 자금의 차입자들은 자금을 차입하기 위해 여러 가지 금융상품을 발행하고 자금의 공급자들이 이러한 상품을 매입함으로써 금융거래가 이루어지고 자금의 과부족이 해소된다. 이렇게 금융상품이란 자금의 차입자가 자금의 차입을 위해 발행하는 상품으로 정의할 수 있으며 일정한 조건과 어느 정도 표준화되어 있는 것이 특징이다.

금융상품에는 가계나 기업의 저축자금을 흡수하기 위해 금융기관이 자금을 차입하는 저축상품과 정부, 기업, 가계 등이 자금의 차입을 위해 발행하는 발행시장 금융상품이 있다. 각 금융기관들은 저축자금을 흡수하여 이들 금융상품을 다시 매입함으로써 이익을 위하기도 하고, 발행시장 금융상품을 취급하거나 이들 상품들이 재매매되는 유통시장에서 시장 참여자들의 중간에서 중개 행위를 하며 이익을 얻는다.

이처럼 금융기관들은 일반기업과는 달리 금융행위 자체를 목적으로 하고 있기 때문에 치열한 경쟁 속에 다양한 금융상품을 취급하며 이익을 얻기 위해 노력하고 있다. 뿐만 아니라 새로운 금융상품을 개발하기 위해서도 끊임없이 노력한 결과 현재 많은 종류의 금융상품이 출현하였고 앞으로도 신상품은 계속해서 쏟아져 나올 것으로 예상된다. 소비자들도 각 금융기관들이 취급하는 다양한 금융상품들을 놓고 나름대로 가장 유리한 금융상품을 찾아 거래하게 된다.

증권회사에서 취급하는 금융상품도 과거에 주식, 채권 등 단순 상품에서 벗어나 CD, CP, RP 등을 비롯하여 선물, 옵션 등 파생상품과 수익증권 등 점점 그 종류가 많아지고 있다. 따라서 고객의 다양한 욕구에 부응함은 물론이고 치열한 경쟁 속에 살아남기 위해서는 다양한 금융상품에 대한 정확한 이해가 우선 필요하다고 할 것이다.

금융상품 투자

저축

일반적으로 가계 소비자들은 미래에 대비하여 저축을 한다고 볼 수 있는데, 벌어들이는 수입 중 소비에 대한 지출을 제외하고 금융자산을 매입하거나 예금 또는 현금의 보유, 주택이나 가구 등 내구재의 매입행위 등을 모두 저축 행위로 볼 수 있다.

소비자들의 저축 동기는 크게 보면 예측 불가능한 불확실성에 대비하거나 특정한 목적을 위해 한다고 할 수 있다. 그러나 실질적으로 각 소비자들의 저축 동기는 두 종류로 명확히 구분할 수 있는 것은 아니며 두 가지 목적을 동시에 충족시키기 위하여 저축하는 것이 보통이다.

투자

금융상품을 매입하는 행위에는 정도의 차이만 있을 뿐 항상 어느 정도의 위험성을 갖고 있다. 따라서 저축 행위 중에서 금융상품을 매입하는 것은 일종의 투자라고 볼 수 있다. 그러나 금융거래에 있어서 저축과 투자를 정확히 구별하기는 어렵다. 일반적으로 금융기관에 자금을 예치하는 예금의 형태를 협의의 저축으로 본다면, 투자는 자금의 차입을 위해 발행하는 발행시장 금융상품을 매입하는 행위라고 할 수 있다.

직접투자와 간접투자

각 금융기관들이 취급하고 중개하는 화폐시장과 자본시장의 제반 상품들은 그 종류가 다양하고 거래규모도 커 소액투자자들이 직접 참여하기에는 부담스러운 것들이 많다.

따라서 전문투자기관들이 소액투자자들의 자금을 모아 투자하고 이익금을 분배하는 간접투자상품들이 생겨나게 되었다. 투자신탁회사들이 판매하고 있는 주식형 또는 공사채형 수익증권은 간접투자상품의 대표적인 예라고 할 수 있다.

이들 간접투자상품은 투자자가 직접 참여하는 것에 비해 공동투자를 통해 수익을 높일 수 있고 분산투자를 함으로써 위험을 최소화할 수 있다. 간접투자는 무엇보다 편리하다는 장점이 있다. 그러나 수익은 시장의 평균수익에서 크게 벗어나지 못하고 비용이 많이 든다는 단점이 있다.

반면에 직접투자는 간접투자에 비해 비용이 적게 들고 개별증권의 가격 상승시 최대한의 이익을 얻을 수 있는 장점이 있다. 그러나 종목, 시기, 금액 등의 선택에 많은 시간을 필요로 하고 개별증권의 위험성을 투자자가 모두 떠 안게 되는 단점이 있다.

재테크 포인트

1998년 말 이후 새로 나온 각종 금융상품 가운데 연 10%를 넘은 것은 찾아보기 어려워졌다. 고금리 시대에는 여유자금을 그냥 금융기관에 맡겨만 놓아도 돈이 불어났지만, 이제는 본인이 이것저것 열심히 알아보지 않으면 '쥐꼬리'만한 이자밖에 기대할 수 없게 됐다.

그렇다고 수익률만을 좇아 아무 데나 돈을 맡길 순 없다. 주식이나 주식형 수익증권은 고수익의 매력과 함께 높은 투자 위험이 따른다. 예금이나 적금도 2,000만원 이상의 고액이면서 2000년 12월 이후 만기가 돌아오는 것은 원리금이 보장되지 않는다. 재테크 전문가들은 이런 상황에서 재테크는 예금·적금 등 금융상품과 주식·부동산 등 실물자산에 분산 투자하되 세금 문제를 면밀히 고려해야 한다고 조언한다. 투자에 대한 몇 가지 중요한 사항을 열거해 보면 다음과 같다.

몸에 맞는 투자 방법을 골라라

투자자 본인의 성향이나 재테크에 관한 지식 수준 등에 따라 투자 방법을 다르게 해야 한다. 예컨대 차분한 성격의 소유자로 안정적인 이자를 원하는 사람은 예금·적금이나 공사채형 수익증권에 가입하는 것이 좋다. 반면에 모험을 좋아하고 투기적인 성격을 가진 사람은 주식이나 주식형 수익증권에 투자할 만하다. 특히 퇴직금은 가장 안전을 우선으로 투자해야 한다.

가장 금물은 남들이 돈을 벌었다고 덩달아 따라가는 것이다. 이 경우 자칫하면 큰 손해를 보기 십상이다. 본인이 잘 모르는 재테크 방법을 택할 때는 사전에 꼼꼼히 따져 보고 그래도 잘 모를 때는 아예 포기하는 게 낫다.

분산투자 전략을 세워라

금융자산은 이자율이 낮은 대신 원금 손실이 생길 가능성도 작고 주식·부동산 등 실물자산은 고수익을 기대할 수 있는 대신 손해를 볼 가능성도 크다. 따라서 이 두 가지 방법을 적절히 섞어 투자하는 게 좋다. 예컨대 투자자금의 절반을 주식에 투자했다면 나머지 절반은 안정성이 높은 금융상품에 투자하는 식이다. 다만 분산투자 비율은 투자자 본인의 성향에 따라 조절해야 한다.

저금리일수록 절세가 미덕

예를 들어 연 9%의 일년 만기 금융상품에 투자했다면 세금(24.2%)을 떼고 나서 실제 쥐는 돈은 연 6.8% 정도에 불과하다. 그러나 세금우대상품에 가입한 경우 세율이 11.2%로 줄어들게 된다. 연봉이 2,000만 원 이하인 근로자는 비과세 상품인 근로자우대저축이나 신탁에 가입하면 세금 한푼 안내도 된다. 지난해까지 판매된 비과세저축이나 신탁에 가입해 둔 사람은 이를 적극 활용하는 것도 확실한 절세법이다. 또 다른 비과세상품으로 개인연금저축이 있지만 만기가 10년 이상으로 긴 것이 단점이다.

간접투자를 활용하라

주식투자에는 투자자가 직접 주식을 사고 파는 직접투자와 전문 펀드매니저에게 자금운용을 맡기는 간접투자의 두 가지가 있다. 직접투자를 할 경우 시간이나 정보가 부족한 개인투자자들이 돈을 벌기는 쉽지 않다. 이런 경우 뮤추얼펀드나 투자신탁회사의 주식형 수익증권 등 간접투자 상품을 선택하는 것도 괜찮은 방법이다. 이들 상품은 전문 펀드매니저들이 고객들을 대신해서 주식·채권·주가지수 선물 등에 투자하기 때문에 상대적으로 투자위험성이 적다. 이들 상품에 투자할 때는 사전에 펀드 운용 계획을 꼼꼼히 따져 봐야 한다. 상품마다 주식투자 비율, 목표수익률, 중도환매 방식 등이 제각각 다르기 때문이다. 다만 이 경우에도 투자 실패에 따른 위험은 감수해야 한다.

장기투자는 신중히

일년 이상 장기로 투자할 때는 신중하게 하는 것이 좋다. 앞으로 경기가 회복되고 기업들의 설비투자가 늘어나면 금리가 다시 오를 가능성이 있기 때문이다. 만일 확정금리를 주는 저금리 금융상품이나 채권에 장기 투자했는데 나중에 금리가 오른다면 손해를 보게 된다. 또 부동산 투자의 경우 장기간 돈이 묶일 수도 있으므로 주의해야 한다.

예금

은행이자는 떨어져 가고 주식시장은 비교적 활발한 시기에 은행에 넣어 둔 돈을 빼 주식투자에 나서는 사람이 늘었다. 그러나 종합주가지수가 다시 하락할 경우 이러다간 은행예금보다 못한 게 아닐까 불안해지기 시작한다. 은행예금은 잘된 주식투자 만큼의 수익을 올리지는 못한다. 그러나 최소한 원리금이 보장된다. 더구나 꼼꼼하게 따져 보년 비교적 짭짤한 예금상품도 적지 않다.

절세를 노려라

저금리 시대엔 세금우대나 비과세상품을 이용하는 게 투자의 핵심 포인트이다. 예를 들어 24.2%의 이자소득세를 다 내야 하는 연이율 15%짜리 상품보다는 12%짜리 비과세상품이 더 낫다. 11.2%의 이자소득세만 무는 세금우대 연이율 10% 저축상품이 세금우대가 없는

11.5%짜리 상품보다 더 많은 이자를 받는다. 다음 〈도표 9-1〉을 참고
하라.

도표 9-1 과세 · 세금우대 · 정상과세시 이자율 비교		
		(단위 : %)
과세전 또는 비과세이율	세금우대 (11.2%공제)	과세후 이율 (24.2%공제)
16.00	14.21	12.13
15.00	13.32	11.37
14.00	12.43	10.61
13.00	11.54	9.85
12.00	10.66	9.10
11.50	10.21	8.72
11.00	9.77	8.34
10.50	9.32	7.96
10.00	8.88	7.58
9.50	8.44	7.20
9.00	7.99	6.82
8.00	7.10	6.06

　　연간 소득이 3,000만 원 이하인 봉급 근로자들은 비과세 혜택이 주
어지는 근로자우대신탁이나 저축에 가입할 수 있다.

　　노후생활연금신탁과 소액채권저축 등도 세금 혜택이 있다. 현 배당
률이 8% 내외로 노후생활연금신탁의 경우 가입 기간이 5년으로 다소
길다. 가입 후 2년이 지나야 세금우대 혜택을 받고 중도 해지 수수료
를 물어야 한다. 은행이나 증권사 등에서 판매하는 소액 채권저축은

일년 이상이면 세금우대를 받는다.

상품	취급기관	가입대상	가입기간	가입한도	기타
장기주택 마련 저축	은행	만 18세 이상 무주택자, 25.7평 이하 1주택 소유자	7년 이상	월100만 원	1인 1통장 불입 액의 40%(연 72 만 원 한도)까지 소득공제
개인연금	전금융기관 (증권사 제외)	만20세 이상	10년 이상	월100만 원 (분기당 300만 원)	불입액의 40% (연 72만 원 한 도)까지 소득공제
근로자우대 저축/신탁/ 보험	전금융기관 보험사	연간 총급여 3,000만 원 이하인 근로자	3-5년 5년 이상	월 50만 원	3년 이상 예치시 비과세 혜택
장기저축성 보험		1세대 1통장		보험 종류에 따라	

이미 가입한 효자 상품을 활용하라

여유 돈이 있다면 지난해 말로 가입 시한이 종료된 비과세신탁이나 비과세저축에 분기당 최고한도인 300만 원까지 입금하는 게 좋다. 연 12%의 금리가 확정적으로 지급되므로 정상적으로 이자소득세를 내는 15.8%짜리 금융상품과 맞먹는 고금리 상품이기 때문이다.

시중 예금금리가 다시 16% 이상으로 치솟지 않을 바에야 만기 3년을 5년으로 연장하는 게 현명하다. 아직도 일반예금보다 1-2% 포인트 높은 수익률을 올리는 신종적립신탁에 가입한 경우 만기 이전에 추가로 입금하는 것도 고려해 볼 수 있다. 신종적립신탁의 경우 만기

후에도 실적배당을 그대로 받을 수 있다는 장점이 있다. 그러나 대부분의 신탁상품은 원리금 보호가 안 된다는 점을 잊지 말아야 한다.

다만 예금상품의 경우 2000년까지는 2,000만 원 이내에서 원리금이, 그 이상은 액수가 아무리 많더라도 원금만 보장되며 2001년 이후부터는 은행별로 예금액수와 관계없이 2,000만 원까지만 보장된다.

은행권 밖의 예금상품을 주목하라

상호신용금고의 경우 은행권보다 높은 예금금리를 제공한다. 은행권 예금 대신 신용금고 예금으로 세금우대를 받을 수 있다. 종금사의 발행어음과 어음관리계좌(CMA)는 3개월 미만의 단기자금을 굴리는 데 적합한 상품이다. 3개월짜리의 경우 은행권보다 높다. 농·수·축협의 단위조합(중앙회 지점은 제외)이나 신용협동조합, 새마을금고의 금융상품의 경우 1인당 2,000만 원까지 2.2%의 농특세만 무는 세금우대 혜택이 주어진다. 예금금리도 은행권에 비해 높은 수준이다.

신협의 경우 예금보험공사에서, 농·수·축협 단위조합이나 새마을금고는 해당 중앙회나 연합회에서 은행권에 준해 원리금을 보장한다. 다만 금융기관이 파산했을 경우 일정 기간 자신의 돈을 찾지 못한다는 문제가 있을 수 있다.

"가깝게 있고 한 번 이용하면 편리하고 좋지만 쉽게 발걸음이 옮겨지지 않는 곳, 서민금융기관". 금융 위기를 겪으면서 문을 닫는 은행과 종금사도 생겼다. 서민금융기관인 상호신용금고, 신용협동조합, 새마을금고, 신용협동조합, 새마을금고를 이용하던 고객과 출자자들은 덩치 큰 은행이 쓰러지자 마음을 졸였다.

서민금융기관이 예금금리도 높고 대출도 쉬우면서 친절해 좋지만 덩치가 작아 바람에 흔들리지 않을까 걱정했다. 때문에 서민금융기관을 이용하지 않던 이들은 더더욱 크고 안전한 곳을 찾게 됐다. IMF 이후 서민금융을 거래하던 고객은 더 많이 이용하고 잘 모르는 경우는 더 불안해하는 양극화 현상이 심화됐다. 그러나 일단은 안심해도 된다.

서민금융기관의 예금은 적어도 내년까지는 1,000만 원보다 적은 경우 원금과 이자 전액을 보장해 주고, 1,000만 원이 넘는 경우도 원금을 전액 보장해 준다. 신용금고와 신협은 정부가, 새마을금고는 연합회의 '안전기금'이 예금을 보호해 준다. 2001년 이후에도 1,000만 원 미만의 소액은 안전하다.

도표 9-3　비은행 금융기관

	특　징	주요상품과 특징	비　고
종합금융사	고금리,단기투자에 적격 예금자 보호 대상	발행어음–확정금리상품,기간을 자유롭게 선택 어음관리계좌(CMA)–실적배당형	
할부금융사	간편한 대출 절차 무담보 처음 거래도 편리 다양한 할부상품		
상호 신용금고	고금리,간편한 대출 다양한 고객행사와 서비스		정기예금 표지어음
신용 협동조합	2.2% 이자소득세 2,000만 원까지 원리금 보장 신협공제–서민형 실속보험	하나더정기적금 일반한도거래대출 행복가득연금공제	1만 원을 내고 조합원이 돼야 대출 가능 조합원이 아니어도 예적금은 가능 다양한 무료 복지 서비스 제공
새마을금고	2.2% 이자소득세 출자금 배당 비과세 3,000만 원까지 원리금 보장	듬뿍자립예탁금 자립예탁금대월 알찬가족공제(보험)	출자금을 1계좌(1만 원) 이상 출자해서 회원이 돼야 이용 가능 공제료(보험료)가 저렴

단기투자 중심으로

장기적으로 금리가 어떻게 변동할지 예측하기 어려운 상황이라면, 장기 상품에만 가입하면 낭패를 볼 수 있다. 금리가 내려가는 추세지

만 경기 회복이 예상보다 빨라 기업의 자금 수요가 일어나면 금리가
다시 오를 가능성도 있다.

일단 일년 이상의 장기상품에 지나치게 많은 돈을 넣어 둘 필요는
없다. 일년짜리 상품을 중심으로 수시로 입출금이 가능한 초단기 상
품과 3-6개월짜리 단기 상품 등에 적절히 분산해 넣어 두고 금리 변
동 상황에 따라 투자 구성을 달리하는 게 현명한 투자 방법이다.

채권투자

주식투자는 고수익을 누릴 수 있지만 투자 위험도 그만큼 크다. 반
면 채권투자의 경우 수익률은 높지 않지만 안정적인 수익을 올릴 수
있다. 따라서 재테크에도 궁합이 있다고 전문가들은 말한다. 공격적
인 투자 성향이라면 주식에, 보수적이라면 채권에 투자하는 것이 좋
다는 것이다. 그러나 주식투자를 하더라도 투자자금의 일부는 채권이
나 금융상품에 투자하는 것이 바람직하다고 전문가들은 강조한다.

채권이란?

다른 사람에게 돈을 빌려 줄 때는 흔히 차용증을 받게 된다. 채권이
란 정부나 기업이 일반 투자자에게 교부하는 차용증이라고 할 수 있
다. 채권의 종류에는 정부가 발행하는 국채, 지방자치단체가 발행하
는 지방채, 공공기관이 발행하는 공채, 기업이 발행하는 회사채, 금융
기관이 발행하는 금융채 등이 있다. 국채와 회사채는 발행물량이 많
고 따라서 매매가 활발해 일반인들이 투자하기에 쉬운 편이다.

채권투자의 방법

투자자가 직접 채권을 사서 만기까지 갖고 있거나 아니면 중도에 내다 팔아 매매차익을 내는 직접투자, 투자신탁회사나 증권사의 채권형 수익증권에 가입하는 간접투자 두 가지가 있다. 현재와 같은 저금리 상황에선 특별한 사정이 없는 한 직접투자보다는 간접투자 쪽의 수익률이 다소 높다. 다만 직접 채권을 살 때는 확정 수익률을 받을 수 있지만, 공사채형 수익증권의 수익률은 상황에 따라 변할 수 있다. 이 점을 반드시 알아 두어야 한다.

직접투자를 하려면

가까운 증권사 등에서 채권의 종류, 만기, 이자율 등을 따져 투자하면 된다. 이 경우 거래 증권사에서 나중에 채권을 다시 사는지 여부를 반드시 확인해야 한다. 일반적으로 약간의 수수료를 제하고 채권을 다시 사지만 일부 증권사 등은 그렇지 않다.

채권의 안정성과 수익성도 중요한 점검 사항이다. 국채는 정부가 원리금 지급을 보증하는 것이어서 가장 안전한 채권이다. 그러나 회사채는 기업의 신용등급에 따라 투자적격(BBB 이상)과 부적격(BB 이하)으로 나뉜다. 신용등급이 낮다면 기업이 부도를 낼 가능성이 높고, 부도를 내면 원리금을 못 받게 될 수도 있다.

현재 채권이자에 대한 세율은 24.2%지만, 1998년 9월 30일 이전에 발행된 채권에 대해서는 22%의 세율이 적용된다. 한편 채권 액면금액을 기준으로 2,000만 원 이하의 소액 투자인 경우 증권사가 판매하는 세금우대 소액 채권저축에 가입할 수 있다. 만기가 일년 이상 남은 국채, 지방채 등에 투자할 경우 채권이자에 따른 소득세를 12.1%로 감면해 준다.

주식투자	구분	채권투자
매매 차익	투자 수익원	이자 수익
높다	수익성	낮다
높다	위험성	낮다
매매 차익은 비과세	세금	이자 소득세 24.2%
주식형 수익증권 뮤추얼펀드	간접투자상품	공사채형 수익증권

간접투자를 하려면

증권사나 투신사에서 판매하는 공사채형 수익증권을 통한다. 공사채형 수익증권은 고객의 돈을 모아 펀드를 만들고 이를 주로 국공채와 회사채에 투자하는 상품이다. 수익증권의 만기에 따라 1개월, 3개월, 6개월, 일년짜리로 나뉜다. 중도에 돈을 찾을 때는 수익금의 일부를 수수료로 뗀 나머지를 받게 된다.

간접투자에서 가장 중요한 것은 우량 금융기관을 선택하는 것이다. 금융기관을 잘못 선택하게 되면 제때 돈을 찾지 못하거나 원금마저 떼일 수 있다.

전환사채 투자

전환사채(CB)는 일정 기간이 지난 뒤 주식으로 바꿔갈 수 있는 채권이다. CB는 채권투자를 하면서도 주식투자의 묘미를 살릴 수 있어 최근 투자자들의 관심을 끌고 있다.

CB의 투자 요령은 단순하다. CB에는 전환가격이란 것이 있는데 이것은 CB를 주식으로 바꿀 때 기준이 되는 가격이다. 전환가격이 주가

보다 낮을 때는 CB를 주식으로 바꿔 이익을 낼 수 있다. 반대의 경우
는 CB를 만기까지 갖고 있다가 원금과 이자를 받으면 된다. 주식으로
바꿀 수 있다는 특징 때문에 CB의 이자율은 일반 채권보다 다소 낮은
편이다.

국채투자

국채는 정부가 발행하고 원리금 상환을 보증하는 채권을 말한다. 국
고채, 외평채, 양곡채 등 세 가지가 있으며, 이중 국고채가 국채를 대표
한다. 국채 수익률은 은행 정기예금(연 7-8%대)보다 높은 편이다.

안정성과 수익성이 겸비된 상황에서 은행 증권사 등 전문딜러들을
통해 개인들도 시장의 유통수익률대로 국채를 사고 팔 수 있게 됐다.
개인들은 중개수수료만 내면 시장금리 수준에서 사고 팔 수 있게 됐
다. 중개수수료는 거래금액의 0.1% 수준이다.

도표 9-5 **국채 투자 흐름도**

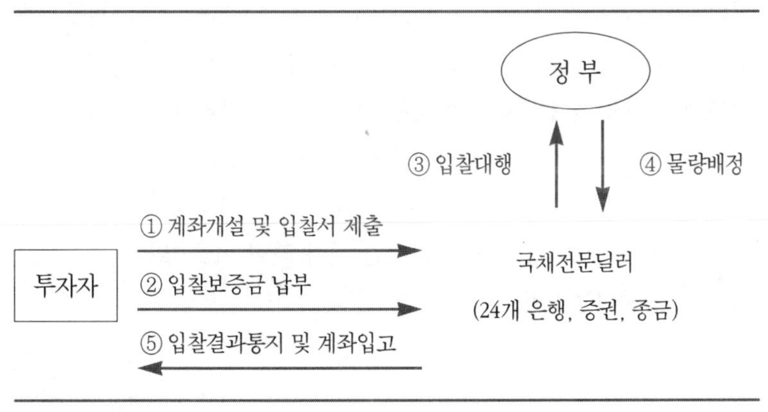

주식투자

　시중금리가 크게 떨어졌다. 앞으로 당분간 더 떨어질 것이란 얘기도 들려온다. 은행만 쳐다보자니 답답하기 짝이 없다. 금리가 내리면 보통 주식시장은 상승세다. 그러나 증권투자는 해본 적도 없다. 어설프게 나섰다간 원금마저 날릴지 모른다. 소위 전문가들도 실패하는 경우가 많은데 초보자가 달려드는 일이 가능한 것일까?

　재테크 전문가들은 요즘 같은 저금리 시대에는 여유 돈의 일부를 주식투자에 돌려보는 것도 현명한 방법일 수 있다고 말한다. 그러나 방법과 특성을 잘 따져 본 뒤에 생각해 볼 일이다.

주식투자의 방법

　투자자 본인이 주식을 사고 파는 직접투자와 주식형 수익증권이나 뮤추얼펀드(증권투자회사)를 이용하는 간접투자의 두 가지 방법이 있다. 간접투자의 경우 전문 펀드매니저가 고객을 대신해서 투자해 주고 그 대가를 받아간다. 그러나 이익을 내든지, 손해를 보든지 투자자 본인이 책임을 진다는 점에서는 양쪽 다 마찬가지다.

　운전에 빗대 생각해 보자. 직접투자는 자기 차를 직접 모는 자가 운전이다. 간접투자는 기사(펀드매니저)가 딸린 차(특정 펀드)를 빌리는 것이다. 운전을 해본 적도 없다면 기사 딸린 차를 빌리는 게 사고의 위험을 줄이는 방법이다.

　그러나 명심할 게 있다. 기사가 손님(투자자)을 목적지(수익)까지 반드시 데려다 준다는 보장은 없다. 중간에 사고가 난다 해도 그 책임은 기사에게 있는 게 아니라 손님에게 있다. 따라서 투자를 결정하기 전에 반드시 기사가 어떤 사람이고 차종(펀드의 종류)이 무엇인지를 면밀히 따져야 한다. 나중에 손해가 났다 해도 렌터카 회사(펀드 판매 회사나 운용회사)나 기사에게 따져 봐야 아무 소용없기 때문이다.

직접투자 방법

우선 증권사에 증권계좌를 개설해야 한다. 예전엔 무조건 가까운 증권사 지점에서 계좌를 개설했다. 그러나 좋고 나쁜 은행이 있듯이 증권사마다 재무 건전성, 서비스 등에서 차이가 난다. 따라서 거래할 증권사를 고르는 데도 신중해야 한다.

계좌를 개설했으면 투자할 주식을 골라 '사자' 내지는 '팔자' 주문을 내면 된다. 주문을 낼 때는 직접 방문해도 되지만 전화, 인터넷, PC통신 등으로도 가능하다. 투자 종목을 고를 때는 증권사 직원과 상담할 수도 있다. 증권사 직원에게 통장과 도장을 맡겨 두고 "알아서 해달라"는 경우(일임매매)가 있는데, 이것은 대단히 위험하다. 나중에 시비가 벌어질 가능성이 크다.

간접투자방법

(1) 주식형 수익증권

조기상환 수익률을 정해 놓고 이를 달성하면 바로 펀드를 해산하는 스폿펀드와 기간을 정해 놓고 돈을 맡기는 일반펀드로 나눌 수 있다. 펀드의 종류는 주식이나 주가지수 선물에 얼마나 투자하느냐에 따라 달라진다. 상품에 따라 주식편입 비율은 천양지차이다. 이 주식편입 비율이 높으면 그만큼 위험이 높지만 주가 상승시에는 수익성이 높은 반면, 채권투자 등의 비율이 높으면 비교적 안전하지만 수익성은 그리 크지 않다.

스폿펀드는 주가가 강세일 때 단기 고수익을 노리기에 유리한 상품이다. 주로 공격적인 투자를 하기 때문에 투자 위험성은 그만큼 크다.

반면 일반펀드는 단기 고수익보다는 꾸준한 수익을 목표로 한다. 만기는 보통 6개월에서 일년이며 경우에 따라 중도에 투자한 돈을 다시 빼낼 수 없는 것도 있다.

주식형 상품에 가입할 때는 반드시 펀드운용계획서를 꼼꼼히 읽어 봐야 한다. 특히 펀드매니저, 주식편입비율, 중도환매 여부, 수수료 등이 필수적인 점검 사항이다. 스폿펀드의 경우 기간별로 조기상환 수익률이 얼마인지 반드시 확인해야 한다.

(2) 뮤추얼 펀드

투자자가 주주의 자격으로 펀드운용을 감독할 수 있다는 점에서 주식형 수익증권과 다르다. 펀드운용 내역이 낱낱이 공개되므로 혹시 부실 채권이 편입되는지 감시할 수 있다. 펀드운용의 투명성이 뮤추얼펀드의 가장 큰 장점이다. 만기는 보통 일년이고 폐쇄형의 경우 중도환매에 제한이 따른다. 그러나 해당 뮤추얼펀드가 거래소시장이나 코스닥시장에 상장이 되면 중간에 돈이 필요한 경우 증권시장에서 매도하여 중도 환매할 수는 있다.

뮤추얼펀드에 가입할 때는 투자설명서를 자세히 읽어 보고 모르는 것이 있을 때는 판매회사나 운용회사에 물어 봐야 한다. 특히 펀드마다 제 각각인 주식편입비율은 반드시 알아 둬야 한다.

만기가 되면 투자수익을 배당금의 형태로 투자자들에게 돌려준다. 이때 24.2%의 높은 배당 소득세를 내는 게 뮤추얼펀드의 불리한 점이었으나 정부는 최근 세금을 대폭 낮춰 주기로 방침을 밝힌바 있다.

(3) 뮤추얼펀드와 주식형 수익증권

뮤추얼펀드와 주식형 수익증권은 높은 수익을 얻을 수 있는 반면 투자에 따른 위험도 높으므로 반드시 자기 책임하의 투자가 필요하다.

구분	뮤추얼펀드(주식형)	수익증권(주식형)
운용대상	주로 주식에 투자	
환매	증권거래소 또는 코스닥 시장을 통한 매각으로 회수	항상 가능 단, 기간별 환매수수료 부과
특징	실적 배당	

※ 투자시 유의사항 : 시세 변동에 따라 원금 손실이 발생할 수도 있으며 상품의 자세한 내용은 반드시 투자설명서를 참고해야 한다.

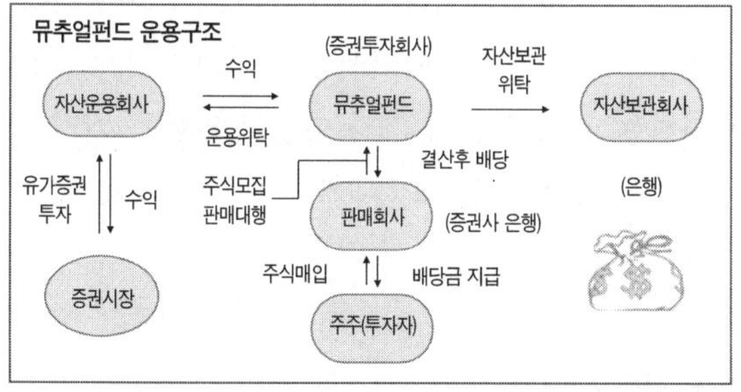

주식투자 상품 선택 요령

누구나 자신의 여유자산을 잘 굴려서 고수익을 얻기 원하지만, 개인투자자의 경우 재테크에만 전념할 수 없는 것이 현실이다. 만일 위험을 선호하지 않는 사람이 고 위험의 자산에 투자한다면 비록 높은 투자수익을 얻는다 할지라도 바람직하지 않다. 위험에 대한 심리적 부담과 함께 지나치게 재테크에 몰두할 경우 기회비용을 지불한 셈이 되므로 심리적인 투자성과는 훨씬 낮을 수밖에 없기 때문이다.

상대적으로 투자수익률이 떨어지지만 안전한 상품에 투자한다는

것은 투자손실 가능성에 대한 불안감을 덜 느끼는 것에 대한 기회비
용으로 생각할 수 있다. 다소 수익률이 낮더라도 자신이 감내할 수 있
는 크기의 위험을 가진 상품이라면 심리적인 고수익을 달성한 셈이
다. 따라서 자신이 어느 정도의 위험을 감수할 수 있는지 투자 성향을
파악하는 것이 필요하고 투자 성향에 맞는 상품을 선택하는 것이 필
요하다.

주식투자도 방법에 따라 다양한 위험이 존재한다

아무리 안정성을 선호하는 사람이라도 현재 수익률이 한자리수를
맴돌고 있는 국공채 투자나 은행예금은 만족스럽지 못하다고 생각한
다. 이 때문에 주식투자에 눈을 돌리게 된다. 하지만 주식투자는 직접
투자든, 간접투자든 위험이 따르게 마련이어서 투자하기가 망설여진
다. 그러나 주식에 투자하는 것도 상품에 따라 다양한 위험을 가지고
있으며 상품을 잘 선택하면 자신의 투자 성향에 맞는 주식투자를 할
수 있다.

주식투자 방법에 따른 위험의 크기

위험을 손실 가능성의 크기로 비교한다면 우선 가장 위험이 큰 주
식투자 방법은 주식에 직접투자하는 것이다. 큰 수익을 얻을 수도 있
지만 반대로 큰 손실을 볼 수도 있기 때문이다.

일반적으로 주식형 수익증권, 뮤추얼펀드 등을 통한 주식 간접투자
방법은 직접투자보다 위험이 적다고 볼 수 있다. 다수의 자금을 모아
서 투자전문기관이 주식현물, 선물, 금리상품 등에 투자해 포트폴리
오를 구성함으로써 위험을 분산시키기 때문에 개별투자의 방법보다
는 손실 가능성이 작기 때문이다.

그렇다고 모든 주식형 수익증권이나 뮤추얼펀드의 위험이 같은 것

은 아니다. 주식편입 비율이 높고 고수익을 추구하는 상품(성장형)은 주식편입 비율이 낮고 안정적인 수익을 추구하는 상품(안정형)보다 위험이 더 크다고 할 수 있다. 주식형 수익증권이나 뮤추얼펀드 중에는 목표 수익률을 다소 낮게 잡은 반면 선물, 옵션 등을 이용해 주가 하락시에는 손실을 일정한 수준에서 제한하는 '포트폴리오 보험' (Portfolio Insurance) 기법을 사용한 상품도 있다. 이 상품은 위험을 줄이는 대신 안정적인 투자 성과를 원하는 고객을 대상으로 하고 있다.

또한 차익거래(Arbitrage) 기법을 이용한 주식형 수익증권도 위험을 줄이면서 수익을 높이려는 상품이다. 즉 평소에는 안전한 국공채 및 유동성 자산 등에 투자해 최소한의 수익을 얻다가 주식현물 가격과 선물가격간 과도한 가격 차이가 발생할 경우 차익거래로 추가수익을 얻어 전체 수익을 높이고자 하는 주식 간접투자 상품이다.

직접투자와 유사한 방법이지만 위험을 줄이면서 주식에 투자하는 방법으로는 실권주 청약이나 전환사채(CB), 신주인수권부사채(BW) 청약, 매수가 있다. 실권주는 기업이 유상증자시 기존 주주가 자신에게 배정된 주식의 매수를 포기할 때 발생하며 기업은 실권주가 발생하면 일반인을 상대로 판매하게 된다. 실권주 판매가격은 대개 시가보다 20-30% 싼 것이 보통이므로 주식 매매차익을 얻을 수 있는 가능성이 크다고 할 수 있다. 그러나 보통 청약 후 주식을 팔 수 있기까지는 2-3주가 걸리므로 그 동안 주식가격 하락에 따른 손실 가능성이 있다.

전환사채는 일정 기간 후 주식으로 바꿀 수 있는 채권이다. 주식으로 전환하기 전까지는 이자를 주지 않거나 정해진 이자를 주고, 주식으로 전환하지 않고 만기 상환을 받으면 이자를 더 주는 채권이다. 해당 기업의 주가가 전환가격 이상으로 상승하면 주식으로 전환하여 주식매매 차익을 얻을 수도 있다. 따라서 일정한 수익이 보장되면서 주가상승에 따른 수익도 얻을 수 있는 상품이다.

그러나 주식전환은 보통 발행 후 3개월 후부터 가능하므로 장기적인 주가 상승 가능성을 보고 투자해야 한다. 발행회사가 부도가 나면 무보증일 경우 한푼도 받지 못하므로 발행회사가 튼튼한지 잘 살펴보아야 한다.

실권주나 전환사채가 개별적인 기업의 주식에 직접투자하는 방식에 가까워 위험이 있는데 반해 전환사채형 수익증권은 간접투자 방법으로 전환사채에 투자하면서도 위험을 줄일 수 있다. 이 상품은 CB, 채권에 중점적으로 투자하여 채권투자의 안정성과 주가상승시의 초과 수익률을 기대하는 고객을 대상으로 하고 있다.

금융기관 경쟁이 심화되고 금융기법이 발달하면서 주식에 투자하는 방법도 매우 다양해지고 있다. 상품을 선택할 때 수익성뿐만 아니라 상품 특성에 따른 위험의 크기도 반드시 고려해야 마음이 편안한 투자가 될 수 있다.

연령대별 가입할 만한 금융상품

누구든지 일생 동안 돈 벌 기회가 세 번 온다는 말이 있다. 반드시 기회가 온다는 보장은 없지만 부자가 될 수 있는 기회가 여러 번 있다는 이야기이다. 어떤 사람은 자신에게 온 기회를 흘려 버리기도 하지만, 어떤 사람은 이를 즉시 돈으로 연결한다. 이 둘의 차이는 돈을 벌 준비가 되어 있는지 여부이다. 또 돈 벌 기회가 왔을 때 순간적으로 잡을 수 있는 판단력 차이도 있다. 가만히 앉아서는 부자가 되지 않는다. 적극적으로 뛰고 준비하는 것은 당연하다.

사람에 따라 다르겠지만 연령대별로 꼭 해 둬야 할 일이 있다. 예를 들어 30대에 주식투자 등으로 실패해 목돈이나 집을 마련하지 못하면 40대 들어서도 계속 허덕거리며 살아야 한다. 20대부터 50대까지 표준적인 직장인들이 가입해야 하는 '필수적인' 금융상품을 은행, 보험, 증권, 부동산, 창업 등 분야별로 알아본다.

이들 기본 상품에 들어 두는 것은 그 자체만으로 '큰돈'을 벌지는 못해도 그런 기회를 잡을 수 있는 토대로써 의미가 크다. 전문가 조언을 들어 연령대에 따라 챙겨야 할 금융상품 등을 소개한다.

20대에는 목돈을 만들어라

20대는 직장에 들어가 처음으로 돈을 버는 시기이다. 첫 월급을 타면 부모님 내의와 선생님 사은품을 준비하는 것 못지않게 근로자우대저축상품과 내집마련주택부금에 가입하는 것도 중요하다. 근로자우대저축·신탁은 과거 재형저축과 거의 유사한 상품으로 연봉이 2,000만 원 이하인 근로자에 한해 1계좌씩 가입할 수 있다. 가입한도는 월 50만원 이하이고 3년 이상만 유지하면 세금을 한푼도 내지 않는다.

다음으로 가입해야 하는 것은 내집마련주택부금이다. 결혼 직후부터 내집 마련 계획을 세우지 않으면 30대에 집을 마련하지 못할 수도 있다.

청약부금 가입 후 6개월이 지나면 2순위가 되고 2년이 지나면 1순위가 된다. 매달 13만 원을 주택부금에 부으면 2년 후에는 원금만 해도 312만 원이 된다. 축적된 돈이 312만 원이면 33평 이하 아파트를 청약할 수 있는 자격이 생긴다. 지급이자도 연 8%로 정기예금과 같은 이자를 준다. 특히 청약부금통장이 있으면 결혼할 때 전세자금을 빌릴 수 있을 뿐만 아니라 집을 살 때는 구입자금도 빌릴 수 있는 이점이 있다.

30대는 왕성하게 벌고 깍쟁이처럼 아껴라

30대는 결혼을 하고 본격적으로 목돈을 부풀려 가는 시기다. 아이들이 학교에 들어가기 전에 집을 마련한다는 목표를 정하고 열심히 벌고 깍쟁이처럼 아껴야 한다. 집을 마련하려면 일단 전세금을 토대로 금융 여건에 따라 나오는 특별판매 고수익 상품을 통해 목돈을 늘려야 한다.

세금을 부과하지 않는 비과세 가계저축·신탁, 근로자주식저축 등은 지난해 말을 기해 사라졌다. 그러나 아직 세금을 절반(11.2%)만 내도 되는 세금우대 상품들이 있는 만큼 이를 적극 활용해야 한다. 은행, 금고, 투신, 증권 등에서 팔고 있는 소액가계저축, 가계우대정기적금, 상호부금, 불특정금전신탁, 적립식목적신탁, 소액채권저축 등은 가입 후 일년 이상만 지나면 세금 절반을 깎아 준다. 이런 상품들을 통해 전세 생활을 청산하고 집을 마련하는 것이다.

30대 후반에 들어서면 실직에도 대비하고 건강에도 각별하게 주의를 기울이기 시작해야 한다. 이에 대비해 암보험이나 건강종합보험을 한두 개정도 선택해야 한다. 실직에 대비하고 노후 생활을 위해서는 30대 중반에는 개인연금 하나 정도는 꼭 들어 두는 게 바람직하다. 은행, 보험, 투신 등 각 금융기관에서 취급하는 만큼 수익률과 보장 정도가 각각 다르다. 연금을 일시에 낼 수도 있고 나눠 낼 수도 있다.

40대에는 주식, 부동산 등으로 자산구성을 다양화하라

40대는 아이들이 자라나면서 쓸 곳도 많지만, 30대 모아 놓은 목돈을 잘 굴려 재산가치를 극대화하는 시기다. 이를 위해서는 재산을 금융저축, 주식, 부동산 등에 적절히 분산해야 한다. 가장 투자가치가 높은 곳에 돈을 집중하는 판단도 필요하다. 여차 하면 창업까지도 염두에 둔 재산 늘리기 전략을 짜야 한다. 주택을 넓히기 위해서는 큰 평수의 아파트를 청약할 수 있는 주택청약예금을 들어 놓아야 한다. 또 실직에 따른 퇴직금 등 여유돈이 생긴다면 증권·투신사 수익증권 (공사채형, 주식형, 혼합형)이나 뮤추얼펀드 등 간접투자는 물론이고 직접투자까지 해볼 수 있을 것이다.

50대에는 노후준비상품에 가입하라

50대는 자녀를 결혼시키고 본격적으로 노후를 준비해야 하는 시기다. 또 자녀를 결혼시켰다면 큰 공간이 필요 없는 만큼 노부부에게 적합한 아파트로 줄인다. 여기에서 나오는 차액은 퇴직금과 함께 증권·투신사의 금융상품 투자 및 은행 예금을 넣어 두고 이자로 생활을 꾸려 간다. 이자지급상품은 확정금리상품과 변동금리상품으로 나뉜다. 보험상품으로는 중풍·치매에 걸렸을 때 치료비와 간병비까지 보장해 주는 개호보험을 들어 놓는 게 중요하다.

다음은 연령대별로 가입할 만한 금융상품을 요약하여 놓은 것이다.

도표 9-8 연령대별 가입할 만한 금융상품

20대	30대	40대	50대	60대
목돈 만들기 시작	목돈 부풀리는 시기	재산가치 극대화 시기	노후 준비기	안정적 노후 생활
결혼·주택 마련 자금 준비	주택 마련	주택 넓히기	자녀결혼자금 지원	실버보험 혜택
근로자우대저축·신탁	금융저축 늘리기	금융·주식·부동산 등에 분산투자	정년퇴직	여행보험
주택청약부금	가계우대정기적금	실직대비	증권·투신 금융상품	연금 혜택
	증권·투신 공사채형상품	창업자금 마련	노후생활저축	
	뮤추얼펀드 등	주택청약예금 (평수 늘리기)	경로우대통장	
	암·질병 보험 가입	실직보험 가입	중풍·치매 대비 보험 가입	
	개인연금 가입	개인연금 가입		

재테크 대원칙 하나 -- 안정성과 수익성에 대한 명확한 이해

1. 금융상품 이해

   내가 저축(투자)한 자금이 어디에서, 어떻게 운용되고 있는가 ?

2. 금융상품의 안전성과 수익성 이해

   자금의 운용처가 얼마나 안전(위험)하며 어느 정도 수익을 낼 수 있나?

3. 자신의 성향 분석

   내가 어느 정도의 위험(그에 상응하는 수익)을 안을 것인가?

4. 사후 관리

   내가 예상한 위험성과 수익성이 경제 여건 변화에 따라 어떻게 변하고 있는가?

도움이 되는 자료

국내외 경제관련 인터넷 사이트

한국경제신문의 인터넷 신문 www.ked.co.kr

조선일보 www.chosun.com

동아일보 www.dongailbo.com

아시아 월스트리트 저널 www.awsj.com

10 장

고용안정 정보망 (Work-Net) 이용하기

김 대 룡

현재 울산대학교 경영학부 교수이며, 대구동 신교회에 출석하고 있다. 전공은 경영정보 시스템이며 GDSS, EC, 시스템 분석설계 등에 관심을 가지고 있다. 유교 문화적 관습에 영향을 많이 받는 한국 사회에서의 회합이나 집단의사 결정을 돕기 위한 집단의사 결정지원 시스템에 특히 관심이 높다.

오늘날 산업 사회에서 정보 사회로 전환되는 과도기에 살고 있는 우리는 옛 농경 사회에서 산업 사회로의 변환기에 경험한 것보다 훨씬 큰 변화를 맞고 있다. 이러한 변화의 와중에 노동시장의 변화도 겹쳐 이제 평생직장을 가진다는 생각은 점점 퇴색하게 되고 평생직업의 개념이 이를 대체하게 되었다.

즉 더 나은 직장, 더 큰 만족, 그리고 더 높은 보수를 위해 우리는 이제 항상 자기를 개발하고 새로운 일터를 찾아야 하는 환경에 살게 되었다. 그러면 평생직업을 가지기 위해 우리가 해야 할 일은 무엇인가? 첫째는 나 자신의 가치를 높이기 위해 필요한 지식을 습득하여 준비하는 것이고, 둘째는 항상 고용정보에 밝아야 한다는 것이다.

이러한 필요를 충족시켜 주는 정보가 한곳에 모인 장소가 있다. 노동부의 중앙고용정보관리소에서 준비한 '고용안정 정보망'(Work-Net)이다. 이 정보들은 누구나 쉽게 접근할 수 있게 인터넷 웹사이트로 구축되었고, 1999년 4월 1일 개통되었다. 이 정보망은 노동부 지방관서, 인력은행, 시 · 군 · 구, 산업인력공단, 직업훈련기관 등의 기관과 일반인들을 인터넷으로 연결하여 서비스하는 종합적인 고용정보 시스템이다.

이 정보망을 통해 우리는 고용과 직업훈련에 관련된 다양한 정보를 어디서나 쉽게 접근할 수 있게 되었다. 예를 들면 구직자나 구인업체는 취업 알선 기관을 직접 방문하지 않고도 집이나 직장 혹은 인터넷과 연결된 컴퓨터만 있으면 어디서나 'Work-Net'을 통해 구직 등록과 구인 신청을 할 수 있다.

뿐만 아니라 국내외 취업정보, 직업훈련정보, 인터넷 직업 심리검사 및 직업 상담, 직업 및 자격증 정보, 각 실업대책정보, 고용보험 안내 및 법령 등의 다양한 자료를 안방에서 손쉽게 검색하여 취업 및 직업 선택에 도움을 받을 수 있게 되었다.

그럼 어떻게 이 서비스를 이용할 수 있을까? 먼저 인터넷과 연결된 컴퓨터를 찾아야 한다. 학교, 연구소, 기업, PC통신에 가입한 가정, 관공서 서비스 데스크, 도서관의 정보검색 데스크, 혹은 인터넷 게임방 등에서 인터넷과 연결된 컴퓨터를 만날 수 있다. 특히 컴퓨터 조작에 익숙하지 않은 이용자들을 위하여 전국의 지방노동관서와 고용안정 센터, 인력은행 등 53개소에 모니터 화면에 나오는 필요한 메뉴를 손가락으로 누르기만 하면 되는 '터치 스크린'을 설치해 두고 있다.

컴퓨터를 찾고 난 다음 '웹브라우저'(Web Browser)—'넷스케이프'(Netscape) 혹은 '인터넷 익스플로러'(Internet Explorer)—를 찾아 열고 브라우저의 상단부에 위치한 '주소:' 혹은 'Location:'으로 되어 있는 입력창에 'http://www.work.go.kr'을 치고 엔터를 누르면 된다. 이 장의 내용들은 'Work-Net'의 첫 페이지에 들어온 이용자가 이 사이트를 쉽게, 유용하게 이용하는데 도움을 줄 수 있도록 간결하게 꾸몄다.

Work - Net의 홈페이지

'고용안정 정보망' 즉 'Work-Net'의 첫 페이지를 홈페이지라 부른다. 위의 주소를 입력해 찾아간 첫 페이지를 말하는 것이다. 이 첫 페이지를 통하여 모든 관련된 정보의 방으로 연결된다. 각각의 방은 정보가 저장된 창고와 같아서 문(門)을 열고 들어가야 하는데 이 홈페이지가 각각의 방으로 들어갈 수 있는 문(연결 아이콘)을 가지고 있다. 마우스로 그 문을 클릭하면 각 방으로 이동할 수 있게 되는 것이다. 〈그림 10-1〉은 '넷스케이프'라는 웹브라우저로 주소 http://www.work.go.kr를 입력하고 찾아간 화면이다. 이 첫 페이지의 주요 문

그림 10-1. Work-Net (고용안정 정보망) 홈페이지

(門)들은 페이지 상단부에 위치한 작은 그림을 포함하는 단추(아이콘)들이다. 각 단추는 다음과 같이 '취업정보', '직업선택', '직업훈련', '실업대책', '고용보험', '통계자료', '관계법령', '부가서비스'라는 문패를 달고 있다. 이 문들을 통해서 들어간 각각의 주제별 방에는 다시 부메뉴를 가진 작은 정보방으로 나누어져 있다. 이와 같은 주제별 정보방으로 안내하는 단추 외에도 이용자가 자주 이용하는 정보방으로 직접 연결되는 단추가 'HOT MENU' 라는 이름 아래 좌측 열에 나열되어 있다.

이들은 '구인정보', '구직정보', '원격직업상담', '직업심리검사', '고용보험', '직업소개기관 안내', '취업관련사이트', 'PUSH신청' 등의 문패를 가지고 있으며, 위에서 언급한 상단부의 주요 문(아이콘)을 열고 들어간 정보방에 있는 부메뉴들 중에 이용자가 자주 사용하는 메뉴들이다. 이제부터 각 정보창고는 어떤 정보를 가지고 있고 어떻게 이용할 수 있는지 살펴보겠다.

취업정보

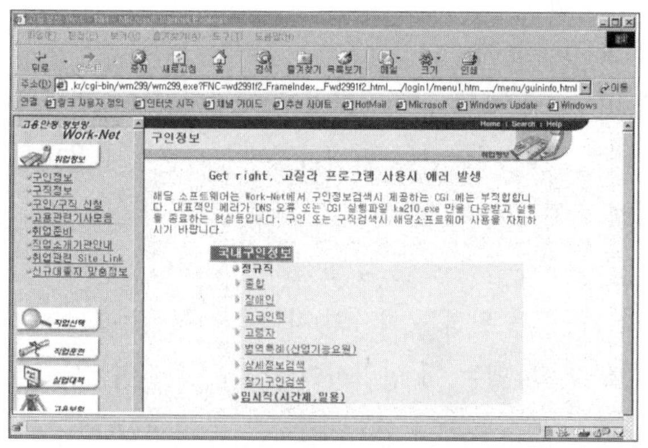

Work-Net의 홈페이지에서 '취업정보'라는 단추를 누르면 다음 화면에서 창이 나누어지며 아래 〈그림 10-2〉와 같이 왼쪽 창에는 '취업정보' 방의 부메뉴(작은 정보방들)를 보여 준다. 각각의 메뉴를 마우스로 누르면 오른쪽 창에 다시 작은 메뉴(더 작은 정보방들)를 보여 준다. 다음은 각 메뉴를 간단히 설명한 것이다.

그림 10-2. 취업정보방의 구인정보 메뉴가 클릭된 화면

구인구직정보 검색

구인정보

국내구인정보와 해외구인정보를 검색할 수 있으며 국내구인정보에는 크게 정규직과 임시직으로 나누어져 있다. 국내구인정보의 정규직은 종합에서는 전체 데이터베이스에서 그리고 장애인, 고급인력, 고

령자, 병역특례(산업기능요원) 등의 항목에서는 분야를 특화해서 검색할 수 있다. 상세정보검색 항목에서는 연령, 성별, 학력, 전공 등의 상세한 요건에 맞는 구인정보를 검색할 수 있다. 해외구인정보 검색에서는 국가별/직종별 구인정보를 검색할 수 있으며, 해외 상세정보 검색에서는 여러 요건에 일치하는 검색을 할 수 있다. 다음은 구인정보 통합 검색 항목이 있는데 여기서는 노동부, 지방자치단체, 산업인력공단, 경총, 장애인공단, 중소기업청 등의 전산망을 통해 입수된 구인정보를 통합 검색하여 제공한다.

구인정보 검색의 예

〈그림 10-3〉의 예는 구인정보의 국내구인정보－정규직－종합 항목을 선택했을 때 나타나는 화면이다. 이 화면에서 올바른 종합구인정보 검색을 위하여 지역, 직종, 그리고 검색 기간을 입력해 줘야 하고, ✔ 확인 단추를 누르면 검색 결과가 나온다.

- 지역 : 구인을 원하는 회사의 지역을 선택하는 항목이다. 먼저 서울이라 적혀 있는 첫 입력항의 오른쪽에 붙어 있는 역삼각형 단

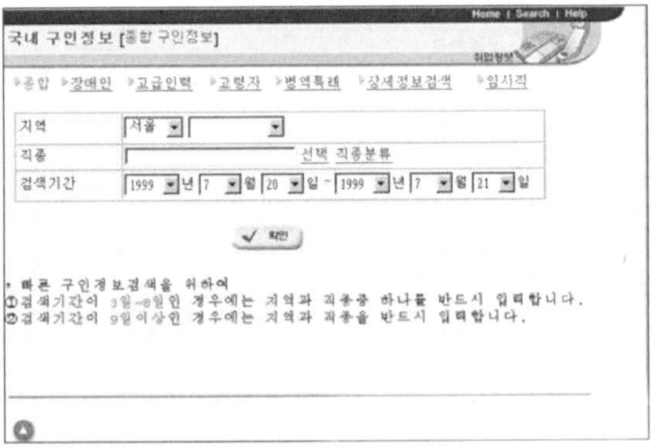

그림 10-3. 국내구인정보 종합을 선택했을 때 나타나는 화면

추를 눌러 나온 전국의 시도(市道) 중 하나를 마우스로 눌러 선택한다. 오른쪽 입력창은 같은 방법으로 구군(區郡)을 선택해 준다.

- 직종 : 원하는 직종을 선택해야 하는데 여러 개의 직종코드 중 하나를 선택하게 되어 있다. '선택'을 누르면 검색어를 입력해 직종코드를 선택할 수 있도록 해주고, '직종분류'는 분류된 직종 중에서 범위를 좁혀 직종코드를 선택할 수 있게 한다.

- 검색 기간 : 검색을 원하는 기간을 입력하는 항목이다. 연월일 창의 오른쪽에 붙은 역삼각형을 눌러 연월일을 선택한다.

〈그림 10-4〉의 화면은 국내구인정보-종합을 선택한 후 지역은 서울로, 직종은 컴퓨터 시스템 설계사 및 분석가를 선택하고, 검색 기간은 1999년 6월 20일부터 1999년 7월 21일까지 정한 다음 나온 결과를 보여 주는 예이다.

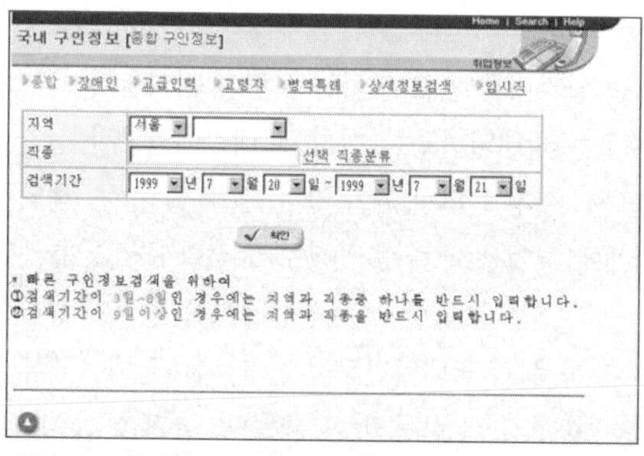

그림 10-4. 국내구인 정보 검색 결과의 예

구직정보

구직정보의 검색 방법은 구인정보의 검색과 거의 동일하다. 단지 일자리를 구하는 구직자가 본인이 원하는 직종에 등록해 두는 것이

다르다. 〈그림 10-5〉는 국내 구직정보 중 '주부' 항목을 선택하고 직종을 상점판매원 및 선전원을 선택했을 때 나타나는 결과의 예이다.

순번	성명	연령	희망근무지	직종	등록일
1	김○○	33	서울	상점판매원	1999/07/21
2	박○○	34	대구	상점판매원	1999/07/16
3	이○○	35	경기 부천시 소사구	상점판매원	1999/07/06
4	신○○	30	경남 창원시	상점판매원	1999/07/01
5	황○○	30	서울	상점판매원및선전원	1999/06/30
6	이○○	35	경기 부천시	상점판매원및선전원	1999/06/30
7	김○○	31	서울	상점판매원	1999/06/21
8	이○○	34	대구	상점판매원및선전원	1999/06/21

그림 10-5. 구직 정보 결과의 예

구직 신청

이 메뉴는 일자리를 얻고자 하는 사람이 자기를 등록해 두는 장소이다. 종류로는 국내일반구직 신청, 국내장애인구직 신청, 해외구직 신청, 송출구직 신청 등의 메뉴가 있다. 이들 메뉴 중 '해외구직 신청'은 해외업체에 취업을 원하는 구직자가 직접 구직등록 신청을 하는 코너이다. 구직 신청을 원할 때는 취업정보를 누르고 왼쪽 창의 부메뉴 중 원하는 항목(즉 국내일반구직 신청, 국내장애인구직 신청, 해외구직 신청, 송출구직 신청 등의 한 항목)을 눌러 〈그림 10-6〉과 같은 구직신청 화면이 나오면 주민등록번호와 비밀번호를 넣고 신규등록 혹은 이미 등록한 이용자는 확인 단추를 누른다. 이들을 모두 입력한 후 신규등록을 눌렀을 때 나타나는 화면을 〈그림 10-7〉에서 보여 준다. 이 화면에서 입력해야 할 항목들은 '인적사항', '최종학교', '직업훈련', '자격면허', '외국어능력', '희망취업조건', '최종직업', '인증

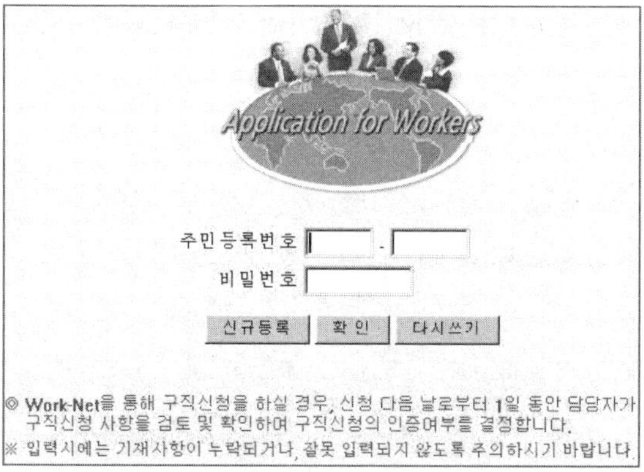

그림 10-6. 구직 신청 화면

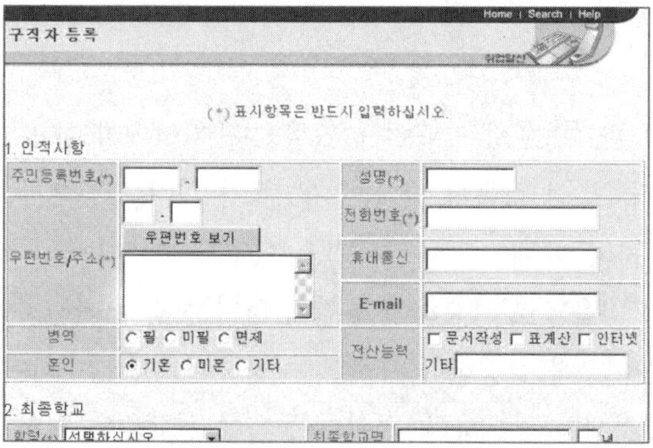

그림 10-7. 구직자 등록 화면

사무소선택'(인증받을 기관을 선택하는 창이며 이전에 먼저 우편번
호를 입력했으면 인증사무소 버튼을 클릭했을 때 해당 구직자의 주소
지에서 가까운 취업알선기관이 조회되고, 그렇지 않을 경우는 개략적
주소를 입력한 후 검색 단추를 눌러 목록이 나오면 그중에서 한 기관
을 선택한다. 〈그림 10-8〉이 이 창을 보여 줌), '비밀번호 입력'(비밀
번호는 구직 신청을 하고 나중에 직접 인적사항 등의 정보를 수정할

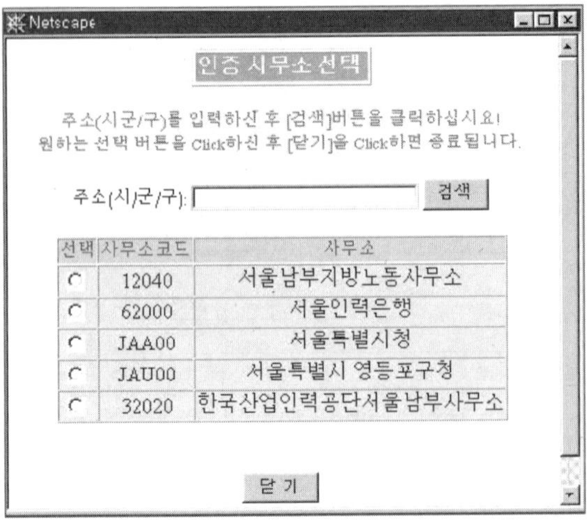

인증 사무소 선택

주소(시군/구)를 입력하신 후 [검색]버튼을 클릭하십시요!
원하는 선택 버튼을 Click하신 후 [닫기]을 Click하면 종료됩니다.

주소(시/군/구):　　　　　　　　　　　검색

선택	사무소코드	사무소
○	12040	서울남부지방노동사무소
○	62000	서울인력은행
○	JAA00	서울특별시청
○	JAU00	서울특별시 영등포구청
○	32020	한국산업인력공단서울남부사무소

닫기

그림 10-8. 인증사무소 선택 화면

때 필요하므로 반드시 입력한 비밀번호를 기억해야 함), 그리고 '기타 항 입력' 등의 항목이 있다. 별(*) 표가 되어 있는 항목은 반드시 기재해야 하며, 기재가 끝나면 '등록' 단추를 누른다.

신청일 다음날로부터 하루 동안 담당자는 검토 확인하여 구직 신청의 인증 여부를 결정한다. 구직자는 인증기관에 방문하여 확인하는 적극적인 자세가 필요하다. 구직자 등록이 완료되면 이미 등록한 내용을 수정할 수 있는 구직수정, 자기소개서 등록, 경력 등록, 알선상황 조회, 채용결과 조회, 신청이력 조회 등도 가능하게 된다. 위의 〈그림 10-9〉는 이들 중 '자기소개서 등록' 화면을 보여 주고, 〈그림 10-10〉은 해외 구직 신청 등록이 완료된 후 구직 신청 내용을 수정하고 싶을 때 '구직수정' 부메뉴를 선택하여 수정하는 화면을 보여 준다.

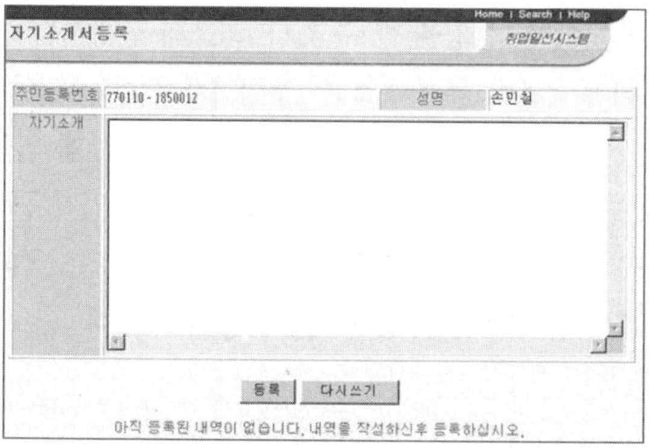

그림 10-9. 자기소개서 입력화면

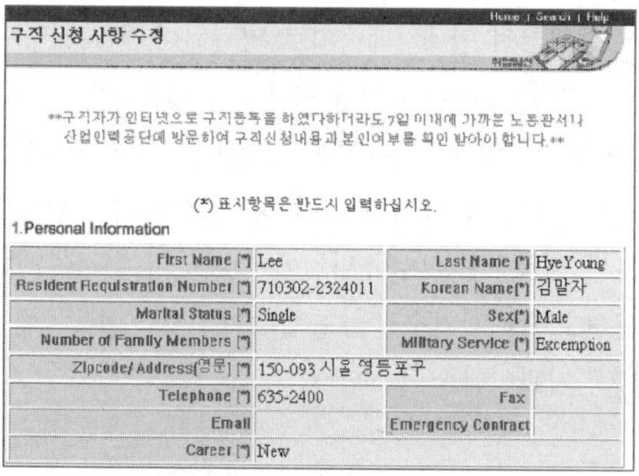

그림 10-10. 해외구직신청 등록완료 후 구직수정 화면

구인 신청

구인 신청은 일자리를 원하는 구직자가 아니라 구인을 원하는 사업자가 인력을 모집하기 위해 이용하는 서비스이기 때문에 이 절은 참고로 간단히 정리한다. 구인 신청을 원하는 사업자는 먼저 등록해야 하고, 한 번 등록한 사업자는 같은 사업자 등록번호와 비밀번호를 이

용해 계속해서 구인 신청을 할 수 있다. 최초의 신청시는 신규등록을 해야 하는데 입력해야 할 항목들은 '구인업체 현황', '구인사항', '근로조건', '선발사항', '인증사무소 선택', '비밀번호'를 입력한 후 등록 단추를 누르면 된다. 등록한 후 인증사무소에 사업자등록증을 FAX로 송부하면 등록이 완료된다. 구인 신청의 종류로는 국내일반구인 신청, 국내장애인구인 신청, 송출구인 신청 등이 있다.

선원구인구직 안내

취업정보의 부메뉴 중 이 항목을 누르면 한국해양수산연수원의 웹사이트 중 '선원취업 안내' 페이지로 연결된다. 한국해양수산연수원은 "선원들의 자질 향상을 위한 교육훈련과 해운항만 및 어업에 관한 신기술의 개발 보급을 통해 우수한 해양수산 인력을 양성하고, 정부에서 수탁한 해기사 국가기술자격 검정 및 선원의 직업 안정 업무를 수행함으로써 해양수산분야의 발전에 기여하기 위하여 종전의 한국어업기술훈련소와 해기연수원을 통합하여 1998년 1월 1일 새롭게 발족한 선원훈련기관이다."

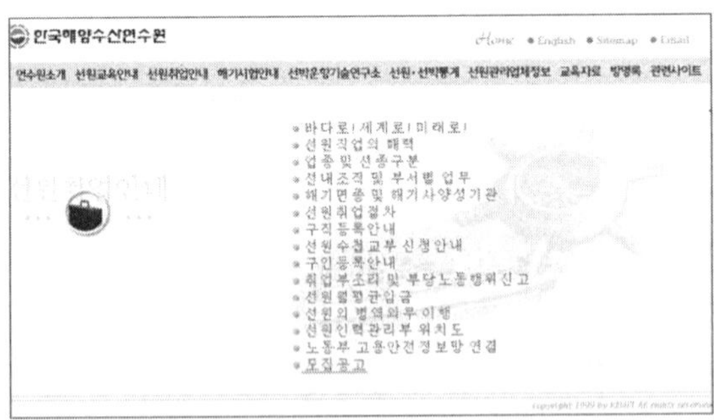

그림 10-11. 한국해양수산연수원 선원취업 안내 페이지

이 페이지에서는 '바다로! 세계로! 미래로!', '선원직업의 매력', '업종 및 선종구분', '선내조직 및 부서별 업무', '해기면종 및 해기사양성기관', '선원취업 절차', '구직등록 안내', '선원수첩 교부 신청안내', '구인등록 안내', '취업부조리 및 부당노동행위 신고', '선원월 평균 임금', '선원의 병역의무 이행', '선원인력관리부 위치도', '노동부 고용안전정보망 연결', '모집공고' 등의 연결항목이 있고 각각의 문(門)을 통해 선원취업과 교육훈련에 관한 종합적인 정보를 접할 수 있다.

구인광고 모음과 고용관련 기사 모음

취업정보 중 이 메뉴들을 누르면 각각 구인광고 페이지와 고용관련 신문기사 모음 페이지가 열리게 되고 광고나 신문기사를 검색할 수 있다. 구인광고모음 메뉴는 구직자가 직접 신문이나 다른 매체에 이미 실린 구인광고를 찾아보게 하는 정보방으로 다시 '직종별일반채용정보', '국가직공무원채용정보', '지방직공무원채용정보'로 분류 정리해 놓았다. 〈그림 10-12〉는 이 부메뉴 그림을 보여 주고 이 메뉴 중 '직종별일반채용정보'를 선택했을 때 〈그림 10-13〉이 나타난다. 분류한 분야의 기사를 찾아보려면 '조회조건'이라는 입력창 옆의 ▼ 단추를 눌러 기사 종류를 선택하고 검색 기준일자를 입력하면 그 분야의 기사목록이 아래에 정리되어 나온다. 이 기사들 중 원하는 기사제목을 마우스로 누르면 기사 내용이 조회되어 나온다.

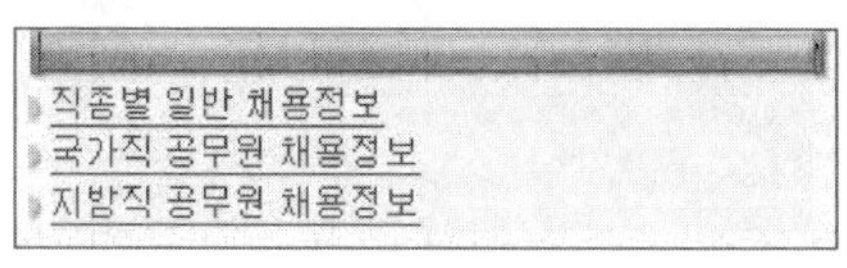

그림 10-12. 구인광고모음의 부메뉴

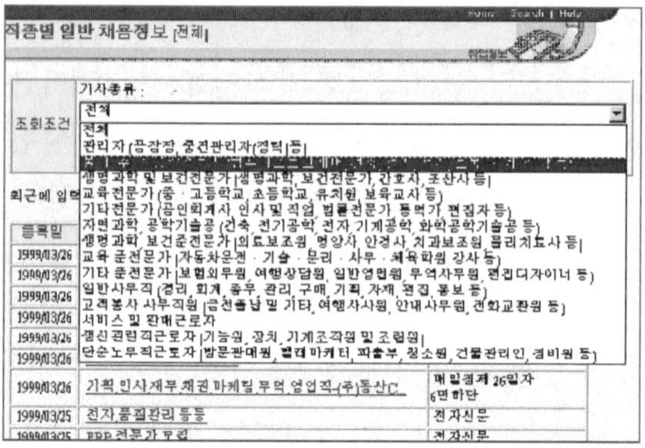

그림 10-13. 조회조건 선택창 화면

　　고용관련기사모음 정보방에는 고용에 관련된 여러 주제별 분류기
사가 정리되어 있다. 즉 기업, 산업, 노동, 여성, 창업, 교육훈련, 국내
취업, 해외취업, 채용박람회, 직업과 자격 등에 관한 기사정보가 분야
별로 정리되어 있다. 이의 검색 방법은 구인광고모음과 비슷하고, 다
음 〈그림 10-14〉는 검색된 기사목록을 보여 주고, 〈그림 10-15〉는 기
사제목을 눌렀을 때의 조회 결과를 보여 주고 있다.

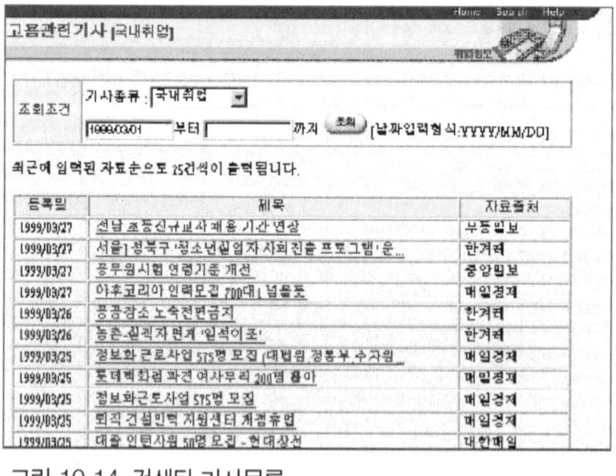

그림 10-14. 검색된 기사목록

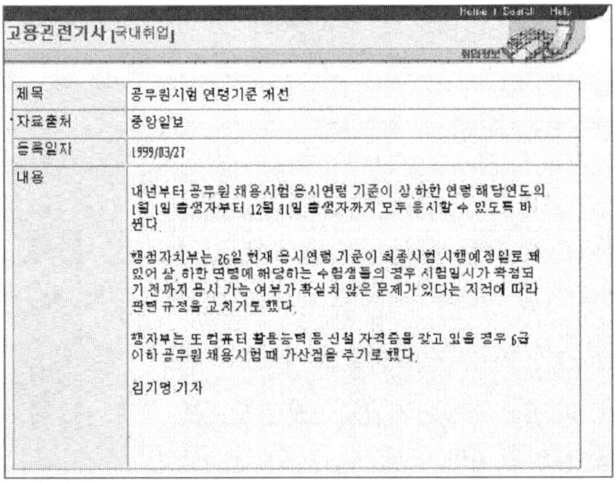

제목	공무원시험 연령기준 개선
자료출처	중앙일보
등록일자	1999/03/27
내용	내년부터 공무원채용시험 응시연령 기준이 상·하한 연령 해당연도의 1월 1일 출생자부터 12월 31일 출생자까지 모두 응시할 수 있도록 바뀐다. 행정자치부는 26일 현재 응시연령 기준이 최종시험 시행예정일로 돼 있어 상·하한 연령에 해당하는 수험생들의 경우 시험일시가 확정되기 전까지 응시 가능 여부가 확실치 않은 문제가 있다는 지적에 따라 관련 규정을 고치기로 했다. 행자부는 또 컴퓨터 활용능력 등 신설 자격증을 갖고 있을 경우 6급 이하 공무원채용시험 때 가산점을 주기로 했다. 김기명 기자

그림 10-15. 검색된 기사목록

취업준비

이 메뉴를 누르면 이력서 작성법, 자기소개서 작성법, 그리고 면접 준비 방법을 세부 항목별로 정리해 놓았다.

기타 메뉴

우선 '직업소개기관 안내' 메뉴는 전국의 직업소개기관을 나열해 주고, '취업 관련 사이트링크' 메뉴를 누르면 오른쪽 창에 다수의 국내취업 관련 홈페이지와 국외취업 관련 홈페이지로 연결할 수 있는 링크 (일종의 門)가 있다. '신규대졸자 맞춤 정보' 메뉴에는 국내구인정보와 해외구인정보를 검색할 수 있는 부메뉴와 많은 대학의 취업보도과를 연결해 놓은 관련 사이트, 취업 준비, 직업심리검사, 그리고 인턴사원 정보 부메뉴 등 막 대학 문턱을 나서는 신규 대졸자를 위해 관련 항목들이 한자리에 정리되어 있다.

직업선택

Work-Net 홈페이지에서 위의 '직업선택' 단추를 선택하거나 현재 이용자가 보고 있는 화면의 왼쪽 창에 있는 을 누르면 옆의 〈그림 10-16〉과 같이 직업선택과 관련된 정보를 접할 수 있는 '직업정보', '직업심리검사', '원격직업 상담', '직업지도', '창업정보', '직업의 세계'와 같은 부메뉴들이 있다.

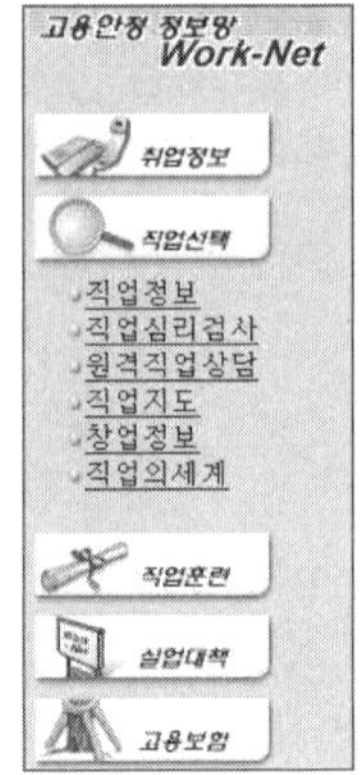

그림 10-16.
직업선택의 부메뉴들

직업정보

이 메뉴에서는 구직을 원하는 이용자가 직업에 관한 전반적인 정보를 얻을 수 있고 장래에 얻게 될 직업에 대해 준비할 수 있는 곳이다. 〈그림 10-16〉의 직업선택의 첫 부메뉴인 직업정보를 누르면 오른쪽 창에 다시 〈그림 10-17〉과 같은 세부메뉴들이 나온다. 구직을 원하는 이용자가 먼저 직업에 대한 지식을 획득할 수 있는 '직업사전' 노동부 중앙고용정보관리소에서 발간한 『한국직업사전』, 『표준직업명세』,『직업연구』 등 각종 직업관련책자 발간 과정에서 축적된 정보와 산업현장 및 노동시장에서 일반적으로 사용하는 직업명칭을 감안하여 직업지도 업무수행에 필

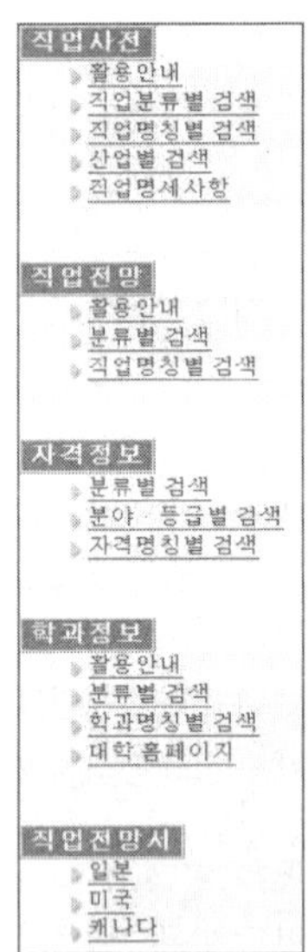

그림 10-17.
직업선택의 세부 메뉴들

요한 371개 직업을 선정해 체계적으로 분류한 '직업전망', 구직자가
획득할 수 있는 자격증에 대한 정보를 한 곳에 모은 '자격정보', 고등
학교 184개 학과, 전문대학 418개 학과, 대학 668개 학과 등 총 1,270
개 학과에 대한 검색을 할 수 있는 '학과정보', 선진외국의 직업에 대
한 전망을 소개한 '직업전망서' 등이 있다. 여러 메뉴 중 직업사전의
'직업명칭별 검색'을 실제로 찾아가 보자. 먼저 메뉴를 마우스로 누르
면 〈그림 10-18〉과 같은 직업명칭 입력창이 나오고 이 창에 정확한
직업명칭이나 핵심어를 입력한 후 조회를 누르면 〈그림 10-19〉가 나
타난다. 이때 직업목록 중 한 제목(예를 들어 컴퓨터프로그래머)을 선
택하게 되면 선택한 직업에 대한 설명과 직업전망, 학과정보, 자격정

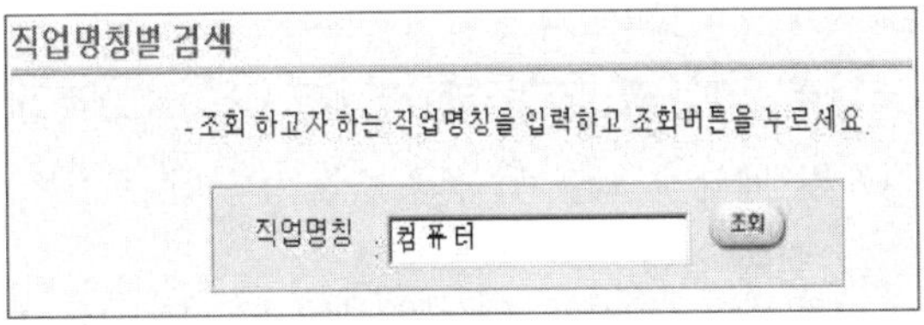

그림 10-18. 검색어 입력창

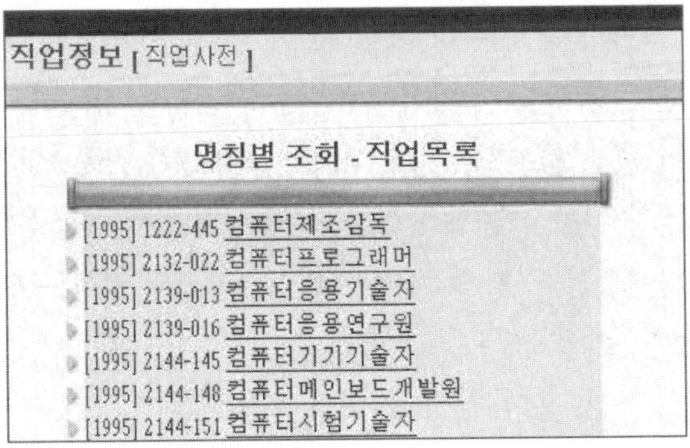

그림 10-19. 명칭별 조회에서 나타난 직업목록

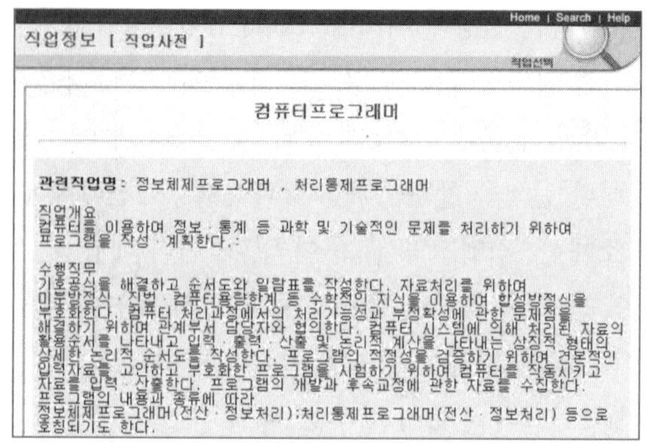

그림 10-20. 선택한 직업에 대한 설명

보 등이 〈그림 10-20〉에서 보이는 것과 같이 함께 나타난다. 스크롤
바(아래위로의 이동막대)를 이용하여 아래로 옮겨 가면 모든 내용을
볼 수 있다. 나머지 메뉴들도 동일한 방법으로 찾아가면 도움을 얻을
수 있다. 각각의 메뉴에 있는 활용 안내를 누르면 그 항목의 이용에
대한 상세한 설명이 있다.

직업심리검사

오늘날 직업의 세계는 하루가 다르게 변화하고 있다. 빠르게 생성
되고 소멸되는 직업들 중 자신에게 적합한 직업을 선택하기 위해서는
고려되어야 할 사항은 ① 일의 구체적인 내용과 근무조건, 안정성이
나 발전성, 임금 등 직업조건, ② 자신의 성별, 연령, 학력, 전공, 자격
및 면허, 신체조건, 경력 등 외적 조건, ③ 자신의 적성, 흥미, 성격 등
의 내적 조건 등이다.

이중에서 적성, 흥미, 성격 등 내적 조건은 자기 자신이 확인하기가
매우 어렵고 이러한 내적 조건을 파악하는 데 심리검사도구를 사용하

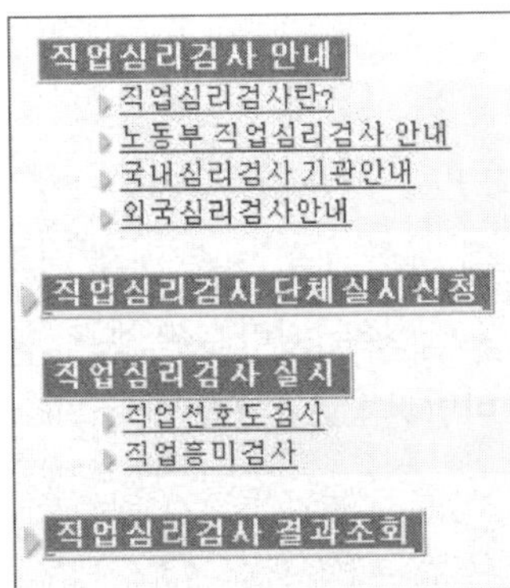

그림 10-21. 직업심리검사의 세부 메뉴

는 것이 도움이 된다. Work-Net을 이용하는 구직자는 자신의 직업선호가 분명하게 드러나지 않을 때 혹은 직업적성을 판정할 객관적 자료가 없을 때 이 메뉴를 통해 '직업선호도검사'와 '직업흥미검사'를 해볼 수 있다. 다음은 '직업심리검사 실시' 중 '직업선호도검사'를 해보는 과정을 보여 준다.

먼저 〈그림 10-16〉 직업선택의 두 번째 부메뉴인 '직업심리검사'를 누르면 오른쪽 창에 〈그림 10-21〉과 같은 세부 메뉴들이 나온다. 이 메뉴에서 '직업선호도검사'를 누르면 〈그림 10-22〉 직업선호도검사 화면이 나타난다. 이 화면에서 주민등록번호와 이름을 입력한 후 직업선호도검사의 두 유형 중 하나를 택한다. 짧은 유형(Short Form형)은 두 가지의 하위검사만을 가지며, 긴 유형(Long Form형)은 세 가지의 하위검사를 가지고 있다. 입력이

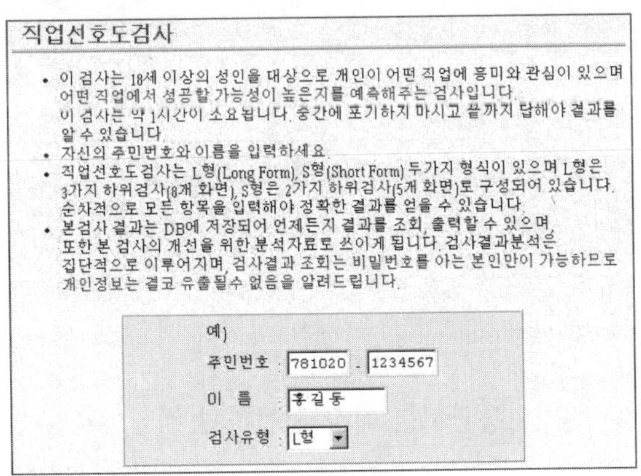

그림 10-22. 직업선호도검사 시작 입력화면

완료되면 단추를 눌러 다음 화면〈그림 10-23〉으로 이동한다. 이 화면에서는 가장 신뢰할 만한 결과를 위해서 묻는 항목에 가능한 한 모두답해야 한다. 입력이 모두 끝나면 완료화면에서 '여기' 단어를 눌러결과에 대한 조회를 할 수 있다. 이 결과에 대한 조회는 후에 계속할수 있는데 이때에는 〈그림 10-21〉의 메뉴 중 '직업심리검사 결과 조회' 메뉴를 선택하여 언제나 할 수 있고 비밀번호로 본인만이 조회해볼 수 있다.

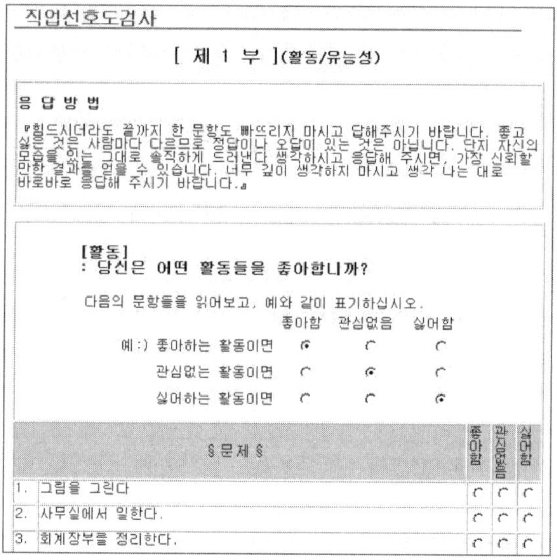

그림 10-23. 직업선호도검사 문항에 대한 응답화면

원격 직업상담

노동부나 지방노동관서를 직접 방문하여 직업상담을 받기 어려운이용자를 위하여 제공되는 E-mail을 활용한 직업상담 서비스이다. 취업알선, 고용정보, 심리검사, 진로지도, 직업훈련에 등에 관하여 상담을 받고 싶은 이용자는 노동부 전문 직업상담원에게 E-Mail을 보내 상담을 요청할 수 있다. 이 서비스는 E-mail ID를 가지고 있어야 직업상담을 받을 수 있으며 E-mail ID가 없는 이용자는 무료 E-mail 계정 서비스를 제공하는 사이트에서 E-mail ID를 얻은 후 상담을 요청해야 한다. 참고로 무료 E-mail 계정 서비스를 하는 사이트들은 네띠앙, 시티넷, 신비로, 한메일, 웹114, 웹메일, 중앙일보 등이다. 상담은 지역별 혹은 상담분야별로 신청할 수 있다. 다음은 지역별 상담신청의 예를 보여 준다. 먼저 〈그림 10-16〉의 '원격직업상담'을 누르면 〈그림 10-24〉와 같은 오른쪽 창이 열린다. 지역별 신청을 하기 위하여 〈그림 10-24〉에서 왼쪽에 있는 지도의 지명을 누르면 된다. 〈그림

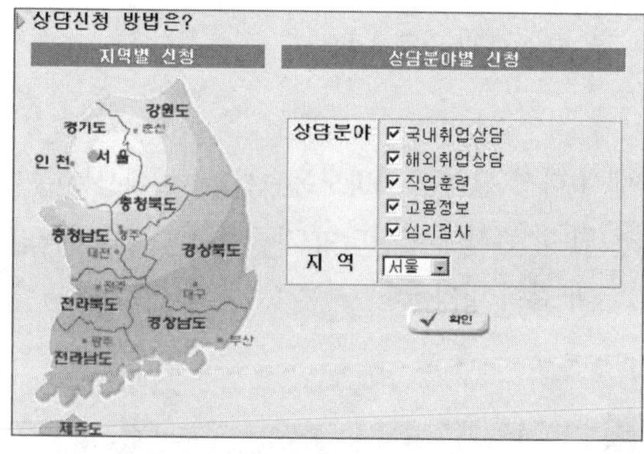

그림 10-24. 원격 직업상담 신청 초기화면

10-25〉는 〈그림 10-24〉에서 서울을 선택했을 때 나타나는 화면이다. 서울시의 지도가 나타나며 구청별로 지역을 다시 작은 단위로 나눠 놓았다. 이 화면에서 종로구를 눌렀을 때 이 지역의 지방노동관서 목록 〈그림 10-26〉이 나타난다.

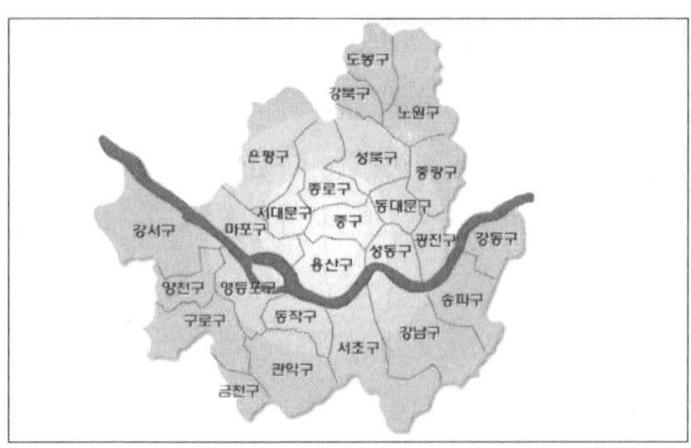

그림 10-25. 서울 지역을 선택한 경우

| Home | Search | Help |

직업선택 [원격직업상담]

직업선택

번호	관서명	전화번호
1	서울인력은행	02-876-1919
2	서울중부지방노동사무소	(02)2254-4491~3
3	종로고용안정센터	02-732-1630~8

그림 10-26. 지방노동관서 목록

이 목록에서 다시 원하는 지방노동관서(이 예에서는 종로고용안정
센터)를 누르면 이 관서에서 상담이 가능한 전문상담원들의 목록표가
〈그림 10-27〉과 같이 나타난다.

| Home | Search | Help |

직업선택 [원격직업상담]

직업선택

종로고용안정센터

번호	담당업무	주요담당업무	상담원	전화번호	상
1	고용정보/		hw9438@work.go.kr	02-764-0511	신
2	국내취업알선/ 해외취업알선/	국내·해외취업알선	BAEK100@work.go.kr	732-1630	신
3	고용정보/	""피보험자관리, 이직확인서처리""	Hanmimo1@work.go.kr	02-732-1637	신
4	직업훈련/		PARKIM4@work.go.kr	02-732-1630~8	신
5	직업훈련/	직업훈련	JINY22@work.go.kr	02-732-1630	신
6	직업훈련/	""직업능력개발사업과정 인정지정, 실업자재취직훈련승인 지원금지급""	Yc0398@work.go.kr	02-732-1637	신
7	직업훈련/	직업능력개발훈련시설 및 과정지정	0610@work.go.kr	02-732-1638	신
8	고용정보/	""구인,구직정보제공""	1219KHM@work.go.kr	02-732-1630	신

그림 10-27. 가능한 상담원들 중의 일부

　그중 한 명의 상담원에게 원격상담을 신청하기 위하여 표 맨 오른쪽 열의 '신청'이란 단어를 눌러 신청 화면을 열 수 있다. 신청 화면은 〈그림 10-28〉에 보여 준다.

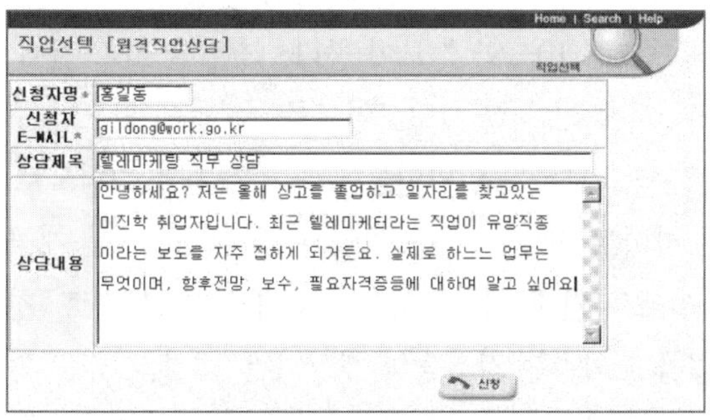

그림 10-28. 원격직업상담 신청 화면의 예

직업지도

　주메뉴 '직업선택'의 네 번째 부메뉴는 '직업지도'이다. 이 정보방은 실직자나 일반인들을 대상으로 한 진로 지도를 목적으로 하지 않고 청소년들의 진로 설정과 직업선택을 도와주는 방법에 관한 정보가 있는 방이다. 즉 청소년들의 직업준비교육 또는 직업지도를 학교교육에서 실천할 수 있도록 노동부에서 일정자격 기준에 의해 선정된 명예직업상담원을 위촉하여 직업지도시범학교를 1992년 이래 운영하여 왔고, 이를 통해 청소년들이 자신의 적성과 흥미에 맞는 직업선택 및 합리적인 진로결정을 할 수 있도록 지도하여 미래에 유능한 직업인이 되는 기틀을 마련해 주고 있다. 이러한 정보가 이 방에 있고 오른쪽 창에 열리는 세부 메뉴로는 '명예직업상담원 안내 및 신청' '직업지도시범학교 · 직업지도서비스 안내 및 신청', '국내외 직업지도 관련 책자 소개' 등이 있다.

창업정보

주메뉴 '직업선택'의 네 번째 부메뉴는 '창업정보'이다. 창업을 원하는 사람이면 누구나 참고할 수 있는 정보방이다. 오른쪽 창에 열리는 부메뉴는 〈그림 10-29〉에 보여 준다. '창업을 하기 전에'는 창업을 실제로 하기 전에 해야 할 체크포인트를, '창업에 필요한 주요절차'에서는 창업절차를 모르는 일반인들에게 그 절차를 그림으로 설명하고, '창업관련 사이트 안내'에서는 창업과 관련된 정보를 제공하는 많은 다른 웹사이트로 안내하는 문들(Links)이 있다. 끝으로 '창업강좌 안내'는 창업을 도와주는 강좌들의 개설기관, 대상, 그리고 연락처 등의 정보가 있다. 창업을 생각하고 있는 실직자는 이 페이지를 통하여 창업에 관련된 상당한 지식과 관련 정보를 획득할 수 있을 것이다.

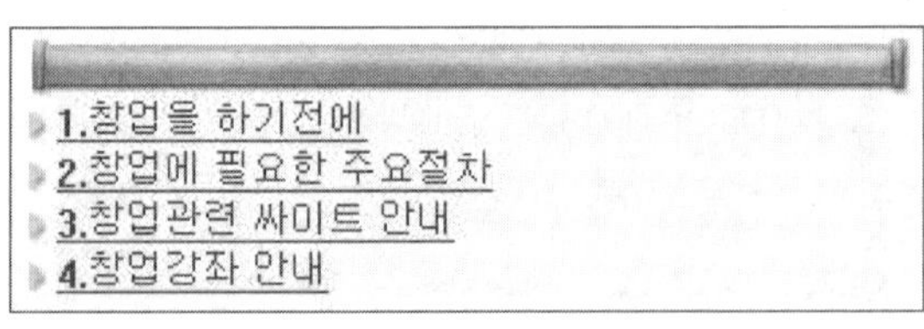

그림 10-29. 창업정보의 부메뉴

직업의 세계

주메뉴 '직업선택'의 다섯 번째 부메뉴는 '직업의 세계'이다. 이 방은 다양한 직업의 세계에 대한 이해를 돕고 현장감 있는 정보를 제공하기 위하여 동영상을 통해 직업세계를 보여 준다. 아직 다양한 분야의 풍부한 동영상이 준비되지는 않았지만, 직업의 세계에 대한 이해에 도움을 주는 방이다.

동영상을 볼 수 있는 소프트웨어는 vivoplayer이며 이 페이지에서 다운로드 받을 수 있다. 이용자의 네트워크 환경을 고려하여 동영상 한 항목당 세개의 파일로 구분하여 서비스한다. 즉 [28.8 k] 단추를 누르면 28.8K 모뎀 사용자에게 권장하는 파일이, [56 k] 단추를 누르면 전용선 56K 이상 사용자에게 권장하는 파일이, [T1] 단추를 누르면 전용선 T1급 이상 사용자에게 권장하는 파일이 플레이되게 된다. [↓] 단추를 누르면 해당 파일을 다운로드한 후에 플레이할 수 있다.

직업훈련

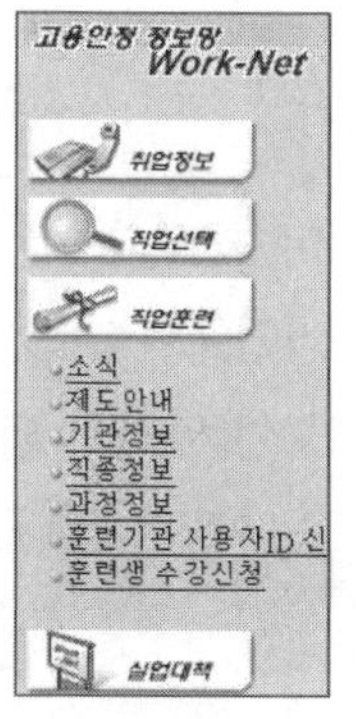

'Work-Net' 홈페이지에서 위의 '직업훈련' 단추를 선택하거나 현재 이용자가 보고 있는 화면의 왼쪽 창에 있는 [직업훈련] 단추를 누르면 옆의 〈그림 10-30〉과 같이 직업훈련과 관련된 정보를 접할 수 있는 부메뉴들 즉 '소식', '제도안내' '기관정보', '직종정보', '과정정보', '훈련기관 사용자ID 신청', '훈련생 수강신청' 등이 있다.

그림 10 30.
직업훈련 정보방의 부메뉴

소식

직업훈련과 관련한 소식을 접할 수 있는 페이지이다. 〈그림 10-30〉의 '직업훈련' 메뉴의 '소식'을 누르면 〈그림 10-31〉과 같은 창이 열리며 이 그림에서 보는 것처럼 다양한 훈련과정이나 정부의 직업훈련

시행지침, 그 밖의 직업훈련 안내 등의 소식정보를 볼 수 있다.

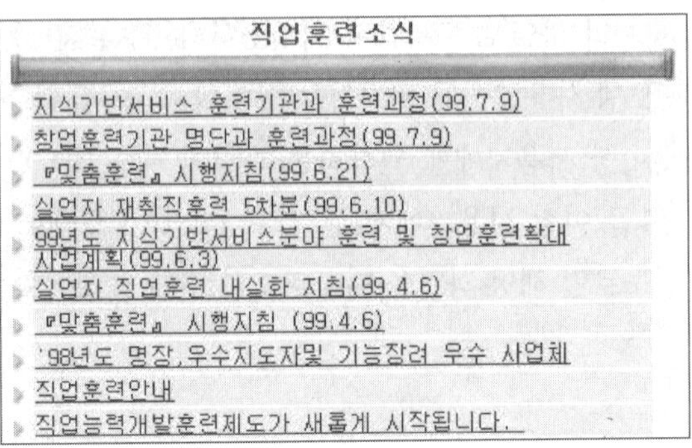

그림 10-31. 직업훈련소식 세부 메뉴

제도 안내

직업훈련제도와 관련된 정보를 볼 수 있는 페이지이다. 〈그림 10-
30〉의 '직업훈련' 메뉴의 '제도안내'를 누르면 〈그림 10-32〉와 같은
세부 메뉴가 열리게 되며 각각의 제목을 클릭해서 여러 제도에 관한
정보를 찾아볼 수 있다.

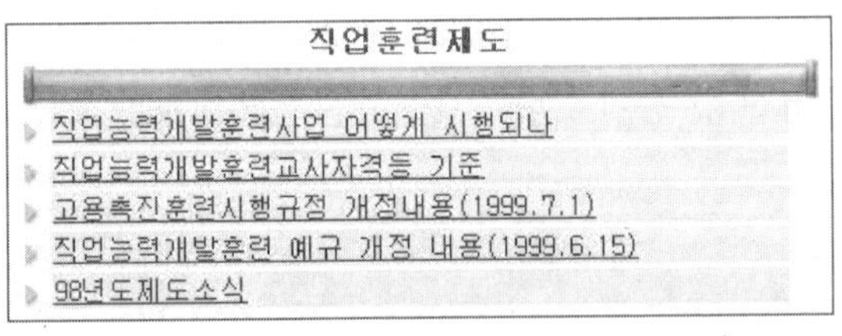

그림 10-32. 직업훈련제도 세부 메뉴

기관정보

직업훈련기관을 지역별로 찾
아볼 수 있고 검색할 수 있는 페
이지이다. 〈그림 10-30〉의 '직업
훈련' 메뉴의 '기관정보'를 누

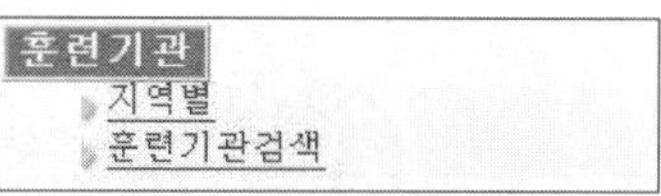

그림 10-33. 훈련기관정보의 세부 메뉴

르면 〈그림 10-33〉이 나타난다. 훈련기관을 찾아볼 수 있는 두 가지
방법을 보여 주는데, '지역별' 메뉴를 선택하면 우리 나라 지도가 그
려진 페이지가 나타나며 〈그림 10-34〉가 이 페이지를 보여 준다. 원
하는 지역에 있는 훈련기관을 찾아보기 위해서 이 지도 위의 원하는
지명을 마우스로 클릭하면 그 지역의 훈련기관들이 표에 나타난다.
총 건수가 한 페이지보다 많을 때는 ▶ 다음화면 단추를 눌러 다음 페
이지로 계속 연결된 자료를 볼 수 있다. 〈그림 10-35〉는 대전 지역을
선택했을 때 나오는 지역 훈련기관 중 첫 페이지를 보여 주고 있으며
이 예에서는 총 237개의 훈련기관이 찾아진 것을 보여 준다.

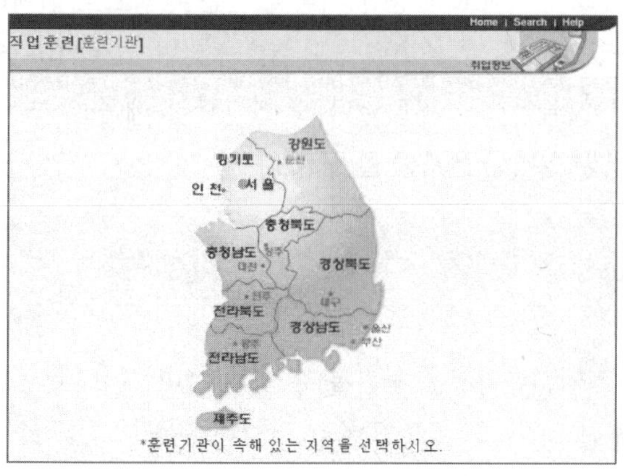

그림 10-34. 훈련기관 검색을 위한 지역선택지도

번호	훈련기관명	훈련기관구분	전화번호
1	(사)대한산업안전협회대전지회	기타 미지정 기관	042-628-2160
2	(사)한국능률협회(한국생명보험)	기타 미지정 기관	
3	(사)한국능률협회(한국통신)	기타 미지정 기관	
4	(사)한국미래경영연구소	기타 미지정 기관	042-625-9994
5	(사)한국선급	사업주(단체) 직업능력개발시설	042-869-9114
6	(사)한국인성교육협회 쌍용연수원	기타 미지정 기관	02-782-5678
7	(재)코리아나항공직업전문학교	훈련법인 직업능력개발시설	042-935-6264
8	(재)한발인정직업훈련원	사업주(단체) 직업능력개발시설	042-541-4002
9	(주)드윌컨설팅(홍인관팜호텔)	기타 미지정 기관	042-822-2000
10	(주)로움코리아대전공장	사업주(단체) 직업능력개발시설	042-939-3498

그림 10-35. 대전 지역 선택시 찾아진 훈련기관들의 첫 페이지

다음은 특정한 훈련기관을 검색해 내기 위하여 〈그림 10-33〉의 '훈련기관 검색'을 누르면 〈그림 10-36〉이 나온다. 기관구분에서는 역삼각형을 눌러 나오는 분

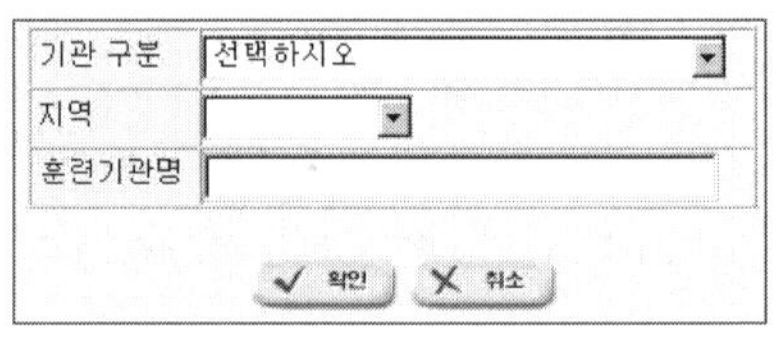

그림 10-36. 훈련기관 검색 입력창

류 중 하나를 선택하고 특정한 지역을 같은 방법으로 선택하고 훈련기관명을 입력한 후 ✓ 확인 단추를 누르면 〈그림 10-35〉와 유사한 훈련기관 목록표가 나타난다. 훈련기관의 제목을 누르면 전화, FAX, 주소 등 상세한 정보를 볼 수 있다.

직종정보

직종별 직업훈련과정을 찾아볼 수 있는 페이지이다. 〈그림 10-30〉의 '직업훈련' 메뉴의 '직종정보'를 누르면 이 나타난다. '직종별 훈련과정' 메뉴를 누르면 〈그림 10-37〉에서 보여 주는 9가지

의 직종조회-대분류가 나타나며 이중 원하는 분류제목을 누르면 〈그림 10-37〉과 비슷한 모양의 직종 조회-소분류가 각 대분류 항목마다 나타난다. 다시 소분류의 직종분류 중 원하는 제목을 누르면 그 직종과 관련된 훈련과정이 훈련기관명, 훈련과정명, 과정구분, 교육대상, 교육일수, 그리고 전화번호 등의 정보를 포함하는 표로 정리되어 나온다.

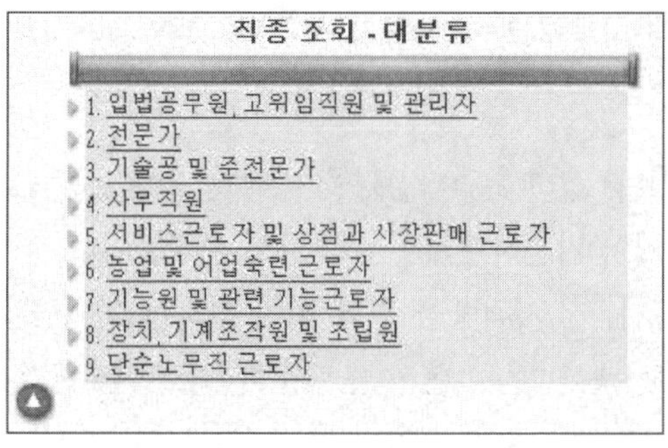

그림 10-37. 직종조회 - 9개 대분류

과정정보

훈련대상자별로 직업훈련과정을 찾아볼 수 있는 페이지이다. 〈그림 10-30〉의 '직업훈련' 메뉴의 '과정정보'를 누르면 〈그림 10-38〉이 나타난다. 위에서 언급한 것과 같이 이 메뉴에서는 훈련대상별로 과정을 조회해 볼 수 있는데 훈련대상자는 구직자 및 비진학 청소년을 위한 검색과 재직자를 위한 검색으로 나뉘어져 있다. 〈그림 10-38〉에서는 구직자, 비진학 청소년을 위한 과정정보 검색 입력창을 보여 주는데 훈련과정을 검색하려면 ① 고용보험 적용여부를 체크한다. ② 지역을 선택한다(직접 입력하여도 되고 오른편의 ▼ 를 이용하여 선

그림 10-38. 구직자, 비진학 청소년을 위한 훈련과정 검색 입력창

택할 수도 있다). ③ 훈련과정명을 입력한다(알고 있는 핵심단어만 입력해도 검색이 가능하다). ④ 훈련실시 시작일이나 훈련 기간을 선택할 수도 있다. ⑤ 자격증을 원할 때는 원하는 자격증을 선택 단추를 눌러 선택한 후 확인 단추를 누르면 훈련기관명, 훈련기관명, 과정구분, 교육대상, 그리고 교육일수 등의 정보를 포함하는 표 페이지가 나타난다. 〈그림 10-39〉는 조회된 훈련과정을 보여 주는 목록표의 예이다. 여기서 다시 특정한 훈련과정의 상세한 정보를 원하

번호	훈련기관명	훈련과정명	과정구분	교육대상	교육일수
1	대신직업전문학교	컴퓨터산업디자인(2월2부)	실업자 재취직훈련	전직실업자	6개월
2	서울전자정보통신학원	컴퓨터그래픽운용기능사	실업자 재취직훈련	전직실업자	6개월
3	서울디지털 디자인 직업전문학교	컴퓨터 그래픽스 운용기능사	실업자 재취직훈련	전직실업자	6개월
4	대신직업전문학교	컴퓨터산업디자인(2월1부/5월2부)	실업자 재취직훈련	전직실업자	6개월
5	대신직업전문학교	컴퓨터산업디자인(6월2부)	실업자 재취직훈련	전직실업자	6개월
6	대신직업전문학교	컴퓨터산업디자인(6월1부)	실업자 재취직훈련	전직실업자	6개월
7	서울디지털 디자인 직업전문학교	컴퓨터그래픽스운용기능사	실업자 재취직훈련	전직실업자	120일
8	서울정수기능대학	컴퓨터조립	실업자 재취직훈련	전직실업자	3개월
9	(재)명인직업기술전문학교	컴퓨터산업디자인	실업자 재취직훈련	신규실업자·전직실업자	180일
10	(재)명인직업기술전문학교	컴퓨터그래픽	실업자 재취직훈련	신규실업자·전직실업자	6개월

그림 10-39. 과정정보 메뉴에서 입력한 조건에 맞게 검색된 훈련과정 목록표

면 '훈련과정명' 중 특정 제목을 누르면 된다. 〈그림 10-39〉의 표에서 4번의 훈련과정명 '컴퓨터산업디자인(2월1부/5월2부)'을 선택했을 때 나타나는 화면의 일부가 〈그림 10-40〉이다.

훈련과정명 (직종명)	컴퓨터산업디자인(2월1부/5월2부)
훈련과정구분	실업자재취직훈련
훈련방법	집체훈련
교과내용	디자인게도, 수작업, 디자인사, 색채학, 도학, 아이디어 발상 Auto CAD, Illustrator Photoshop, Painter 3D MAX,
교육일수	6개월
총훈련시간	762시간
정원	60명
주야구분	주간
합숙필수여부	
1인낭운던비	1543050원

그림 10-40. 훈련과정 상세정보

훈련생 수강신청

이 페이지는 이용자가 특정한 훈련기관에 훈련생으로 등록하는 페이지이다. 〈그림 10-30〉의 '직업훈련' 메뉴의 '훈련생 수강신청'을 누르면 〈그림 10-41〉이 나타난다. 이전에 등록한 이용자는 주민번호와 비밀번호를 입력하고 '확인' 단추를 누르면 훈련등록 정보가 나오게 되고, 처음 등록하는 사람은 '신규등록' 단추를 눌러 신규등록 입력창이 나오면 기입을 완료하고 '등록' 단추를 누르면 〈그림 10-42〉과 같은 화면이 나타나게 된다. 여기서 '훈련과정명(컴퓨터 수리 2부)'을 누르면 그 훈련생의 등록내역조회 화면이 나타나게 된다. '취소' 단추는 등록을 취소하는 경우, '훈련신청' 단추는 새로운 훈련과정에 등록할 때 사용하는 단추이다.

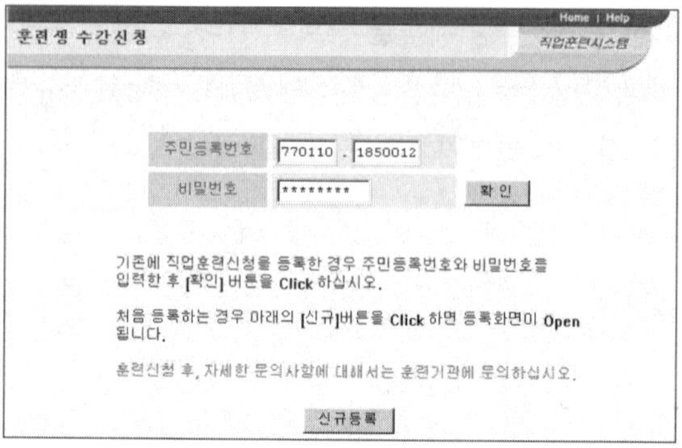

그림 10-41. 훈련생 수강신청 초기화면

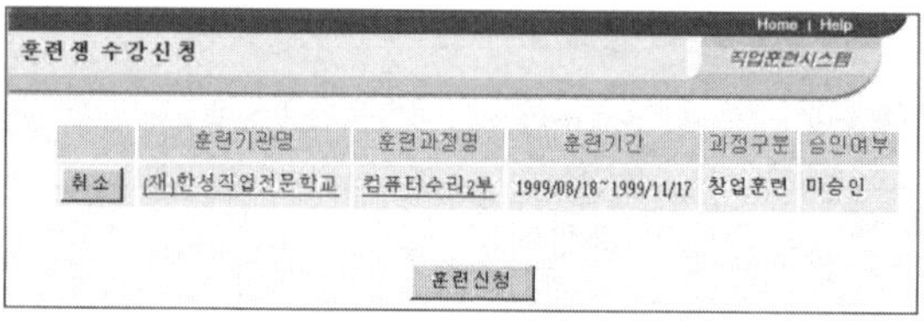

그림 10-42. 훈련 수강등록이 된 훈련과정을 보여 주는 화면

기타 주요 메뉴

이상에서 실직자가 아주 유용하게 이용할 수 있는 Work-Net 속의 여러 가지 정보와 그 활용 방법에 대하여 설명하였다. 그 외의 주요 메뉴들은 실직자와 직접적인 관련이 없지만, 참고되는 내용이라 여겨져 나머지 주요 메뉴들을 간단히 소개하고자 한다.

실업대책 

'주요실업대책'과 '장애인 지원 안내'의 두 가지 메뉴가 있다. 주요 실업대책에는 현재 노동부 및 정부기관이 내놓고 있는 실업대책과 시행정책들을 찾아볼 수 있고, 장애인 지원 안내에는 장애인에 대한 통근차량 구입자금 융자, 장애인 자립자금 대여, 장애인자녀 교육비 지원, 장애인 의료비 지원, 장애인 생계보조수당 지급, 보장구 의료보험(보호)급여실시, 산재재해근로자 및 자녀 장학금 지급, 산업재해근로자 생활정착금 대부 등의 정보를 조회해 볼 수 있다.

고용보험

고용보험 메뉴에는 '고용보험소식', '사업 안내', '실업급여 안내', '고용안정사업 안내', '능력개발사업 안내', '근로자에 대한 지원', '사업주에 대한 지원', '보험가입 및 보험료', '법령 민원서식', '고용보험 FAQ' 등의 다양한 부메뉴가 있다. 특히 이 메뉴들 중 근로자에 대한 지원 메뉴에는 실직한 경우에 지원받을 수 있는 '실업급여 안내'와 '재취직훈련수당' 부메뉴가 있다. 실업급여 안내에는 실업급여 수급요건, 실업급여 신청방법, 급여의 종류 등의 정보가 수록되어 있다. 의문이 있을 때는 고용보험 FAQ 메뉴에서 정리된 질문과 답변들에서 궁금한 부분들을 풀 수가 있다.

통계자료

통계자료 메뉴에는 '고용동향', '통계', '용어해설', '관련 사이트 링크' 등의 부메뉴가 있다. 고용동향 부메뉴에는 주요경제동향, 노동시장동향, 고용보험통계월보, 고용보험통계연보, 구인구직 및 취업동향 등의 정보가 수록되어 있다. 통계 부메뉴에는 주요경제통계, 노동통계, 해외통계, 그리고 취업알선통계 등이 수록되어 있다. 관련 사이트 링크 부메뉴에는 통계자료를 가지고 있는 다른 정부기관이나 연구기관들의 사이트로의 연결 페이지이다.

관계법령 

관계법령 메뉴에는 '법령'과 '서식' 부메뉴가 있다. 법령 메뉴에는 고용과 관련된 법, 시행령, 시행규칙 등이 정리되어 있다. 서식메뉴에는 노동부가 법령에 관련된 서식을 저장해 둔 방이다.

부가 서비스

부가 서비스 메뉴에는 'NEWS', '게시판', '자료실', '홈페이지 제작', '방명록', '상담원과의 대화', '설문조사', 'PUSH 신청', 'SITEMAP', 'SEARCH' 등의 부메뉴들이 있다. 이중 특히 PUSH 서비스(사용자주문정보 배달서비스)는 Work-Net 홈페이지에서 볼 수 있는 구인구직정보 및 고용관련기사들을 PUSH기술을 사용하여 이용자의 PC에서 직접 받아 볼 수 있는 것을 말한다. 원하는 정보만을 PUSH클라이언트가 미리 받아 놓으므로, 최신의 정보를 바로 빠르게 검색하실 수 있다. 사용 방법은 별도의 PUSH클라이언트를 다운받아서 실행하는 클라이언트 방식과 원하는 검색 조건을 미리 입력해 놓으면, 그 조건에 맞는 자료를 메일로 보내는 E-MAIL방식이 있다.

> **도움이 되는 자료**
>
> 노동부 중앙고용정보관리소 홈페이지 http://www.work.go.kr
> Work-Net 사용 안내서

[부록 10-1] Work-Net 관련 의문사항 풀어보기

이 부록은 Work-Net을 접속하는 이용자가 흔히 가질 수 있는 의문사항과 그에 대한 Work-Net 운용자의 준비된 답변을 정리했다. Work-Net 사이트에서 인용한 것이다.

Q : 저는 아직 컴퓨터를 익숙하게 사용하질 못하는데요. 그럼 저는 Work-Net을 이용할 수 없나요?

A : 컴퓨터 조작에 어려움을 겪으시는 분, 인터넷이나 PC통신 활용이 어려운 사람을 위해 전국의 지방노동관서와 고용안정센터, 인력은행 등 53개소에 PC의 자판기 없이 쉽게 사용할 수 있는 '터치 스크린'을 설치하여 Work-Net에서 공급하는 모든 정보를 제공하는 한편, 무료로 사용할 수 있는 Work-Net 검색 공간을 마련하여 누구나 자유로이 이용하실 수 있도록 하였습니다. 또한 취업알선기관을 방문하여 직업상담원과의 상남을 통해서도 Work-Net의 모든 정보를 이용하실 수 있으며, 고용안정대표전화 1588-1919로 문의하시거나 음성자동응답 시스템을 이용하셔도 됩니다.

Q : 일반 국민이 Work-Net에 실린 모든 정보를 사용할 수 있습니까?

A : 인트라넷인 고용정보 시스템은 사용자 ID를 발급 받은 기관만이 사용합니다. 고용정보 시스템은 구직자와 구인업체를 연결해 주는 취업알선 시스템과 직업훈련 시스템, 직업상담 관리를 운영하는 곳으로 관련

기관에서 사용자 승인을 받고 업무에 활용하고 있습니다. 이러한 고용
정보 시스템 이외의 모든 정보는 누구에게나 무료로 제공됩니다.

Q : 저는 '여성의 집'에서 취업알선 업무를 담당하는 사람입니다. 저도
Work-Net에 수록된 정보를 이용하고 싶은데 특히 인트라넷상의 정보
를 얻을 수 있을까요?

A : Work-Net은 인터넷망을 기반으로 하므로 무한한 확장성을 특징으로
합니다. 또한 Work-Net은 열린 정보라는 취지하에 전국적인 고용안
정 정보망 구축을 목표로 하고 있습니다. 따라서 모든 공공취업알선기
관은 Work-Net의 인터넷 정보뿐만 아니라 인트라넷에 수록된 정보
서비스도 이용하실 수 있습니다. 다만 사용자 및 시스템의 효율적인 관
리를 위해 인트라넷 이용자에게는 별도의 사용자 ID와 비밀번호를 부
여하고 있습니다. 노동부 중앙고용정보관리소 고용정보관리팀으로 사용
ID를 신청하시면 기관 심사를 거쳐 신속하게 ID를 부여하게 됩니다.

Q : Work-Net을 자주 사용하다 보니 제가 보고 있는 정보가 어느 정도의
주기로 갱신되고 있는지 궁금합니다.

A : Work-Net은 전국 400여 개의 직업안정기관을 통해 최신 정보를 제공
합니다. 이들 기관을 통해 신청 즉시 구인구직정보를 올리게 되며 관련
뉴스나 고용관련 기사, Mail에 대한 답변, 게시판 자료 등록은 당일에
바로 이루어집니다. 또한 정부정책 등에 대한 안내정보 등은 자료 발생
시 이루어지며, 통계자료도 통계 생산 주기에 따라 주기적으로 등록됩
니다.

Q : Work-Net에서 실업자 중복 수혜 방지 등을 위해 개발하는 실업자 관
리 DB가 현재 구축완료된 것인가요?

A : 주요실업대책 사업별 DB가 구축 중에 있습니다. 이중 구직등록 DB,

실업자대부 DB, 실업급여 DB는 연계가 완료되었으며 현재 공공근로 DB, 생활보호대상자 DB, 직업훈련수강생 DB가 구축되고 있습니다. 4월 중순(1999년)까지는 모든 사업별 DB 구축이 완료될 것이며, 오는 6월(1999년)까지 이들 DB의 상호 연계 및 관리를 위한 프로그램이 개발되어 실업자 관리 DB가 완전히 구축됩니다.

Q : Work-Net은 구인구직정보를 제공한다고 한다고 들었는데 직업훈련 정보를 얻을 수 있는 방법은 없나요?

A : 직업훈련정보 역시 Work-Net을 통해 얻을 수 있습니다. Work-Net은 구인구직정보뿐만 아니라 직업과 관련된 모든 정보들을 체계적으로 구성해 제공합니다. Work-Net의 주메뉴 중 하나인 '직업훈련정보'에서는 사설학원을 포함한 전국의 모든 직업훈련기관에 대한 정보를 담고 있습니다. 여기에는 각 직업훈련기관에 대한 안내와 함께 각 기관이 개설하고 있는 과정 및 직종정보 등이 상세하게 소개되고 있습니다.

Q : 직업심리검사를 받고 싶은데 취업알선기관을 방문해야 하나요?

A : Work-Net에서 받으실 수 있습니다. Work-Net은 직업선호도, 직업흥미 등의 직업심리검사를 무료로 제공하고 있습니다. 검사를 받고자 하는 이는 자신이 편리한 시간에 Work-Net에 접속하여 언제라도 검사 받을 수 있습니다. 또한 그 결과는 실시간으로 분석되어 바로 그 자리에서 검사 결과를 조회하실 수 있습니다. 특히 전문가의 상담이 필요한 부분에 대해서는 원격직업상담 기능을 이용해 문의하실 수 있습니다.

Q : Work-Net에 수록된 내용이 너무 방대하여 제게 필요한 내용만을 찾기가 어려운 점이 있습니다. 해결책이 없을까요?

A : 사용자주문정보 배달 서비스를 이용하십시오. Work-Net은 수없이 발생하는 많은 고용정보 중에서 자신이 원하는 정보만을 수시로 받아 볼

수 있는 사용자 주문정보 배달 서비스를 제공하고 있습니다. 사용자는
고용관련기사, 국내외구인구직정보, 채용정보 등 수시로 갱신되는 정
보 중 자신이 원하는 부분만 예약해 두면 갱신된 정보들이 사용자가
지정한 시간에 자동으로 배달되어 자신이 편리한 시간에 언제라도 조
회할 수 있습니다.

Q : 수많은 구직자 정보 중에서 저만의 장점을 부각시킬 수 있는 방법이
있습니까?
A : Work-Net에는 수많은 구직자가 매일 구직신청을 하고 있기 때문에
특별히 어느 한 개인이 부각되기 어렵다고 생각하기 쉽겠지만, Work-
Net의 구직신청 메뉴에는 자기소개서 등록 메뉴가 따로 있어 각자의
직업관, 특별한 자격 등을 상세하게 기록하여 구인기업에 정보로 제공
됩니다.

Q : 구인 신청을 하고 나면 어떤 절차로 직원을 채용할 수 있나요?
A : Work-Net에서 구인 신청을 하고 나면 구인업체 스스로 구직자 정보
를 검색하여 직원을 채용할 수도 있고 노동부 직업상담원이 조건에 맞
는 구직자를 조회하여 알선해 주기도 합니다.

Q : 구인 등록된 업체들의 신용도를 확인할 수 있는 방법이 있나요?
A : 누구나 쉽게 인터넷으로 구인 신청이나 구직신청을 할 수 있지만, 중
간에 노동부 직업상담원들 있어 새로 입력되는 모든 정보를 조회하고
확인합니다. 신뢰할 수 없는 기업의 구인정보는 확인되는 즉시 삭제하
게 됩니다. 구직자가 구인정보를 검색하여 취업하기 전에 원격직업상
담 등을 통하여 직업상담원에게 취업 희망업체의 신용도 등에 관하여
문의하면 해당 기업 정보를 자세하게 안내해 드립니다.

Q : Work-Net에 게재된 내용에 대하여 자세한 사항을 문의하고 싶을 때
　　는 어떻게 해야 하나요?

A : 고용관련업무는 직업선택 메뉴의 원격직업상담을 이용하여 전문상담
　　원에게 E-Mail로 문의하시고 시스템관련사항은 Webmaster
　　@work.go.kr로 문의하시기 바랍니다. 또한 노동부 고용안정 대표전
　　화 1588-1919로 하시면 가까운 지방노동관서와 연결됩니다.

11장

실직의 위기에 직면한
직장인들에게

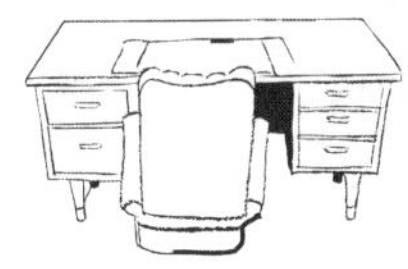

방선기

서울대학교 공과대학 화학공학과를 졸업하고, 미국 리폼드신학교와 콜럼비아 교육대학원을 졸업(교육학 박사)하였다. 현재 이랜드 사목이며, 직장사역연구소 소장, 도서출판 한세 대표, 아시안선교회 이사장을 맡고 있다. 저서로서 『기업경영과 하나님 나라』(엠마오, 1994), 『어느 엔지니어의 실험실 전도』(한세, 1996), 『뱀처럼 지혜롭게, 비둘기처럼 순결하게 』(한세, 1998), 『설교하기는 어려워도 설교 준비는 즐겁다』(두란노, 1999) 등이 있다.

일하려는 의지만 있으면 별 문제 없이 일할 수 있었던 시대와 달리 3-4년 전부터 갑작스레 불어 닥쳐 현재까지 계속되고 있는 실직 위기에 대해 세상은 나름대로 대안을 제시한다. 그 대안이 당사자들인 직장인들에게 실제적으로 도움이 되는 것도 사실이다. 그러나 그것이 그들의 마음속에 자리잡은 불안과 두려움의 문제를 완전히 해결해 주지는 못한다.

그렇다면 어디에서부터 그 해결점을 찾아야 할 것인가? 성경을 보면 우리 주님이 언젠가 풍랑 속에 빠진 제자들에게 "안심하라"고 말씀하시면서 그들을 구해 주신 장면을 발견할 수 있다. 바로 그 음성이 오늘의 신실한 직장인들에게 필요한 것이다. 비록 현재 그리스도인이 아니더라도 성경의 진리는 우리 모두에게 위로와 삶을 위한 지침을 제공하게 될 것이다. 마음의 여유를 회복할 때 비록 어렵긴 하겠지만, 그러한 환경을 통한 하나님의 인도하심을 깨닫게 될 것이다.

실업 위기를 성경적으로 이해하기 위하여

1990년대 말 우리 나라에 갑작스럽게 닥쳐온 풍랑을 보고 크게 당황하는 직장인들에게 하나님은 전도서를 통해 이렇게 말씀하신다. "천하에 범사가 기한이 있고 모든 목적이 이룰 때가 있나니, 날 때가 있고 죽을 때가 있으며 심을 때가 있고 심은 것을 뽑을 때가 있으며"(전 3:1-2). 이어서 이렇게 말씀하신다. "호황일 때가 있고 불황일 때가 있으며, 입사할 때가 있고 퇴사할 때가 있으며." 또 몇 장을 넘기면 "하나님이 행하신 일을 보라 하나님이 굽게 하신 것을 누가 능히 곧게 하겠느냐 형통한 날에는 기뻐하고 곤고한 날에는 생각하라 하나님이 이 두 가지를 병행하게 하사 사람으로 장래 일을 능히 헤아려 알지 못하게 하셨느니라"(전 7:13-14).

위기를 맞은 직장인은 생각해야 한다

현재 상황에 대한 주님의 이와 같은 해석을 듣고 성도들은 어떻게 현실의 위기를 이해해야 할 것인가? 세상을 살다 보면 이런 때가 있고 저런 때가 있다. 이 변화의 원인을 구체적으로 알 수는 없으나 우리는 하나님이 그 변화를 주관하심을 믿는다. 그러한 세상사의 흐름에 따라 지금 기업이 어려움을 겪고 그 바람에 직장인들이 고통당하고 있는 것이다. 이럴 때 세상 사람들은 누구를 원망하거나 불평하거나 낙심할지 모른다. 그러나 하나님의 섭리를 믿는 사람들은 생각할 시간을 가져야 한다.

그렇다면 어떤 생각을 해야 할 것인가? 현재의 상황에 대해서 생각하면 당황할 수도 있다. 장래를 생각하면 답답할 수도 있다. 그러므로 현재의 상황이나 미래에 대해서 생각하기보다는 현재와 장래를 주관하시는 하나님을 생각해야 한다. 다윗은 그렇게 해서 어려운 상황을 극복할 수 있었다. "여호와의 친밀함이 경외하는 자에게 있음이여 그 언약을 저희에게 보이시리로다. 내 눈이 항상 여호와를 앙망함은 내 발을 그물에서 벗어나게 하실 것임이로다"(시 25:14-15).

그렇다고 만사를 잊어버리기 위해 하나님을 쳐다보라는 말이 아니다. 그것은 '종교는 아편'이라고 생각하는 사람들의 말이다. 만물을 창조하시고, 역사를 주관하시고, 개개인의 삶을 주장하시는 하나님의 주권을 생각할 때 비로소 문제의 해답을 얻을 수 있다는 말이다. 이런 찬양을 한 다윗이기에 현대 사회의 어떤 직장인들보다도 더한 위기 속에서도 이렇게 고백할 수 있었던 것이다. "여호와 외에 누가 하나님이며 우리 하나님 외에 누가 반석이뇨?"(시 18:31). 이것이 바로 위기 상황에서 그리스도인들에게 주어지는 축복이다.

하나님은 무엇을 원하실까?

현재와 같은 상황에서 가장 먼저 해야 할 일은 하나님을 생각하는 것이다. 그러나 아무런 대책 없이 하나님만 쳐다보라는 말은 아니다. 우리 안에 계신 하나님은 자기의 기쁘신 뜻을 위하여 우리로 하여금 소원을 두고 행하게 하시기 때문이다(빌 2:13). 서로 다른 입장에 있는 사람들에게 하나님이 무엇을 원하실지에 대해서 생각해 보자.

전망이 불투명한 미래는 사람들의 마음속에 항상 불안감을 일으키는 것이 사실이다. 그러나 하나님의 주권적인 섭리를 믿는 그리스도인들에게는 불분명한 미래가 오히려 새로운 기대감을 갖게 한다. 그렇기 때문에 다윗은 "너의 길을 여호와께 맡기라 저를 의지하면 저가 이루시고 네 의를 빛같이 나타내시며 네 공의를 정오의 빛같이 하시리로다"(시 37:5-6)라고 확신 있게 노래했던 것이다. 그리스도인에게 있어 미래는 적극적인 자세로 대비해야 할 과제이다. 하나님께서 새롭게 인도하실 길을 기대감을 가지고 걸어가는 기회로 삼아야 한다.

실업, 끝이 아닌 새로운 시작

오늘날 지구상에는 일하고 싶지만 일자리를 찾지 못한 사람들이 너무도 많다. 경제 개발 이전의 우리 나라가 그랬듯이 산업화가 아직 덜된 후진국의 경우는 그 정도가 정말 심각하다. 케냐의 수도 나이로비의 실업률은 30%나 된다고 한다.

실업은 세계적인 현상이다

이미 산업화가 이루어진 사회나 후기 산업 사회로 접어든 곳에서도 실업은 여전히 최대의 사회 문제이다. 더구나 제대로 교육도 받고 그것에 상응하는 직업을 가졌다가도 경제 환경의 변화로 직업을 잃고 오래도록 취업을 하지 못하는 구조적 실업이 속출하고 있다. 유럽 대부분의 나라들이 이러한 종류의 실업난으로 몸살을 앓고 있다. 스페인이 20%, 프랑스나 독일도 10%를 넘어서고 있다. 미국이나 일본은 그 정도가 좀 나은 편이지만 실업 무풍이었던 과거에 비하면 무시할 수 없는 짐이 되고 있다. 그 동안 경제적으로 비약적인 발전을 해온 아시아도 이번 경제 위기로 실업률이 급증하고 있다. 인도네시아가 가장 극심해서 11%에 이르고 있다.

이런 실업의 바람은 1997년 말 IMF 구제 금융 시대가 시작되면서 우리 나라에도 거세게 몰아치고 있다. 외국 자본의 압력과 기업의 현실적인 필요로 인해 실업은 모든 사람들에게 현실로 닥친 것이다. 더구나 8% 이상까지 치솟은 고실업 현상은 IMF 구제 금융에서 벗어나더라도 당분간 우리 사회의 지속적인 사회 현상으로 자리잡을 것이라고 전문가들은 진단하고 있다. 실제로 금융 위기를 겪었던 유럽이나 남미의 나라들을 보면 이 사실이 입증되고 있다.

이런 현실 속에서 직장인들이 위기 의식을 느끼는 것은 너무나 당연하다. 계속해서 실업자가 증가할 것이라고 나름대로 전망하는 그리스도인들이 많으며 자신도 현재 가지고 있는 직업을 잃을 것이라고 걱정하는 사람들도 늘고 있다. 그렇지만 그 때문에 너무 자조적일 필요는 없다.

실업은 우리만의 문제가 아니며 전세계적인 현실이기 때문이다. 세계적으로는 42%의 직업인들이 실업에 대한 공포를 느끼고 있다고 한다. 결코 반가운 현실은 아니지만 전세계적인 실업의 태풍이 우리에게도 닥친 것이며 세계가 겪는 어려움을 우리도 겪는 것이다. 이 현실을 극복하기 위해 우리의 몸을 추스를 필요가 있으나 우리들의 마음까지 움츠러들 필요는 없다. 실업 현상이 전세계적이니 걱정할 것이 없다는 뜻이 아니라 공통의 문제이니 더욱 해결하기가 쉬우리라고 기대할 수 있다는 것이다.

실업 문제에는 현실적인 원인이 있다

이렇듯 전세계적으로 실업이 확산되는 원인은 무엇인가? 기술의 발달로 인해 사람의 노동이 덜 필요하게 되었기 때문인 경우도 있다. 일리가 있으나 그것으로 모든 실업 현상을 설명할 수는 없다.

경제학자들은 경제학적인 관점에 따라 그 원인을 추적하지만 너무 많은 요인들이 있어 간단하게 결론을 내리지 못한다. 어떤 학자는 단순히 피할 수 없는 현실이라고 결론을 내렸다. 또 다른 사람은 나라 밖에서 일어나는 외부적인 이유 때문이라고 말하기도 한다. 경제 문외한으로서 그 원인 규명은 학자들에게 맡기지만 그리스도인으로서 이 문제를 영적인 안목에서 바라보고자 한다.

우선 실업은 경제적인 여러 문제에 있어 실패한 결과이다. 영국의 한 그리스도인 경제학자는 자국 경제의 실패 원인이 "무관심, 착취, 존경하지 않음, 반목, 게으름, 봉사 정신의 결여, 다른 사람을 희생시켜서라도 자신의 이익을 취하려는 태도 등"과 관련 있다고 말했다. 그런 것들과 함께 더 깊이 자리잡은 원인은 사람들이 돈을 어처구니없는 데 사용한 것이라고 진단한다. 예를 들어 "과식, 과음, 흡연, 과속, 자동차 의존 등"의 생산적이지 못하고 유해한 소비 형태가 그것이라고 했다.

우리의 경우도 영국과 다를 것이 하나도 없다. 문제는 세상에 살고 있는 그리스도인들이 사람들의 소비 생활의 기준을 제공할 만한 신앙을 보이지 못했고 오히려 소비 생활 자체가 모든 사람의 우상이 되어버린 점에 있다. 바로 이런 잘못된 경제 생활이 실업 문제를 잉태한 것이다.

그러므로 실업의 원인에 대해 모든 국민들이 책임을 져야 하며 이 땅에서 하나님의 나라를 보여 주어야 할 그리스도인들은 그 이상의 책임을 느껴야 마땅하다. 실업 문제를 신학적으로 보아야 한다

실업의 고통, 회개와 용서로 풀어 가자!

그리스도인으로서 우리는 실업에 대한 현실적인 원인을 아는 것으로 만족할 수 없다. 이에 대한 신학적인 분석을 위해서는 이 문제를 성경을 통해 살펴볼 필요가 있다. 성경이 기록될 당시에는 구조적인 실업은 존재하지 않았으므로 성경은 오늘날 우리가 경험하는 실업에 대해 직접적인 언급을 하지는 않는다. 다만 일반적인 적용을 통해 실업과 관련된 신학적인 의미를 찾을 수 있다.

실업 고통의 영적 원인

먼저 실업의 원인인 인간의 죄악을 생각해야 한다. 천지를 창조하시고 사람에게 만물을 다스릴 사명을 주신 하나님은 모든 사람들이 은사를 따라 일하기를 원하신다. 일하기 원하고 일할 수 있는 재능과 힘이 있는 데도 일할 기회가 주어지지 않는 것은 결코 하나님이 원하시는 바가 아니다. 그런데도 실업이 우리의 현실이 된 것은 하나님의 뜻을 거역한 우리들의 죄악 때문이다. 죄로 인해 사망이 이 세상에 이른 결과로 노동에 고통이 따르게 되었으며, 현대 사회에서는 일을 하고 싶지만 할 수 없는 실업의 고통이 바로 죄로 인해 생긴 것이다.

현실적으로 실업은 개인적인 실책이나 무능으로 발생하기도 하지만 현재 지구상에서 일어나고 있는 실업 대란은 정치 경제의 구조적인 요인 때문인 경우가 많다. 구조적인 요인에 대해서는 피할 수 없는

현실이라고 말하지만, 현실을 분석해 보면 그런 구조를 만든 것도 결국은 사람들이다. 앞서 언급한 영국 학자의 지적처럼 사람들의 무관심과 욕심, 반목이 원인이 되었음을 알 수 있다.

아울러 우리는 실업 사태 속에서 하나님의 은혜를 발견할 수 있어야 한다. 직업을 잃는 것 자체가 하나님으로부터 버림받은 것을 의미하지 않음을 명심해야 한다. 실제로 하나님은 실업과 같은 비극을 사람들에게 허용하신다. 자기를 믿는 백성들에게도 예외가 없다. 때로는 그것이 징계인 경우도 있으며 연단을 위한 시험이기도 하다. 문제는 사람들이 그 기회를 어떻게 받아들이는가에 달려 있다.

실업의 현실 앞에서 바울처럼 하나님의 은혜가 족하다고 고백한다면(고후 12:9) 실업을 통해 오히려 하나님과 더욱 가까워질 수도 있다. 비서 업무를 담당하다 실업의 아픔을 겪었던 한 사람은 이런 고백을 했다. "실직 후 나의 영적인 생활에 가장 강한 영향을 준 것은 실직이 나에게 더 유익이 된다는 확신이었다. 그 어두운 순간에 나는 이런 믿음을 유지하기 위해 싸워야만 했다. 그 결과 그 고통은 나로 하여금 하나님을 더욱 깊이 신뢰하게 만들었다." 그리스도인들은 실업 문제를 이렇게 영적으로 풀어야 한다. 그래야 실업을 통해서도 큰 은혜를 얻을 수 있다.

실업을 대하는 그리스도인의 자세

그렇다면 이미 엄청난 사회 문제가 된 실업에 대해 그리스도인들이 취해야 할 성경적인 자세는 어떤 것인가?

첫째, 그리스도인 각자가 회개해야 한다. 국가적으로, 회사적으로, 개인적으로 지금까지 우리가 살아온 방만하고 과소비적인 방식에 대해 뉘우칠 필요가 있다. 경제의 기술적인 면에서 실패한 것만이 아니라 우리가 우리 마음대로 살아온 자세에 대해 회개해야 한다. 기업을 운영하는 사람들은 사업성이 없는데도 욕심을 채우기 위해 부정한 방법으로 사업을 확장하고 무리수를 두었던 것을 회개해야 한다. 개인과 가계에 있어서는 수입을 고려하지 않고 현재의 생활 수준을 고집했던 것을 회개해야 한다. 하나님 앞에서 모든 문제의 해결은 회개에서 시작되듯이 실업의 문제도 예외가 아니다.

둘째, 서로 용서해야 한다. 어려운 경제 상황으로 인해 버림받은 사람들이 있다. 다른 사람에 의해 생활이 엉망이 되어 버린 사람도 있다. 이웃들에게 멸시당하는 사람들이 있다. 기업 현장이나 거리에서 원망에 차서 복수하려는 사람들이 생긴다. 결과적으로 사람들은 위기를 맞으면 서로를 돕기보다 자신만을 생각하게 된다. 이런 현실 속에서 회개와 함께 서로에 대한 용서가 필요하다. 이것이 없을 때 우리는 다시 과거의 이기적인 소용돌이 속에 빠지게 된다. 하나님 앞에서 서로가 용서하는 자세를 가질 때 공동체적인 대응이 가능하게 되며 그때야 비로소 문제의 실마리가 풀릴 것이다. 서로 물고 먹으면 피차 멸망할 수 있음을 기억해야 한다(갈 5:15).

물론 아직도 회개하지 못하는, 정작 회개해야 할 사람들이 많이 있고 그 때문에 도무지 용서하는 마음을 갖지 못하는 사람들이 많이 있다. 이것이 죄악 된 세상의 전형적인 모습이다. 이런 세상에서 그리스도인들이 보여 줄 수 있는 신앙의 모습은 자신이 다른 사람의 잘못까지 회개하는 책임 있는 자세와 용서의 마음이다. "악한 사람들과 속이는 자들은 더욱 악해져서 속이기도 하고 속기도 하나니 그러나 너는 배우고 확신한 일에 거하라"(딤후 3:13-14).

실업, 잃고 빼앗기는 것만은 아니다

텔레비전을 통해 실업 상황과 실업자들의 고통받는 현실을 접하는 것과 자신에게 어느 날 갑자기 해고 통지가 날아오는 것은 엄연히 다르다. 사회적인 현실 문제에 대해 그런 대로 신앙적인 판단을 하려고 하다가도 그것이 막상 자신의 문제가 되면 당장 마음의 여유를 잃게 되는 것이 그리스도인들에게도 인지상정이다. 이 세상 사람을 구원하기 위해 이 땅에 오신 주님이 십자가를 앞에 둔 시점에서 겟세마네 동산에서 기도하실 때 바로 그 상태가 아니었나 생각된다. 그때 주님은 결국 아버지의 뜻이 이루어지기를 간구하셨는데 바로 이런 자세가 오늘날 실직의 고통을 체험하는 그리스도인들에게 필요하다.

일에 대한 하나님의 뜻을 바로 알아야 한다

실직을 당한 사람들은 더 이상 일을 못하게 되었다고 생각한다. 그러나 엄밀히 따져 보면 실직은 '일할 터전'을 잃었다 뿐이지 '일' 그 자체를 빼앗긴 것은 아니다. 실직하면 일에 대한 경제적인 보상은 받지 못하게 되지만 일 자체를 못하는 것은 아니다.

그리스도인에게 실직은 결코 일의 축복을 잃어버리는 것이 아니다. 직장에서는 일을 잃어버렸을지라도 해야 할 일, 할 수 있는 일들은 얼마든지 있다. 직업을 가지고 있으면서 그 동안 소홀했던 가정이나 교회에서 더 많은 시간을 할애해서 할 수 있는 일들이 얼마든지 있다. 지역 사회에서의 자원 봉사나 이웃을 섬기면서 하나님께 영광을 돌릴 수 있는 일들은 여전히 남아 있다. 이런 일들을 찾아서 땀을 흘린다면 실직 후에도 얼마든지 일의 축복을 계속해서 누릴 수 있다. 그러나 일의 사명 못지않게 경제적인 책임을 지는 것도 중요하므로 오랜 시간을 계속해서 실직 상태에 머물러 있어서는 안 된다. 그래서 새로운 직장이나 직업을 찾는 일 또한 중요하게 여겨야 한다. 임시적인 일이라도 잡아서 경제적인 보탬이 될 수 있어야 한다.

정말 실직이 문제가 되는 것은 일 자체에 대한 의욕을 완전히 잃는 상태이다. 그리스도인들은 이 부분에 대해 확실해야 한다. 이 땅에 살아 있는 한 절대적인 의미의 실직은 있을 수 없다. 따라서 그리스도인들은 실업자에 대해서 '단지 고용되지 않은 일꾼'(Unemployed worker)이라는 인식을 할 수 있어야 한다.

또 하나 고려할 것은 자신의 실직의 특성에 대한 문제다. 실직에는 크게 두 가지 원인이 있다. 자신이 어떤 이유에서건 직장에서 인정을 받지 못하거나 계속 일할 수 없게 되는 개인적인 원인이 있다. 이 경우는 실직의 책임을 자신이라고 인식하는 것이 중요하다. 그러나 개인으로서는 어쩔 수 없는 환경적인 원인 때문에 실직을 당하는 경우도 있다. 자신이 속한 기업의 부실 경영이나 부도로 인해 어쩔 수 없이 직장을 잃게 되는 경우나 현재 우리 나라가 당하는 것처럼 국가적인 금융 위기로 인한 경제 불황으로 실직하는 경우도 해당된다.

두 경우 다 개인에게 미치는 결과는 비슷하지만 둘은 엄연하게 구별해야 한다. 실직의 의미를 바로 알기 위해서는 자신이 어떤 경우에 속하는지 분명히 인식해야 한다. 그래야 실직의 현실을 대하는 자세가 달라질 수 있다.

실직에 대한 감정적인 반응을 피할 수는 없다

일단 실직이 자신의 현실이 되었을 때 어떤 사람이라도 즉각적인 반응을 보이기 마련이다. 아무리 신앙이 좋은 사람이라도 실직을 당했을 때 일어나는 복잡한 감정적인 반응을 피할 수 없다. 어떤 반응이 일어날까.

• 자신의 비참함으로 주위 사람들을 향해 수치감이 일어난다

사람에게 직업이 중요한 만큼 그 직업을 잃는 것은 엄청난 충격이
다. 특히 자신의 직업에 자부심을 가지고 일했던 사람들은 자신의 정
체성까지 잃어버리기도 한다. 그것은 주변 사람들과의 관계에서 수치
감이나 열등감으로 나타나서 대인 관계에도 어려움으로 작용한다. 이
런 감정을 제대로 소화하지 못하는 사람들은 술에 빠지거나 정신적으
로 방황하게 되고, 결혼 생활은 물론 심각한 생의 위기를 자초하기도
한다.

• 실직의 원인을 제공한 많은 사람들을 향해 분노가 치밀게 된다

실직이 자신의 탓이 아니라는 생각이 들 때 이 현상은 더욱 심해진
다. 현재 우리의 경우 나라를 이 지경으로 만든 정치인들이나 재벌들
을 향해 분노가 일어나게 되며 믿고 성실하게 일했는데 자신을 내보
낸 기업주에 대해서도 분노가 일어날 것이다. 때로는 그 분노가 시간
이 지나면서 주변에 있는 모든 사람들을 향해 일어날 수도 있다. 자신
의 형편을 이해하지 못하는 교회를 향해 일어날 수도 있고 급기야는
그것이 하나님을 향한 원망으로 진전될 수도 있다.

• 가족에 대한 책임감과 함께 장래에 대한 두려움이 엄습하게 된다

대부분의 직업인들에게 있어서 실직은 곧장 가계 재정에 심각한 타
격을 입히므로 특별히 경제적으로 여유 있는 사람이 아니라면 삶을
꾸려 나가는 일에 대해 큰 염려를 하기 마련이다. 특히 아내와 자녀
혹은 필수적인 부양 가족이 있거나 빚이 많이 있는 경우 등은 재정적
인 문제로 인한 심리적인 압박이 극심할 수밖에 없다. 지금처럼 모두
가 함께 어려움을 겪을 때면 심리적인 고통은 덜할지 모르지만 경제
적인 고통은 오히려 더 심할 수 있다.

실직을 통해 영적인 가치를 발견할 수 있다

실직의 위기를 겪는 그리스도인들이 성령을 좇아 행한다면 감정적인 반응을 극복할 수 있다. 주 안에서 마음의 여유를 가지고 현실을 바라보고 묵상할 때 영적인 대응을 할 수 있으며 그렇게 할 때 회복의 길을 찾을 수도 있게 된다.

• 자신을 다시 돌아볼 수 있는 계기

실직을 당할 때 "왜 내가?"라는 질문과 함께 자신을 돌아보게 된다. 실직은 하나님의 능력이나 섭리밖에 있는 사건이 아니다. 그렇기 때문에 당사자가 준비만 되어 있으면 실직이 영적으로 추수할 기름진 토양이 될 수 있다. 이때 하나님은 설교 말씀이나 친구들과의 대화, 상담과 같은 여러 가지 예상치 않은 도구를 통해 어려운 기간을 통과할 힘을 주신다.

• 성공이나 실패에 대한 가치관을 새롭게 정립하는 기회

그리스도인들도 세상의 영향을 받아 세속적인 성공관을 가지고 살아온 경우가 많다. 실직을 통해 세속적인 성공의 한계를 깨달으면서 성공의 다른 면을 발견하게 된다. 동시에 경제적인 생활 양식에도 커다란 변화를 경험한다. 바울처럼 빈궁에 처할 수 있는 비결을 배우게 되면서 이전까지 우습게 생각했던 일도 얼마든지 가치 있는 일로 받을 수 있게 되며, 경제적인 보상이 적은 일도 가치 있게 여길 수 있게 된다.

• 하나님 안에서 기쁨을 회복하는 기회

실직은 인간적으로 비극이지만 그 가운데서 하나님의 임재하심을 발견한다면 진정 하나님만을 기뻐할 수 있는 기회다. 하박국 선지자처럼 자신에게 아무것도 남아 있지 않지만 하나님만을 기뻐할 수 있다. 그것은 엄청난 축복의 체험이다. 이런 자세를 회복하게 되면 하나님의 섭리에 자신의 인생을 완전히 맡기게 된다.

• 의미 있는 일을 할 수 있는 기회

경제적인 필요가 시급하지 않은 경우라면 실직은 그 동안 하고 싶지만 직장 일 때문에 하지 못했던 것들을 할 수 있는 시간을 제공해준다. 외국에 있는 사회 단체에서는 일년 혹은 2년쯤 직장 일을 중단하고 와서 자원봉사를 하는 각국 젊은이들을 종종 볼 수 있다. 직장 생활을 하면 그런 기회를 갖기가 좀처럼 쉽지 않다. 그러므로 실직이라는 상황을 그런 기회로 사용한다면 의미 있을 것이며 나중에 보람도 느낄 수 있다.

실직했을 때 주위의 도움도 필요하다

개인적으로 영적인 체험을 할지라도 여전히 어려움의 현실은 남아 있다. 그러므로 주변에서 그리스도의 사랑으로 도와주어야 한다.

• 가정의 역할

실직은 개인에게 일어나는 일이지만 가정 생활에 직접적으로 영향을 미친다. 가정의 반응은 이 문제 해결에 중요한 역할을 한다. 가장의 실직이 가정 경제에 부정적인 영향을 미치는 것은 피할 수 없다. 실직과 함께 가족 전체가 흔들릴 수 있다. 그러므로 가족들은 가장을 중심으로 공동체 의식을 가지고 고통을 분담하여 위기를 극복하도록 해야 한다. 특히 어린 자녀들이 고통을 겪지 않게 하려는 부모의 심정은 이해가 가지만 어린 자녀들도 한 가족 공동체로 함께 고통을 나누는 것이 경제적인 도움은 물론 가정 공동체의 의미를 생각할 때 훨씬 유익하다.

물론 쉽지 않은 일이며 그러기 위해 가족 전체가 영적인 분위기가 되어야 한다. 실업을 경험했던 한 사람은 이렇게 말한다. "직업 없이 지내는 동안 아내와 나는 나의 친구들과 함께 신앙에 대해 이야기했다. 이러한 이야기를 통해 어려움 가운데서도 우리에게 있는 것들을 감사할 수가 있었다.. 실직은 나에게 나의 과거와 현재를 신앙적으로 돌아보게 하는 기회가 되었다."

• 교회의 역할

경제 위기와 실업 문제로 온 국민이 염려를 하고 정부가 최선의 노력을 기울이는데 이 상황에서 하나님의 교회가 방관자가 되어서는 안 된다. 교회는 이 땅에서 하나님의 나라의 역할을 맡아야 한다.

무엇보다도 영적인 자세를 가르쳐야 한다. 현재의 경제 위기와 실업 사태에 대해 교회는 정부 못지않은 책임을 느껴야 하지만 그 문제를 해결하는데 필요한 역할은 구별된다. 교회가 경제정책이나 실업자들의 문제에 대한 구체적인 해답을 줄 수는 없다.

그러나 교회는 먼저 지체된 성도들에게 주 안에서 소망을 가지도록 가르칠 사명이 있다. 주님은 우리에게 풍성한 삶을 약속하셨으므로 분명히 그 풍성함에 이르게 될 것이다. 실직과 같은 체험을 통해 풍성에 이르기까지 어두움의 기간을 통과해야 한다는 진리를 깨달을 수 있다.

또한 교회는 공동체가 되어야 한다. 교회는 서로 돌아보는 공동체로서 실직한 사람들을 위로할 뿐만 아니라 그들이 수치감이나 죄책감, 소외감을 느끼지 않도록 배려해야 한다. 실직의 상황이 확대되면 실직자들의 숫자도 많이 증가할 것이다. 이럴 때 교회는 이들을 위한 특별한 모임을 통해 영적인 도움을 주도록 해야 한다.

• **기업의 역할**

기업은 우선 해고를 최소화하려는 노력을 기울여야 한다. 어쩔 수 없이 해고를 하더라도 개인의 장래에 대해 배려해 주는 사랑의 자세가 필요하다. 또 가능하면 실직한 사람들이 그 기간을 유익하게 보낼 수 있도록 정보를 제공하거나 구체적인 프로그램을 제공해 줄 수도 있다. 또한 고용 조정이 반드시 필요한 상황에서 해직 대신에 휴직을 하도록 하고 남아 있는 사람들의 감봉을 통해 휴직자들에게 일정한 급여를 지급하는 방안을 강구하거나 순환식으로 장기 휴직을 하도록 하는 방법도 고통을 분담하는 좋은 예다. 이런 다양한 방법을 모색하면서 기업 구성원들이 실업을 극복할 수 있도록 노력하는 일이 반드시 필요하다.

'실업 예비군' 들을 위한 성경적인 대안

현재 직업을 가지고 있지만 많은 직업인들은 자신에게도 실직 위기가 닥칠 것을 염려한다. 그런 의미에서 현재 직업을 가지고 일하는 사람들을 '실업 예비군' 이라고 말할 수 있다. 많은 동료들의 실직은 그들에게 불안감과 회사에 대한 배신감, 그리고 극심한 격무와 스트레스를 안겨 주었다.

아닌 밤중에 홍두깨 식의 환란으로 인한 경제 위기로 수많은 직장인들이 정신 공황증에 속수 무책으로 노출되어 버렸다. 일터의 상황이나 개인의 정신적 건강 상태에 따라 그 영향과 피해 정도는 차이가 있겠지만, 이 증상과 완전히 무관한 사람은 없을 것이다. 그리스도인이라고 해서 이런 병리 현상과 무관한 것은 아니어서 일반인들과 똑같은 고민과 어려움을 겪기 마련이다.

그러나 그리스도인들은 이런 종류의 외압을 충분히 견뎌 낼 수 있어야 한다. 똑같이 질그릇처럼 연약한 인간이지만 그리스도인들은 그 안에 보배 되신 예수 그리스도를 모시고 살기 때문이다(고후 4:7-9). 이제 성경에 나타난 인물들을 통해서 남은 자들의 정신 공황증을 진단하고 극복해 보자.

1단계 - 정신적 혼돈기

• 특징

실직한 동료들에 대한 책임감과 죄 의식, '나도 결국 감원되지 않을까' 라는 두려움과 불안에 시달리며 자신을 비난하는 심리적 경향을 보인다. 회사에 대한 분노와 배신감을 매우 높게 표현하고 소문에 민감해지는 등 과도하게 예민해져서 쉽게 피로감을 느끼고 기억력, 집중력도 떨어진다.

• 정신적 혼돈기를 겪은 엘리야 선지자의 독백

갈멜산, 거기서 죽었어도 좋았다! 우상을 섬기는 850명의 선지자들과 맞서 이긴 그곳에 언제까지나 머물고 싶었다! 그러나 독이 오른 이세벨 왕비의 지명 수배령과 나를 살려 두면 자신의 손가락에 장을 지지겠다고 말했다는 섬뜩한 소문을 듣고 도망치지 않을 수 없었다. 정신없이 달렸다. 이스라엘 국경을 넘어 유다로, 그리고 다시 유다의 남쪽 국경을 넘어 광야 길을 헤맸다. 죽고 싶었다. 하나님께 죽여 달라고 간청도 해보았다. 혈혈 단신 그 큰일을 감당하기에는 내 연약한 인생이 너무 벅차다는 생각이 떠나질 않았다. 그래서 죽는 게 나아 보였다.

하지만 하나님은 내 생명을 거두어 가지 않으셨다. 대신 깊은 단잠에 빠뜨려 푹 쉬게 하셨다. 얼마나 잤을까? 하나님께서는 부드러운 손길로 나를 깨우시고 먹을 것을 가져다 주셨다. 그리곤 세미한 음성을 들려주시며 나에게 다시 할 일을 주셨다. 하나님께서 허락하신 쉼은 나를 다시금 회복하게 하였다. 강하게 도전하신 것도 아니고 몰아붙이지도 않으셨지만, 나는 그분이 마련해 주신 휴식과 식사를 통해 잠잠히 회복되었다.

• 대안

구조조정 후에 남아 있게 된 직장인들은 엘리야 선지자와 같은 심경일 것이다. 사탄은 이런 상황을 비집고 들어와서 그리스도인들의 마음을 약하게 만든다. 자신을 향해서는 쓸데없는 죄 의식을 갖게 하고, 다른 사람을 향해서는 분노와 비난을 쏟아 붓게 만든다. 이때 조용히 하나님 앞에 나아가 몸과 마음의 쉼을 얻어야 한다. 회사에 나도는 소문에 귀기울이기보다 하나님께서 들려주시는 세미한 음성을 들어야 한다. 그러다 보면 조금씩 힘을 얻게 될 것이며 결국에는 일에 대한 새로운 의욕도 회복하게 될 것이다.

2단계 - 정신적 억압기
• 특징

이 단계에서는 고통이 더 극심해지면서 심리적으로 무조건 억압하고 회피하여 일시적으로 평안한 상태를 유지하려는 특징을 보인다. 얼핏 보면 모든 갈등을 극복하고 새로운 상황에 잘 적응하는 것처럼 생각된다. 윗사람의 지시에 순응하고 주어지는 현실을 수용한다. 치열한 경쟁심으로 생존에 몰입해 시키지도 않은 일을 자발적으로 하기도 한다. 그러나 내면적으로는 '결국은 나도 피해자' 라는 식의 부정적 인식을 바탕에 깔고 있는 경우가 많다. 열심히 일하는 것처럼 보이는 것이 벼랑 끝에서 생존하기 위한 전략일 뿐이지 현재의 상황을 긍정적으로 받아들여서가 아닌 것이다.

• 정신적 억압기를 겪은 요나 선지자의 독백

이 세상에서 나와 같은 경험을 해본 사람은 손가락으로 꼽을 수 있을 정도로 드물 것이다. 물고기 뱃속에 들어갔다 나와 보면 죽었다가 살아난 기분이 어떤 것인지 알게 된다. 그런데 그 십 년 감수한 사건 후에도 그 지겨운 상황이 끝나지 않았으니 내 인생은 왜 이리도 힘든가! 사실 마음을 바꾸어 하나님의 말씀에 순종해서 니느웨에 가서 말씀도 전해 보았다. 그러나 내면에서는 그들이 도무지 용서되지 않았다. 하나님께서 시키시는 대로 하기는 했지만 회개한다고 법석을 피우는 니느웨인들이 정말로 마음에 들지 않아서 나는 죽고만 싶었다. 그렇게 뒤틀린 마음을 가지고 있으면서 내심 또다시 하나님의 불호령이 떨어지지는 않을까 전전 긍긍했지만 그렇지 않았다. 대신 하나님께서는 겨우 하루 밤새에 자라 햇볕을 가려 주는 박 넝쿨이 사라진 것을 가지고 죽고 싶다고 아우성 치는 나를 깨우치시면서 내가 박 넝쿨을 아끼는 것과 비교도 안 될 정도로 니느웨 백성들을 아끼신다고 가르쳐 주셨다.

• 대안

직장에 남아 있는 사람들 중에 요나와 같은 마음 상태인 이들이 많다. 자신의 의사와 반대로 이루어진 상황에 대해 수긍하기는 하지만 마음속으로부터 용납되지는 않는 것이다. 이때 요나처럼 자신의 감정과 이성이 분리되어 있는 느낌을 받게 된다. 이런 때 우리는 자신에게 솔직해야 한다. 자신의 감정을 누군가와 나누도록 한다. 마냥 불만을 털어놓는 것이 아니라 자신의 솔직한 내면을 함께 나누어 고통과 절망을 더는 것이다. 이때 하나님과 나누는 기도는 가장 확실한 처방 중 하나이다. 동료들과도 기도 제목을 함께 나누자. 이때의 기도는 말할 수 없는 유익을 가져다 줄 것이다.

3단계 - 정신적 황무지기

• 특징

이 단계는 자신에 대한 모멸감이 증가하면서 해고당하는 동료들을 보아도 무감각해지고 실직에 대한 공포도 사라지는 일종의 정신적 마비 단계를 말한다. 이 시기의 특징은 'have no spirit/hope/emotion/energy/vision' 이라고 말할 수 있다. 그저 부정적으로 느끼던 것이 신념화되어 피해 의식에 사로잡히고 아예 냉소적인 사람으로 변해 간다.

• 정신적 황무지기를 겪은 사울 왕의 독백

애초에 모든 문제는 바로 다윗, 그 녀석 때문에 더 꼬여 버렸다. 생각하기도 싫은 이름 다윗! 내가 비록 몇 가지 실수를 하기는 했지만, 그 녀석만 내 자리를 위협하지 않았어도 내 인생이 이렇게 허무하게 끝나지는 않았을 것이다.

마침내 사무엘 선지자가 나를 포기했다는 소식을 듣고부터 하나님께서는 내게 아무런 말씀도 하시지 않으셨다. 블레셋 군대가 총공세를 편다는 급박한 정보가 입수되어 급히 하나님께 여쭈어 보았지만 묵묵 부답이셨다. 다급해진 나는 전에 내가 쫓아냈던 무녀를 찾아가 죽은 사무엘이라도 만나려 했다. 사무엘은 나를 만나 주었지만 전쟁에 대한 하나님의 뜻을 알 수는 없었다. 이상하게 꼬이는 것을 보니 이번 전쟁이 내 인생의 마지막을 예고하는 것은 아닐까?

• 대안

사울은 너무 오랜 시간 정신적인 방황을 거듭해서 정신적 황무지 상태에 이르고 말았다. 이 상태에 이르면 과거로 되돌이킬 수 있는 가능성이 거의 없다. 사울이 만약 사무엘 선지자가 호통을 치면서 회개를 촉구했을 때 돌이키기만 했어도 그렇게 황폐하게 인생을 마감하지는 않았을 것이다. 결국 사울은 회복의 기회를 잃고 만 것이다. 남은 자들은 극한 상황하에서도 자신의 판단에 따라 신앙의 원칙에서 벗어나는 일을 해서는 안 된다. 항상 하나님의 음성에 귀기울이고 그 말씀에 순종해야 한다.

엘리야, 요나, 사울 세 사람은 모두 다 하나님을 믿는 사람들이었지만 외적인 상황의 변화로 인해 극심한 정신적 어려움을 겪었다. 이들이 당한 어려움은 구조조정 후에 직장에 남아 있는 사람들의 고통과 사뭇 비슷하다. 그러나 그리스도인들은 이러한 상황에서도 믿지 않는 사람들과 똑같은 반응을 보여서는 안 된다. 각 단계마다 하나님께서 그들을 치료하신 방법을 잘 살펴보고 하나님의 선하신 인도하심을 기대할 수 있어야 한다.

남아 있는 사람들을 위한 말씀 묵상

경제 위기와 기업의 구조조정으로 인한 실직 사태는 우리 사회 전반의 경제적 고통과 아울러 개개인들에게 심리적인 고통도 안겨 주었다. 먼저는 실직을 당한 사람들에게요, 그 다음은 직장에 남아 있는 사람들에게다. 직장에 남아 있는 사람들의 심리 상태는 미묘하다. 정리해고 명단에 들어 있지 않다는 사실만으로도 한편으론 안도하지만 여전히 불안감이 남아 있다. 여기 이스라엘 역사에 있어서 민족이 고통받는 상황에서 남아 있게 된 사람들을 향한 하나님의 메시지가 우리 시대의 남은 자들에게도 영적인 위로와 도전이 될 수 있다. 선지자를 통한 하나님의 메시지를 함께 묵상해 보자.

하나님의 구조조정

"너희가 하늘의 별같이 많았을지라도 네 하나님 여호와의 말씀을 순종치 아니하므로 남는 자가 얼마 되지 못할 것이라"(신 28:62).

하나님께서는 이스라엘 백성이 가나안 땅에 들어갈 때 이미 그들이 범죄하면 이방 나라들에게 위협을 받고 백성들이 여러 나라에 흩어지게 될 것이라고 예언하셨다. 요즘 표현으로 하면 '구조조정'을 선언하신 것이다.

그러나 그 당시 백성들은 하나님의 성전이 자신들과 함께 있는 한 그런 일은 절대 없으리라고 생각했다. 하지만 역사의 현실은 하나님이 말씀하신 대로 이루어졌다. 앗수르의 침략을 받은 북쪽 이스라엘이 멸망하면서 많은 사람들이 고향을 떠나 앗수르에 사로잡혀 갔으며(왕하 17:23), 약 150년 후에는 남쪽 유다가 바벨론에 멸망당하면서 세 번에 걸쳐서 수많은 사람들이 고향을 떠나 바벨론에 포로로 잡혀 갔다(왕하 24:14-16).

IMF 시대 이전 상황과 현재를 비교해 보면 우리들, 특히 직장인들의 모습이 그 당시 이스라엘 백성들의 모습과 흡사하다. 경제 위기가 우리들의 죄악에 대한 하나님의 징계라는 데 이의를 제기할 그리스도인들은 없을 것이다. 그저 회사만 잘 붙들고 있으면 평생 안정된 생활을 할 수 있으리라 생각했는데, IMF하에서 그런 꿈이 완전히 사라져 버렸다. 계속되는 기업의 구조조정으로 본의 아니게 직장을 떠나는 사람들이 늘어나고 있다. 한때 실직자가 2백만 명에 육박한 우리의 실업 현실을 보면서 이것이 기업을 통한 하나님의 구조조정이라는 생각이 든다. 그 당시 고향을 떠나서 앗수르나 바벨론으로 잡혀 간 사람들

의 처량함이나 고향에 남아 있는 사람들의 불안감이 바로 오늘 우리
직장인들의 모습이다.

남아 있는 사람들의 역할

"성읍들은 황폐하여 거민이 없으며 가옥들에는 사람이 없고 이 토
지가 전폐하게 되며 사람들이 여호와께 멀리 옮기워서 이 땅 가운데
폐한 곳이 많을 때까지니라 그중에 십분의 일이 오히려 남아 있을지
라도 이것도 삼키운바 될 것이나 밤나무, 상수리나무가 베임을 당하
여도 그 그루터기는 남아 있는 것같이 거룩한 씨가 이 땅의 그루터기
니라"(사 6:11-13).

이방 민족의 침략으로 인해 나라는 황폐해지고 사람들은 사로잡혀
가고 뿔뿔이 흩어져 버렸다. 땅이고 사람이고 남아 있는 것 없이 다
사라져 버렸다. 그러나 하나님께서는 잘린 나무의 그루터기처럼 소수
의 사람들을 남기셔서 그들로 거룩한 씨가 되게 하셨다. '삼키운바 될
것'이라는 말씀은 위협적으로 들리지만, '남아 있는' 자가 있다는 대
목에서 위로를 얻는다. '거룩한 씨'에서는 더욱 밝은 전망을 보게 된
다.

종종 부도가 난 회사를 종업원들이 힘을 합쳐 살려 냈다는 소식을
듣게 되는데 바로 그런 사람들이 그 기업의 '거룩한 씨'가 아닌가 생
각된다. 절대적으로 어렵고 심지어 부도가 나서 망한 회사에 남아 있
는 사람들은 바로 이와 같은 거룩한 씨가 되어야 한다. 개인적으로 하
나님께서 새로운 뜻을 보여 주신다면 얼마든지 다른 길을 개척할 수
있겠지만, 그렇지 않다면 회사에 남아 있는 한 이런 '남은 자' 의식을
가지고 지내야 한다. 그것은 참된 그리스도인이 보여 줄 수 있는 신앙
적인 모습이기도 하다.

남아 있는 사람들의 자세

"그날에 이스라엘의 남은 자와 야곱 족속의 피난한 자들이 다시는 자기를 친 자를 의뢰치 아니하고 이스라엘의 거룩하신 자 여호와를 진실히 의뢰하리니 남은 자 곧 야곱의 남은 자가 능하신 하나님께로 돌아올 것이라"(사 10:20-21).

이스라엘을 멸망시켰던 앗수르를 벌하신 뒤에 하나님께서는 이스라엘을 다시 복구하신다. 그때 남아 있던 사람들은 자신들을 멸망시키고 다스렸던 앗수르를 더 이상 의지하지 않고 앗수르를 막대기로 사용하신 하나님을 신뢰하게 되었다. 역사를 주관하시는 하나님을 믿음의 눈으로 바라보게 된 것이다.

직장을 떠난 사람이든, 남아 있는 사람이든 요즘 우리 직장인들은 일단 사람과 기업에 대한 기대 혹은 '평생직장'이라는 기존의 소망을 다 잃어버린 것이 사실이다. 그런 면에서 오히려 하나님을 오늘 우리의 위기 상황을 주관하시는 분으로 깨달으면서 의지해야 한다. 특히 직장에 남아 있는 사람들이 여전히 자신이 속해 있는 직장을 의지한다면 언젠가 또다시 실망하게 될 것이다. 계속 직장 생활을 하면서 이전처럼 성실하게 일해야겠지만 이전처럼 회사를 의지해서는 안 된다. 이번 일로 인해서 하나님만 의지하는 삶을 살게 된다면 이번 위기는 정말 영적인 축복의 기회가 될 것이다.

남아 있는 사람들의 기도

"당신은 우리의 간구를 들으시고 이 남아 있는 모든 자를 위하여 당신의 하나님 여호와께 기도하소서 당신이 목도하시거니와 우리는 많은 중에서 조금만 남았사오니 당신의 하나님 여호와께서 우리의 마땅히 갈 길과 할 일을 보이시기를 원하나이다"(렘 42:2-3).

남유다 왕국이 망한 후 바벨론으로 끌려가지 않고 예루살렘에 남아 있던 군대 장관과 백성들은 애굽으로 피신할 의사가 있었던 듯하다. 그러나 자신들의 장래에 대해 자신들의 판단보다는 하나님의 뜻에 따라 결정하기를 원했다. 위기와 불안한 상황에서 그들은 하나님의 뜻을 살피기를 더욱 간절히 원한 것이다. 그래서 그들은 예레미야에게 기도해 줄 것을 부탁했고 예레미야는 하나님의 뜻을 전했다. 예레미야의 대답은 유다 땅에 거하면 하나님께서 장차 회복하시겠지만(렘 42:10) 애굽으로 가면 재앙을 내리실 거라는 것이었다(렘 42:16-17).

이것이 바로 직장에 남아 있는 그리스도인이 가져야 할 자세이다. 물론 예레미야를 통해 주신 응답을 우리들에게 문자 그대로 적용할 수는 없다. 직장에 계속 남아 있을 수도 있고 다른 직장으로 옮기는 것도 얼마든지 가능하다. 또 원하지 않지만 실직할 수도 있다. 중요한 것은 그 결정의 순간에 하나님이 보여 주시는 길을 선택하려는 자세이다. 이 일을 위해서는 자신은 물론 필요에 따라서는 영적인 지도자들에게도 기도를 부탁해야 한다.

남아 있는 사람들을 위한 축복

"야곱의 남은 자는 많은 백성 중에 있으리니 그들은 여호와에게로서 내리는 이슬 같고 풀 위에 내리는 단비 같아서 사람을 기다리지 아니하며 인생을 기다리지 아니할 것이며 야곱의 남은 자는 열국 중과 여러 백성 중에 있으리니 그들은 수풀의 짐승 중의 사자 같고 양떼 중의 젊은 사자 같아서 만일 지나간즉 밟고 찢으리니 능히 구원할 자가 없을 것이라"(미 5:7-8).

"너희가 이 땅에 여전히 거하면 내가 너희를 세우고 헐지 아니하며 너희를 심고 뽑지 아니하리니 이는 내가 너희에게 내린 재앙에 대하여 뜻을 돌이킴이니라"(렘 42:10).

앗수르의 공격에서 살아남은 이스라엘 백성들이 여러 나라 가운데서 하나님께서 내려 주시는 이슬처럼 될 것을 말씀하신 것이다. 여기서 이슬은 풀 위에 떨어져서 생기를 주고 새로운 생명력을 갖게 하는 것을 상징한다. 거기서 그치지 않고 하나님께서는 남아 있던 자들을 수풀 중의 사자와 같이 강하게 만들어 주신다고 했다. 남아 있는 이스라엘 백성들을 상징하는 '이슬'과 '사자'는 확연히 대조되는 것인데 하나님께서 주실 축복을 보여 주는 면에서는 같은 의미다.

현재 직장에 남아 있는 그리스도인 직장인들이 하나님께 기대할 축복도 이런 것이다. 주위에 있는 사람들이 불안해하고 두려워하며 구조조정 증후군 같은 증상을 보일 때 그리스도인 직장인들은 그들에게 하나님께서 주시는 생명력을 보여 주는 이슬이 되어야 한다. 우리는 성령 충만할 때 이슬의 역할을 할 수 있다. 나아가 주위의 많은 동료들이 힘을 잃고 지쳐 있을 때 사자와 같은 강인함을 보여 주어야 한다. 이것 역시 성령 충만할 때 가능한 일이다.

모든 것이 협력해서

위기가 곧 기회라는 말은 모든 사람에게 적용되는 말이지만 특히 실업 태풍 시대를 살아가는 그리스도인들에게는 훨씬 더 실제적으로 적용되어야 한다. 왜냐하면 하나님은 그의 자녀들에게 기회를 주시기 위해서 때로 위기라는 도구를 사용하시기 때문이다. 모든 것이 합력해서 선을 이룬다는 약속의 말씀은 언제나 살아 있는 하나님의 약속임을 기억하면(롬 8:28), 어려운 시기를 걸어가는 그리스도인들의 삶이 보다 풍성하고 의미 있는 삶이 될 것이다.

《일하는 제자들》, 한세.
　그리스도인 직장인들을 위한 유익한 월간지이다.

다음은 그리스도인들의 직장생활에 대한 주요 서적들이다.
　밥 버포드, 『하프타임』, 옥토, 1996.
　방선기, 『뱀처럼 지혜롭게, 비둘기처럼 순결하게』, 한세, 1998.
　방선기, 『직장설교』, 한세, 1998.